Lass uns doch gleich loslegen mit der Kundengewinnung:

www.marketing-kickbox.de

MARKETING
KICKBOX
SO WIRST DU ZUM KUNDENCHAMPION

FELIX THÖNNESSEN®

Die Deutsche Nationalbibliothek verzeichnet diese Publikation in der Deutschen Nationalbibliografie; detaillierte bibliografische Daten sind im Internet über http://dnb.dnb.de abrufbar.

3. Auflage 2019

Marketing-Kickbox – So wirst du zum Kundenchampion
Ein Imprint der Felix Thönnessen GmbH, Felix Thönnessen, Düsseldorf
felixthoennessen.de
Telefon: +49-211-93076531

Gestaltung: Jasmin Huber, meisterzeichen.
Lektorat: Die Korrekturleser, Köln
Druck: One World Distribution, Remscheid
Printed in Germany

ISBN Print 978-3-9820842-0-6
ISBN E-Book 978-3-9820842-1-3

Das Werk, einschließlich seiner Teile, ist urheberrechtlich geschützt. Jede Verwertung außerhalb der engen Grenzen des Urheberrechtsgesetzes ist ohne Zustimmung des Verlages und des Autors unzulässig. Dies gilt insbesondere für die elektronische oder sonstige Vervielfältigung, Übersetzung, Verbreitung und öffentliche Zugänglichmachung.

WEITERE INFORMATIONEN ÜBER DEN AUTOR:
FELIXTHOENNESSEN.DE

Hey :)
Schön, dass du mein Buch nun bei dir hast. Ich habe da eine Menge Arbeit reingesteckt, darum bin ich sicher, dass es dir helfen wird. Lass uns doch gemeinsam mit der Umsetzung loslegen - mit mir als deinem Coach.

⇒ www.marketing-kickbox.de

Bleib motiviert
Dein Felix

VORWORT

Sabine. Die Freundin einer Freundin. Jahrelang beobachtete Sabine die berufliche Entwicklung ihrer Freundin. Diese hatte ihren Beruf als Arzthelferin bei einem Allgemeinmediziner „an den Nagel gehängt" und ist in den Vertrieb gewechselt: Außendienst für eine angesagte Modemarke. Sabine hatte ihr weder den Job zugetraut noch dass ihre Bewerbung seinerzeit überhaupt Beachtung gefunden hat. Schließlich hatte sie als Quereinsteigerin null Erfahrung: Weder vom Vertrieb noch von der Branche oder den Produkten. Doch ihre Freundin war ehrgeizig, fleißig und erfolgreich! Audi Firmenwagen, immer gut gekleidet, Motivations-Meetings auf der ganzen Welt und ein überdurchschnittliches Einkommen. Nun gut, dass sie dafür jeden Tag viele Einzelhändler besucht hat, ihre schweren Kollektionstaschen durch manche Fußgängerzone schleppen durfte, sich als alleinerziehende Mutter unglaublich gut organisieren musste und sich

dabei auch noch intensivst weiterbildete … das wurde von Sabine doch eher übersehen.

Es kam, wie es kommen musste: Das wollte Sabine auch: Firmenwagen, Kundenkontakt, Geld, Erfolg. Das Leben, dass ihre Freundin hatte. Zumindest beruflich. Einfach raus aus dem Büroalltag als Assistentin. Gesagt getan. Einen Außendienst-Job hatte sie sehr schnell: Apotheken akquirieren. Nicht verschreibungspflichtige Vitaminpräparate verkaufen.

Der erste Arbeitstag im Vertrieb: Nagelneuer VW Golf, gut gekleidet, hoch motiviert. An diesem Tag besuchte sie zwölf Apotheker, die alle nicht auf sie gewartet hatten. Natürlich alles kalt – ohne Termin. Nein, gekauft hat an diesem Tag niemand etwas bei Sabine. Die Apotheker hatten alle schon ihre Vitaminlieferanten. Das Sortiment „stand". Die Begleitumstände: Zwei Strafzettel, weil der Parkschein abgelaufen war. Lange Wartezeiten in der Apotheke, weil der Ansprechpartner anderes zu tun hatte. Die Ablehnung, manchmal auch recht schroff, ihrer Wunschkunden nahm sich Sabine zu Herzen. Und war frustriert. Doch das Schlimmste: Kein Umsatz, kein Erfolg.

Am Abend legte sie ihrem Chef den Autoschlüssel auf den Tisch und gestand sich ein, dass dies alles nur ein Irrtum war. Das hatte sie sich anders – ganz anders – vorgestellt. Und das wollte sie so nicht wieder erleben!

Mit ihrer Freundin hat sie nur einmal über ihre Erlebnisse gesprochen. Danach war das Thema tabu. Ihre Kollegen im Büro freuten sich, dass sie wieder da war. Und dabei ist es dann auch geblieben. Eine sehr kurze Karriere im Vertrieb.

Die Erkenntnis daraus: Wir alle sind Verkäufer, weil wir alle jeden Tag andere Menschen von unseren Wünschen und Zielen überzeugen müssen, doch ...

VERTRIEB IST NICHTS FÜR JEDERMANN!

Der Fall Sabine ist kein Einzelfall. Natürlich hat hier Sabines Chef auch völlig versagt: gravierende Fehler im Recruiting und kein wirkliches Onboarding. Eine Vertriebsführungskraft, die eine besondere „Mitschuld" an diesem Desaster hat! Darüber könnte ich mich jetzt noch seitenweise mit Tipps für die Führung auslassen. Doch das ist hier nicht das Thema.

Vertrieb ist nichts für Jedermann. Das ist mir wichtig! Das kann nicht jeder. Und vor allem will das nicht jeder! Die wenigsten sind bereit, den Preis dafür zu zahlen! So ist das nun mal im Leben: Willst du etwas, dann hast du dafür einen Preis zu zahlen! Und dazu war Sabine nicht bereit. Soldaten trainieren jeden Tag den Ernstfall, das Verhalten in der Schlacht. Die Feuerwehr trainiert jede Brandsituation. Jede Woche. Und Piloten gehen immer wieder in den Flugsimulator, um vorbereitet zu sein.

Was hat Sabine gemacht? Sie hat sich gut angezogen. Punkt.

Wenn du das jetzt liest und selbst erfolgreich im Vertrieb bist, dann weißt du, worüber ich spreche, denn du zahlst auch jeden Tag den Preis für deinen Erfolg. Das Spannende: Es fällt uns fast nicht mehr auf ... Und die meisten Erfolgreichen haben daran auch noch großen Spaß. So wie ich! ;-)

Denk immer daran: Außenstehende sehen meist nur deinen Lifestyle und die Statussymbole. Das hätten Andere auch gern. Doch die meisten sind dazu nicht bereit! Sei stolz auf deinen Beruf. Auf deinen Erfolg!

Ohne Verkäufer passiert in der Welt nichts! Schau dich jetzt einmal um. Wenn du im Büro sitzt, im Auto, im Restaurant oder auf dem Sofa. Alles um dich herum ist dort, weil ein Verkäufer einen Kunden irgendwann einmal zu einer Kaufentscheidung motiviert hat!

Doch das ist nichts für Jedermann! Vertrieb ist nichts für Jedermann!

Und genau für diese Menschen ist dieses Buch nichts. Denn hier geht es um das exzellente Know-how einiger der einflussreichsten Experten aus den Bereichen Vertrieb, Marketing und Kundengewinnung. Felix Thönnessen steht für Erfolg, für Chancen und für aufsteigende Geschäftsmodelle und -ideen. Mit diesem Buch verschafft er dir eine Abkürzung, die die meisten Experten in diesem Buch gerne zu ihrer Anfangszeit gehabt hätten.

In diesem Sinne …

… wünsche ich dir „Fette Beute"!

Dein
Dirk Kreuter

PS: Wenn dich diese Themen interessieren, mach dir auch bewusst, dass dein Mindset, deine innere Einstellung, die Basis für deinen Erfolg ist! Wenn du mit der falschen Einstellung an die Sache herangehst, wirst du es dir unnötig schwer machen und deine Zielerreichung wird sehr hart oder unmöglich zu schaffen sein. Um das zu verhindern, habe ich „Entscheidung: Erfolg" geschrieben. Ein schmales Büchlein, das alles, was du zum Thema Mindset brauchst, kompakt und auf den Punkt behandelt. Hier kannst du es dir gratis – nur gegen eine kleine Handling-Pauschale sichern:

www.felixthoennessen.de/dirk

Profil:
Dirk Kreuter – der #1 Verkaufstrainer in Europa & Bestseller-Autor

Dirk Kreuter, CSP – Certified Speaking Professional, ist einer der einflussreichsten Vordenker zu den Themen Vertrieb, Verkauf und Akquise – sowohl online wie offline, hält schon seit 1990 begeisternde Vorträge und ist Autor von über 50 Büchern und Hörbüchern. www.dirkkreuter.com

EIN KLEINES HALLO

Am Anfang stand das Produkt und am Ende die richtige Vermarktung. So oder so ähnlich könnte man sicher das Unternehmertum mit nur zwei Elementen beschreiben. Klar, Personalplanung, Finanzierung und Organisation spielen eine wichtige Rolle, aber nach über 1.000 Beratungen kann ich sagen:
Ohne das richtige Marketing läuft nichts.

Ein gutes Produkt verkauft sich nicht, die Positionierung nimmt niemand wahr und wirklicher Kundenzuwachs ist eher eine Traumvorstellung. Genau dafür habe ich die Marketing Kickbox entwickelt. Ich habe hier quasi einen Blueprint für dein perfektes Marketingkonzept erstellt. Das Ganze besteht aus drei Lektionen (wie in der Schule):

Dazu gibt es das passende Online-Marketing-Programm, das dich fit für die Kundengewinnung macht, inklusive deinem individuellen Coaching.

www.marketing-kickbox.de

Natürlich habe ich mir dafür coole Überschriften überlegt. Nein, mal ehrlich: Wir werden uns zunächst mit deinem Markt, deiner Konkurrenz und vor allem deinen Kunden auseinandersetzen. Ohne Wissen kann man zwar loslegen, aber fährt halt vor die Wand. (Aber: Besser fehlerhaft begonnen, als perfekt gezögert?) Danach nutzen wir genau diese Informationen, um in der zweiten Lektion deine Positionierung, dein Branding und deine Produktstrategie zu schärfen oder überhaupt erst aufzusetzen. Im großen Finale geht es dann um die Umsetzung. Das kommt mir persönlich in den meisten Marketingbüchern nämlich zu kurz. Wir sprechen sowohl über klassische Werbung als auch Online-Marketing und ich gebe dir noch eine Menge Vertriebstipps mit an die Hand.

Wenn ich einen bestimmten Tipp hervorheben will, dann werde ich das nochmal gesondert betonen. Mir ist wirklich wichtig, dass du hier sowohl Wissen als auch praktische Anwendung findest. Genau dafür habe ich die anderen Experten um ihren besten Tipp gebeten und hier noch einiges für dich herausgeholt. Hier bekommst du gleich den ersten vom lieben Jörg:

„ Handeln statt nur wissen

JÖRG LÖHR

Persönlichkeitstrainer

Du weißt viel über Motivation, Ziele, Begeisterung. Du hast eine Strategie für deine Zukunft. All dies ist nötig, um erfolgreich zu sein – und doch ist all dies zu wenig. Weißt du genau, wo du hin möchtest, wie du das erreichen willst? Spürst du ein brennendes Verlangen danach, bist hochmotiviert? Dann hast du lediglich die Basis geschaffen. Auf dieser aufbauen kannst du nur, indem du etwas tust. „Handeln, handeln ist die Bestimmung des Menschen", sagte der deutsche Philosoph Johann Gottlieb Fichte.

Nur mit Handeln schöpfst du deine Potenziale aus, nur Agieren bewahrt dich davor, immer wieder Chancen zu verpassen und letztlich auf der Stelle zu treten. Schön und gut, doch erst einmal müssen doch Pläne gemacht werden, wirfst du nun vielleicht ein.

Man müsse alles vorbereiten, Alternativen gegeneinander abwägen, den richtigen Zeitpunkt abwarten. – Kennst du die 72-Stunden-Regel? Die besagt Folgendes: Alles, was du dir vornimmst, solltest du innerhalb von drei Tagen, nämlich 72 Stunden, anpacken. Mit dem „Anpacken" ist dabei lediglich der allererste Schritt gemeint.

Du brauchst nicht in nur 72 Stunden bereits irgendwelche Etappenziele erreicht haben. Wichtig ist lediglich der Schritt vom rein Theoretischen ins Praktische. Tipp: Wenn du nach einer Entscheidung die ersten Schritte nicht innerhalb von 72 Stunden angehst, sinkt die Wahrscheinlichkeit, dass du dein Ziel erreichst, auf unter 10 Prozent. Also besser fehlerhaft begonnen als perfekt gezögert.

Genau wie diesen Tipp von Jörg, wirst du viele weitere großartige Experten in meinem Buch kennenlernen und von ihrer Erfahrung profitieren.

Aber jetzt legen wir zusammen los – viel Spaß beim Lesen, mein Freund.

Dein *Felix*

GEBALLTES WISSEN ERWARTET DICH

Vorwort..7
Ein kleines Hallo..12

I. KÖNIG DER DETEKTIVE: ANALYSIEREN UND PLANEN..22

A. Den Markt kennen..24

B. Die Konkurrenz scannen...50

C. Deine Kunden überzeugen...58
   i. Kundensegmentierung..61
   ii. Kundenbedürfnisse...77

II. SUCH DIR EIN PLÄTZCHEN: STRATEGIE UND POSITIONIERUNG FESTLEGEN..............124

A. Deine Positionierung schärfen......................................128
   UAP – Was'n das?..131

B. Dein Branding – einzigartig..142

i. Storytelling..152
ii. Corporate Design 164
iii. Copy-Strategie..170

C. Mit dem richtigen Preis und Produkt überzeugen............................195

III. AB GEHT DIE POST: UMSETZEN UND KONTROLLIEREN..................214

A. Klassische Werbung mit Erfolgsgarantie...219
i. Presse...220
ii. Radio – TV – Messe..238
iii. Außenwerbung..247

B. Sponsoring und Events nutzen, um durchzustarten..........................253
i. Eigene Events..255
ii. Sponsoring..275

C. Werben ohne zu Werben – Mit Content & Co................................281

D. Social Media – Einfacher geht's nicht...303
i. Facebook...310
ii. YouTube...323
iii. Instagram...329
iv. LinkedIn/Xing...339

E. Online-Marketing I – Dein Auftritt..345
   i. Deine Website..345
   ii. E-Mail-Marketing 365

F. Online-Marketing II – Google..378
   i. Suchmaschinenoptimierung – SEO 380
   ii. AdWords...400

G. Marketing Controlling und Budgetierung – Alles im Griff................408
   i. Controlling..409
   ii. Budgetierung...416

H. Mit der richtigen Taktik zum Vertriebs-Profi..................................421
   i. Pitchen 432
   ii. Verhandlung..444
   iii. Kundenkommunikation..448

TOOLS, WORKSHEETS UND EXPERTEN 460

33 Tools, die dein Marketing beschleunigen 460
18 Worksheets, die dir bei der Umsetzung helfen 474
Über 50 Experten auf einen Blick 480

MARKETING KICKBOX 488

Über Felix 488
Marketing Kickbox 494
Bildquellen 498
Platz für deine Notizen 500

1 KÖNIG DER DETEKTIVE: ANALYSIEREN UND PLANEN

MARKETING KICKBOX

Na dann legen wir mal los: Die Grundlage damit wir dich und dein Business auf die nächste Stufe bekommen, ist das Sammeln relevanter Informationen. Ich bin mir bewusst, dass das zunächst wenig spannend klingt, aber du erwartest doch auch nicht, an deinem Lieblingsurlaubsort anzukommen, wenn du weder die Adresse kennst, noch weißt, wie du dort überhaupt hinkommst, oder? Na also. Analysieren solltest du im Speziellen drei Faktoren:

1. Deinen Markt
2. Deine Konkurrenz
3. Deine Zielgruppe

Genau darum geht es jetzt in dieser Lektion. Zusammen schauen wir uns genau diese drei entscheidenden Faktoren an.

VIDEOKURS

In der Marketing Kickbox findest du passend zu diesem Kapitel einen umfangreichen Videokurs. Hier lernst Du alles, was Du für Dein Unternehmen wissen musst, um erfolgreich zu werden.

Videokurs zu diesem Kapitel in der Marketing Kickbox:
www.marketing-kickbox.de

A. DEN MARKT KENNEN

Deinen Markt zu erfassen, ist die absolute Grundlage für ein erfolgreiches Marketing. Bevor du allerdings Informationen einholen kannst, gilt es, deinen Markt genau abzugrenzen. Versuche einfach mal, deinen Markt in einem Satz zu beschreiben.

> „Mein Markt ist der Markt für koffeinhaltige Erfrischungsgetränke mit Zitronengeschmack."
> oder
> „Mein Markt ist der Food-Markt in Deutschland."

Beides würde für ein- und dasselbe Produkt funktionieren, aber natürlich zu einer sehr unterschiedlichen Betrachtungsweise des jeweiligen Markts führen.

MEIN TIPP

(so werden ab jetzt die Tipps für dich gekennzeichnet)
Oft hat die Definition des eigenen Markts bereits großen Einfluss auf deine weitere Vorgehensweise bei der Marktanalyse. Definiere deinen Markt also ganz genau und grenze ihn eindeutig ab. So wird gewährleistet, dass die Daten, mit denen du arbeiten wirst, möglichst aussagekräftig sind und nicht von irrelevanten Bereichen verzerrt werden.

Hast du deinen Markt erst einmal definiert, kannst du damit loslegen, ihn zu analysieren. Du solltest dich darüber informieren, wie dein Markt konkret aussieht und welche Trends zu erkennen sind. (Natürlich kannst du nicht hellsehen, aber mit den Infos, die du dir in diesem Kapitel aneignest, bekommst du ein Gespür dafür.) Hier erfasst du auch die aktuelle Marktgröße und das derzeitige Absatzvolumen – im Idealfall dein eigenes sowie auch das deiner Konkurrenten. Darüber hinaus solltest du dich mit dem Marktwachstum für die nächsten drei bis fünf Jahre sowie dem langfristigen gesamten Marktpotenzial beschäftigen. Versuche zu verstehen, wohin sich dein Markt entwickeln wird. (Ja, das klingt nach Arbeit und ist es auch.)

Jetzt fragst du dich vielleicht: „Felix, wo kriege ich sowas bitte her?" Nein, dafür ist kein Hokuspokus nötig, sondern vielmehr schlaue Recherchearbeit. Die Informationen kannst du dir aus verschiedensten Quellen beschaffen.

Erwecke die Spürnase in dir zum Leben.

1. König der Detektive: Analysieren und Planen | A. Den Markt kennen

Erste Anlaufstelle ist natürlich das Internet. Aber auch Fachmagazine, Fachportale, Statistikportale oder veröffentlichte Studien bieten nützliche Informationen. Adressen wie statista.com oder die Website des Statistischen Bundesamts (www.destatis.de) bergen einen großen Fundus an Statistiken, Marktdaten und anderen Publikationen. Tobe dich aus und grabe tief – in den genannten Quellen und insbesondere im Internet gibt es (fast) nichts, was es nicht gibt. Manchmal entdeckst du sogar noch ganz andere Dinge, die dir vorher gar nicht bewusst waren.

Darüber hinaus kannst du Interviews mit Verbänden oder Branchenexperten führen, um eine genaue Vorstellung davon zu bekommen, wie der Markt in deinem individuellen Fall aussieht bzw. sich verändern wird. Gerade die Experteninterviews liebe ich. Sich mit wirklichen Fachleuten über deinen Markt auszutauschen, bringt dich enorm weiter. Vielleicht findest du auch Konkurrenten aus dem Ausland, die dir mit Rat und Tat zur Seite stehen. Fragen kostet nichts und auch ein „Nein" tut nicht weh – und selbst dann zahlt sich Hartnäckigkeit oft aus. (Du merkst schon, ich lasse es also nicht gelten, wenn du keine Quellen findest. Wer nicht neugierig ist, erfährt nichts.)

Besonders bei Ergebnissen aus dem Internet rate ich dir aber dazu, die Verlässlichkeit und Neutralität der Quellen zu hinterfragen. Wer steht hinter der Quelle? Grundsätzlich sind Informationen öffentlicher Institutionen glaubwürdiger, als solche von einem Unternehmen, das Produkte verkaufen möchte. Prüfe, wie aktuell die Statistik, Studie, Umfrage oder Marktforschung eigentlich ist. Sortiere deine gefundenen Quellen nach Glaubwürdigkeit und Aktualität – so findest du dich auch zu einem späteren Zeitpunkt noch in deinen Suchergebnissen zurecht und kannst immer wieder bei den „besten" Quellen vorbeischauen. Das mache ich regelmäßig.

MARKETING KICKBOX

Mach dir bewusst, dass du auf Basis dieser Informationen viele Entscheidungen treffen musst – und Fehlentscheidungen willst du vermeiden, oder? Lass lieber eine Quelle außer Acht, als dich auf Informationen zweifelhafter Glaubwürdigkeit zu verlassen. „Auf einer Seite stand, dass Elvis noch lebt, Felix." Das wäre sicher toll, aber der Wahrheitsgehalt ist dennoch sehr gering.

> **MEIN TIPP**
>
> Starte nicht planlos in die Marktanalyse, sondern setze dir vor Beginn Ziele, welche Informationen du in den verschiedenen Teilgebieten erhalten willst. Du könntest dich beispielsweise fragen, wie viele Konkurrenten in den letzten zehn Jahren neu hinzugekommen sind. Es kommt natürlich darauf an, ob du nur den eigenen Markt betrachtest oder vielleicht mit größerem Blick bzw. auch auf andere Sektoren und Märkte schaust, wenn diese eine Alternative zum Produkt darstellen können? (Bspw. als Airline nur den Markt „Fluganbieter" untersuchen oder auch die Sektoren „Bahn" und „Automobilindustrie" im Blick haben?) Überlege dir auch, wofür du die entsprechenden Informationen brauchst. Wenn du weißt, welche Informationen dich wirklich weiterbringen, kannst du zielgerichteter suchen und hast gleichzeitig einen besseren Überblick über die Themen. Aus den Ergebnissen des oben genannten Beispiels könntest du unter anderem die Strategien der erfolgreichsten Neuzugänge analysieren und als Benchmark erfassen. (Benchmark ist quasi ein Maßstab zum Vergleich von bestimmten Leistungen.)

Hol dir alle Informationen, die du brauchst. Sie sind essenziell dafür, dass wir dich und dein Marketing weiterentwickeln können. Deine Ergebnisse solltest du im Anschluss daran genau analysieren und erste Erkenntnisse aus ihnen ziehen.

Kombiniere deine eigenen Feststellungen mit recherchierten Marktergebnissen – so bekommst du eine umfassende Betrachtung.

Eine Möglichkeit, um eine Marktanalyse durchzuführen, ist die Anwendung des Five-Forces-Modells nach Porter. (Keine Sorge, das artet jetzt nicht in einer BWL-Vorlesung aus.) Lass dich von dem Begriff „Modell" nicht abschrecken – es ist simpel und hilft dir, deinen Markt besser zu verstehen. (Es ist außerdem eines meiner Lieblingstools – Felix approved also).

Vereinfacht gesagt, analysiert das Five-Forces-Modell das externe Umfeld deines Unternehmens. Mit den Ergebnissen der Branchenstrukturanalyse, wie dieses clevere Tool genannt wird, lässt sich die Attraktivität deiner Branche bestimmen. Schließlich wird diese maßgeblich von der Struktur deines Markts beeinflusst. Die Marktstruktur wird demnach von fünf Kräften geprägt (darum auch Five-Forces-Modell):

- Konkurrenzkampf (Rivalität) innerhalb deiner Branche
- Bedrohung durch neue Konkurrenten
- Bedrohung durch Produkte mit gleichen Funktionen auf dem Markt (Substitute)
- Verhandlungsmacht deiner Kunden
- Verhandlungsmacht deiner Lieferanten

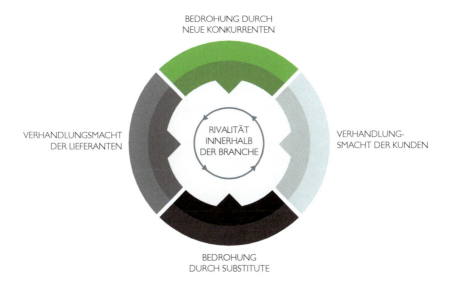

Gehen wir das Modell mal Schritt für Schritt durch. Mach dir gerne Notizen zu den jeweiligen Kräften in Bezug auf deinen Markt und dazu, wie sie dein Unternehmen beeinflussen. Du kannst auch ins Buch schreiben, sofern du jetzt keinen E-Book-Reader in der Hand hältst.

WORKSHEET „MARKTANALYSE"

So werden ab jetzt die Stellen gekennzeichnet, zu denen es maßgeschneiderte Worksheets gibt - Mit diesem Worksheet kannst du ganz einfach eine Marktanalyse nach Porters Five Forces anfertigen.

Alle Worksheets: www.marketing-kickbox.de

Rivalität innerhalb der Branche

Im Zentrum des Modells steht die Rivalität innerhalb deiner Branche, also der Konkurrenzkampf unter den bestehenden Wettbewerbern. Dieser wird von verschiedenen Faktoren beeinflusst. Die wichtigsten erläutere ich hier kurz:

- Anzahl der Wettbewerber: In einer Branche mit vielen Konkurrenten, die ähnliche Produkte anbieten, herrscht ein stärkerer Wettbewerb vor als in einer Branche, in der du dich nur gegen wenige Gegenspieler behaupten musst.
- Marktwachstum: In deiner Branche herrscht nur mäßiges bis gar kein Wachstum vor? Dann ist der Wettbewerb umso intensiver.
- Produktdifferenzierung: Je ähnlicher sich die Produkte in deinem Markt sind, desto leichter sind sie untereinander austauschbar. Folglich wird der Wettbewerb intensiver, weil Kunden sonst mal mir nichts dir nichts beim Konkurrenten landen können – der bietet ja schließlich fast das Gleiche an.

> Eine Branche ist grundsätzlich attraktiver, wenn weniger Rivalität unter den Wettbewerbern herrscht. (Wettbewerb ist aber nicht immer zwangsläufig etwas Schlechtes.)

Auch in einem Markt mit mehr Rivalität, kannst du eine aussichtsreiche Position einnehmen, indem du dich von Anfang an von der Konkurrenz abhebst. Du könntest deine gesamte Marketingstrategie auf ein bestimmtes Marktsegment ausrichten – dich spezialisieren. So sprichst du vielleicht weniger Kunden eines bestimmten Markts an, diese aber dafür aber viel persönlicher und direkter. So kannst du besser auf Kundenwünschen eingehen, da deine Kunden sich eventuell auch wesentlich weniger voneinander unterscheiden. Eine solche

Nischenstrategie reduziert die Rivalität zwischen dem Wettbewerb und dir und stärkt gleichzeitig die Profitabilität deiner Branche. Zusätzlich wäre auch ein niedrigerer Preis eine Möglichkeit, sich abzuheben.

> Nutze die Schwächen deiner Konkurrenten und mache sie zu deinen Stärken.

Such dir Angriffspunkte heraus und analysiere deine Konkurrenten umfassend – aber da kommen wir gleich noch zu.

Neben den genannten Faktoren, welche die Rivalität innerhalb deiner Branche beeinflussen, gibt es außerdem die vier anderen Kräfte, die von außen auf deinen Markt einwirken.

Bedrohung durch neue Konkurrenten

Die Attraktivität einer Branche wird durch neu hinzukommende Wettbewerber bedroht. Wenn ein neues Produkt in den Markt eintritt, besteht immer die Gefahr, dass es deinem Produkt Marktanteile wegschnappt oder gar die Preise drückt. Die Folgen: Der Wettbewerb wird intensiver, die Branchenattraktivität sinkt, wenn es ganz blöd läuft, werden du und dein Produkt komplett ersetzt.

Wie groß diese Bedrohung tatsächlich ist, wird maßgeblich von den Markteintrittsbarrieren beeinflusst. Das sind die Hürden, die ein neuer Wettbewerber überwinden muss, wenn er in den Markt einsteigen will, in dem du schon bist.

Ist es für deine Kunden aufwändig, auf ein anderes Produkt umzusteigen? Welche emotionale Bindung haben Kunden an bereits etablierte Produkte? Wie viel Kapital muss ein neuer Wettbewerber aufwenden, um mit den „Großen" mithalten zu können? Je aufwändiger es für einen Neuzugang ist, sich Zugang zum Markt zu verschaffen, desto höher sind die Markteintrittsbarrieren und desto besser ist es für bereits etablierte Unternehmen wie dich.

Ein Neuling wird nur ernstzunehmende Konkurrenz, wenn er die Hürden des Eintritts gemeistert hat.

Sind die Markteintrittsbarrieren allerdings niedrig, ist es einfacher und risikofreier, am Marktgeschehen teilzunehmen. Folglich werden mehr Neuzugänge ein Stück vom Kuchen abhaben wollen und ihr Glück versuchen. #goldgraeberstimmung

Bedrohung durch Ersatzprodukte und -dienste

Produkte oder Dienstleistungen, die beim Kunden gleiche oder ähnliche Bedürfnisse befriedigen, nennt man auch Substitutionsgüter. (Zeit für einen Fachbegriff.) Wenn die Preise für ein Produkt steigen oder wenn Substitutionsgüter leichter, stärker oder biegsamer, also qualitativ besser sind, können Konsumenten auf ein günstigeres Substitutionsgut zurückgreifen. Steigen die Milchpreise, wird die Butter teurer und die Kunden greifen vermehrt zur Margarine – das wohl klassischste Beispiel, um Substitutionsgüter zu erklären. (Ich esse beides nicht.)

Die folgenden Faktoren zeigen dir, wie sehr Substitutionsgüter deinen Markt bedrohen können:

- Preis-Leistungs-Verhältnis der Ersatzprodukte im Vergleich zu deinem Produkt:
  Sind Substitute vorhanden, die günstiger sind, aber dennoch fast die gleiche Leistung bieten, bedrohen diese deinen Markt. Gleiches gilt, wenn es Produkte gibt, die nur für einen geringen Aufpreis mehr bieten.
- Umstellungskosten: Bedeutet es für die Kunden nur wenig Aufwand, wenn sie von deinem Produkt auf ein Ersatzprodukt wechseln, ist die Bedrohung durch Substitutionsgüter höher.
- Kundenloyalität und -einstellung: Wenn Konsumenten eine hohe emotionale Bindung zu deinem Produkt haben oder Substitutionsgüter gar nicht als solche wahrnehmen, bleibt die Bedrohung gering.

Erforsche die Weiten deiner und anderer Branchen nach Substitutionsgütern und frage dich, ob sie dein Produkt vielleicht ablösen könnten. Überlege dabei gleich, wie du entsprechend gegenwirken und reagieren kannst. Und als kleiner Tipp: Vielleicht entwickelst du so gleich ein neues Produkt für dich selbst.

Ein tolles Beispiel für ein Substitutionsprodukt ist Uber. Die App vermittelt nicht nur Fahrer, sondern hilft Personen dabei, von A nach B befördert zu werden – wie ein Taxi. Eine Fahrt mit Uber ist für Konsumenten also ein Substitutionsgut für eine Fahrt mit dem Taxi. Noch dazu sind Uber-Fahrten in der Regel günstiger und aufgrund der Smartphone-App praktischer. In der Heimatstadt des Unternehmens San Francisco gingen die Fahrten mit dem klassischen Taxi daher rasch um mehr als 50 Prozent zurück. In anderen Städten war diese Entwicklung nicht so stark zu beobachten, was die Bedrohung durch dieses Substitut jedoch nicht schmälert. Als Betreiber eines Taxiunternehmens würde ich mir also Gedanken

I. König der Detektive: Analysieren und Planen | A. Den Markt kennen

machen, wie man dieser Bedrohung entgegenwirken könnte. Vielleicht mit besserem Service und Komfort? Oder ebenfalls mit einer Smartphone-App, die Fahrgemeinschaften planen und somit die Preise für den Fahrgast reduzieren kann? Solche Gedankenspiele kannst du in diesem Schritt gleich mal machen, wenn du bereits potenzielle Substitute für dein Produkt identifiziert hast.

Bist du ein Substitut oder wirst du substituiert?

Betrachtet man das Ganze allerdings aus dem Blickwinkel eines frisch gestarteten Unternehmers, kann dieser im Umkehrschluss eine Bedrohung für etablierte Unternehmen darstellen, indem er sich mit gleich- oder höherwertigen Ersatzprodukten von der bestehenden Produktpalette abhebt.

Die Verhandlungsmacht deiner Kunden

Preise drücken, bessere Qualität fordern, mehr Service – all das können Kunden erzwingen, wenn sie genug Marktmacht besitzen. Wie stark die Kraft der Abnehmer tatsächlich ist, lässt sich durch einige Umstände erkennen. (Dabei denke ich immer an meine ersten Kunden und daran, wie abhängig ich davon war, dass sie die Rechnungen zahlen.)

Sorgt ein Kunde beispielsweise für den Großteil des Umsatzes deines Unternehmens, hat dieser Abnehmer eine Machtposition inne. Automobilhersteller haben einen solchen Vorteil oft gegenüber ihren Automobilzulieferern, für die sie nicht selten den Hauptabnehmer darstellen. Oder bist du schon einmal zu einer Tankstelle gefahren, weil dort das Benzin so viel besser ist als bei einer anderen? Wahrscheinlich nicht, denn Benzin ist ein hervorragendes Beispiel für ein Produkt, das wenig bis gar nicht differenziert werden kann. In solchen Fällen reagieren Konsumenten sehr sensibel auf Preisänderungen und besitzen daher wieder eine höhere Marktmacht.

Darüber hinaus gibt es noch weitere Konstellationen, die eine hohe Marktmacht der Kunden begünstigen. Wenn Abnehmer easy peasy auf Konkurrenzprodukte umsteigen können oder wenn ausreichend Substitute vorhanden sind, ist ihr Einfluss umso größer. Beschließt ein Automobilhersteller beispielsweise, seine Armaturen selbst herzustellen, anstatt wie bisher bei einem Zulieferer zu bestellen, spricht man übrigens von einer Rückwärtsintegration.

Haben Kunden die Macht, niedrige Preise oder gehobene Qualität zu verlangen, schmälert das die Gewinnaussichten für ein Unternehmen. Darum:

> Niemals die Macht deiner Konsumenten unterschätzen.

Die Verhandlungsmacht deiner Lieferanten

Am Anfang der Wertschöpfungskette stehen die Lieferanten. (Klar, irgendwoher brauchst du ja auch deine Ware.) Als Unternehmer bist du natürlich darauf angewiesen, dass deine Lieferanten verlässliche Partner für dich sind. Du ahnst es schon – aus diesem Grund haben diese oft eine starke Verhandlungsposition, die umso höher ist, wenn folgende Umstände zutreffen:

I. König der Detektive: Analysieren und Planen | A. Den Markt kennen

- Der Lieferant hat in seiner eigenen Branche nur wenige Konkurrenten.
- Du kannst das Produkt bzw. die Dienstleistung des Lieferanten nicht schnell ersetzen, d. h., es sind keine oder nur wenige Substitutionsgüter vorhanden.
- Die Umstellung auf andere Lieferanten wäre für dich sehr aufwändig.
- Du stellst mit deinem Unternehmen keinen wichtigen Kunden für den Lieferanten dar.
- Der Lieferant könnte, wenn er wollte, die Produktionsschritte des abnehmenden Unternehmens, also deines Unternehmens, selbst durchführen (Vorwärtsintegration).

Diese und noch mehr Faktoren können den Lieferanten eine sehr große Macht geben. Sie könnten versuchen, höhere Preise und/oder eine niedrigere Qualität durchzusetzen. Angenommen du agierst in einem Markt, wo deine Kunden besonders sensibel auf Preisänderungen reagieren, wirst du Mehrkosten dann nicht über eine Preiserhöhung ausgleichen können, sondern einfach weniger verdienen. Als Beispiel: Hersteller von Nuss-Mix-Tüten oder überhaupt Nussprodukten sollten nicht von einem Nusslieferanten abhängig sein, weil die eigene Produktion stillstehen kann, sollte die Ernte des Lieferanten schlecht sein.

Und wozu das Ganze?

Das Five-Forces-Modell hilft dir dabei, die Attraktivität einer Branche zu ermitteln und fortlaufend die größten Einflüsse im Kopf zu behalten.

Risiken, seien sie durch Kunden, Lieferanten, Substitute oder neue Konkurrenten verursacht, spielen eine große Rolle. Das heißt aber nicht, dass du einfach das Handtuch werfen sollst, nur weil es Neulinge in deiner Branche zu leicht haben könnten. Nein, als aufmerksamer Unternehmer solltest du die Risiken kennen und verhindern, dass sie großartigen Schaden anrichten können. Nobody's perfect, also erwarte das auch nicht von deinem Markt.

> **MEIN TIPP**
>
> Halte die Ergebnisse deiner Recherche strukturiert fest, um sie auch zu einem späteren Zeitpunkt leicht nachvollziehen zu können. Da die Marktanalyse das Fundament für dein strategisches Marketing ist, wirst du häufig einen Blick auf sie werfen müssen. Eine übersichtliche Aufarbeitung und Gestaltung erspart dir doppelte Arbeit. Speichere deine Analyse am besten so, dass du sie schnell und problemlos abrufen kannst. Das gilt nicht nur für die Marktanalyse, sondern auch für die folgenden Analysen des Wettbewerbs und deiner Kunden.

Die Marktanalyse ist kein einmaliges Ereignis, sondern ein kontinuierlicher Prozess. Durch neue Entwicklungen oder Regulierungen in deinem Bereich sowie in dem deiner Konkurrenten herrscht immer eine gewisse Dynamik in deinem Markt. Vielleicht gesellen sich auch ein paar neue Wettbewerber hinzu oder altbekannte räumen das Feld. Damit du ja nichts verpasst, kannst du dich beispielsweise von Google Alerts (www.google.com/alerts) benachrichtigen lassen. Das Prinzip funktioniert ganz einfach: Du wählst ein bestimmtes Keyword aus. Google informiert dich, sobald es zu diesem ein neues Suchergebnis

1. König der Detektive: Analysieren und Planen | A. Den Markt kennen

gibt. Das funktioniert übrigens auch mit dem Namen deines Unternehmens. So weißt du immer genau, was über dein Unternehmen geschrieben wird. Ich weiß, ich habe bereits eines meiner Lieblingstools erwähnt, aber das hier gehört auch dazu, weil man damit immer up to date über die neuesten Marktentwicklungen bleibt. (Du wirst aber auch merken, dass eigentlich alle Tools Lieblingstools sind – Felix kann sich nicht entscheiden.)

MEIN TIPP

Nutze Google Alerts, um immer direkt benachrichtigt zu werden, wenn zu bestimmten Suchbegriffen ein neuer Beitrag im Internet erscheint. Als Suchbegriffe eignen sich hier nicht nur die Bezeichnung deines Produkts und der Name deines Unternehmens. Auch deine relevantesten Konkurrenten, Substitute und all das, was sonst noch mit der Branche in Verbindung steht, kannst du als Keyword verwenden. So bleibst du immer auf dem aktuellen Stand, was deinen Markt betrifft, und du kannst entsprechend reagieren.

Wir machen jetzt einen kleinen Sprung: Mir ist bewusst, dass Zeitreisen noch nicht so funktionieren wie im Film. (Ja, ich sage „noch nicht", man darf ja wohl noch träumen). Ich kläre aber gerne auf, was ich damit meine.

Viele Trends stecken noch in den Kinderschuhen und stehen ganz am Anfang.

MARKETING KICKBOX

Wo gibt es Möglichkeiten bei denen du schon am Startbahnhof einsteigen kannst und mit dabei bist, wenn der Zug erst so richtig Fahrt aufnimmt? Natürlich gibt es auch Trends, die genauso schnell wieder verschwinden, wie sie aufgetaucht sind. Solche kurzfristigen Erscheinungen sind immer wieder zu beobachten. Wenn du aber von einem Trend angetan und überzeugt bist, dann verlasse dich auf deine Intuition und werden zum Pionier.

> **MEIN TIPP**
>
> Tools, die ich für Trendanalysen hilfreich finde, sind Google Trends (www.google.de/trends) oder Trend Hunter (www.trendhunter.com). Mit Google Trends kannst du das Interesse an einem oder mehreren Suchbegriffen analysieren, visualisiert nach Region und Zeitpunkt. Auf diese Weise lassen sich Trendverläufe herausfinden. Bei Trendhunter findest du die weltweit größte Sammlung an ausgefallenen Ideen, die durch die Community, Trendanalysen und künstliche Intelligenz generiert werden. Trends helfen dir vor allem dabei, deinen eigenen Markt noch besser zu verstehen und genau zu ermitteln, wo gerade ein Zug mit oder eben ohne dich abfährt. Ich nutze das regelmäßig, zum Beispiel um in meinen Vorträgen auf die wirklich „trendigen" Themen einzugehen. Wäre es nicht klasse, vor der Konkurrenz zu wissen, was „in" ist und welche Themen sich insgeheim schon wieder verabschieden? Solche Recherchearbeiten sollten zu deinem laufenden Tun gehören. Trends kommen und gehen, aber du willst bleiben, oder nicht?

I. König der Detektive: Analysieren und Planen | A. Den Markt kennen

Wie bereits erwähnt, kannst du bei Google Trends einzelne Begriffe eingeben und dir deren Suchvolumen in den letzten Jahren anzeigen lassen.

Fährt dieser Zug überhaupt ab?

Ich liebe Trends und finde es toll, dass in vielen Bereichen und Branchen immer neue Produkte entstehen und wir angeregt werden, uns weiterzuentwickeln oder zumindest zu verändern. Hast du dir schon den neuen Bikini für den Sommer gekauft oder die trendigen Sneaker für das nächste Straßenfest? (Den Bikini vom letzten Jahr kannst du definitiv nicht nochmal tragen.) Aber wenn du dir diese Trendprozesse ein bisschen genauer anschaust, dann erkennst du relativ schnell, dass manche Dinge nicht zwangsläufig Verbesserungen sind – oder noch schlimmer, dass es das Produkt vorher so schon mal gab. (Ich erinnere mich gerne an viele fürchterliche Dinge, die wiedergekommen sind.)

Die zweite Schwierigkeit beim Thema Trends liegt jedoch darin, zu erfassen, wie lange ein Trend überhaupt andauert bzw. ob es überhaupt ein umfangreicher Trend wird. In manchen Fällen handelt es sich nämlich nur um eine kurze Veränderung der derzeitigen Situation. Stell dir vor, deine beste Freundin erzählt dir von einer neuen, hippen Fashion-Brand. Als Fashionista kaufst du dir gleich mal eine trendige Tasche der Marke und bist quasi die First Moverin. Zwei Monate später bist du allerdings immer noch die Einzige, die damit rumläuft. Frustriert kramst du deine alte Handtasche wieder heraus und lagerst die neue fortan in der Ecke. Fürchterliche Vorstellung, oder? (Oder wäre es nicht noch schlimmer, wenn man eine andere Frau mit der exakt gleichen Tasche trifft? Tipps eines Mannes – Wahnsinn Felix.)

Wie bereits erklärt, kannst du mit Google Trends genau studieren, wann am häufigsten nach einem bestimmten Keyword gesucht wurde und wie die aktuelle Entwicklung hierzu aussieht. Das ist zwar nicht zwangsläufig eine Garantie dafür, Herr der Lage zu sein, aber es hilft. Gib doch mal Begriffe wie Donald Trump, Chiasamen oder Ed Hardy ein und schau dir die Suchverläufe an. Warum das wichtig ist? Nun, das sind hervorragende Beispiele, um das Suchverhalten potenzieller Kunden kennenzulernen. Auch wenn deine Zielgruppe nichts mit den genannten Suchbegriffen am Hut hat, veranschaulichen diese sehr schön, wie sich Trends entwickeln können. Bei „Chiasamen" wirst du feststellen, dass der Begriff in Deutschland erst ab 2013 immer relevanter wurde. Und komischerweise rutschen die relativen Suchanfragen jeden Dezember in den Keller – woran das wohl liegen mag? Probiere es mit den anderen Begriffen auch mal aus. Vielleicht fallen dir sogar Trends ein, die dich persönlich sehr begleiten oder begleitet haben? Das Tool ist nicht nur richtig interessant, sondern kann auch Spaß machen.

Du möchtest neue, abgefahrene Produkte für deinen Markt entwickeln oder gar ausländische Produkte importieren, die dort bereits Kassenschlager sind? Dafür wäre dann Trend Hunter die geeignete Plattform. Dort kannst du dich nach neuen Trends umschauen und so auf die ein oder andere Idee für deinen Markt stoßen.

Eine weitere Methode, die ich sehr hilfreich finde, sind Tools für Amazon, beispielsweise Jungle Scout (www.junglescout.com). Sie zeigen dir an, wie oft ein bestimmtes Produkt bei Amazon verkauft wird. Somit kannst du erfassen, ob es dort eine Entwicklung gibt.

> Versuche Trends frühzeitig zu erkennen und sie für dich zu nutzen. Schütze dich aber auch davor, auf Züge aufzuspringen, die niemals losfahren.

Ein Zug, der nie losfährt, bringt keinen von uns wirklich weiter, oder? Im Folgenden werde ich dir eine kleine Geschichte aus meinem Leben erzählen, die mir genau so passiert ist. Sie umfasst sowohl die Tatsache, dass ich Jungs kennengelernt habe, die unbedingt gründen wollten, als auch die eiskalte Wahrheit, die einmal mehr gezeigt hat, wie wichtig vorangehende Recherche ist:

Viele meiner Freunde und Bekannte kommen auf mich zu und fragen mich, wie man eine eigene und vor allem erfolgreiche Geschäftsidee entwickeln kann, um den Sprung in die Selbstständigkeit zu wagen. Doch manchmal muss man erst gar nicht nach einer eigenen Idee suchen, da sich die Marktbedingungen „von selbst" ändern. Im wissenschaftlichen Kontext spricht man hier von der **„unternehmerischen Gelegenheit"**. Ich möchte dir anhand eines Beispiels aufzeigen, wie diese Gelegenheiten entstehen, wie du sie nutzen kannst und – nicht zuletzt – was es dabei zu beachten gilt.

Wie die Raucher unter euch wissen, ist der Markt für Zigaretten einer der am stärksten reglementierten Märkten im Konsumgüterbereich. Dies beginnt mit dem Verbot für anpreisende Werbung für das Rauchen, bis hin zu Hinweisen auf den Verpackungen, die auf die Risiken des Rauchens von Zigaretten und anderen Kurzwaren aufmerksam machen.

Ein Beschluss der Europäischen Union hat dann die Platzierung sogenannter „Schockfotos" auf Zigarettenverpackungen vorgesehen – Bilder von Raucherbeinen, schlechten Zähnen, alternder Haut und Raucherlungen kann man hier seither genüsslich begutachten. Andere Länder wie Großbritannien haben diese Bilder schon länger auf ihren Schachteln. Wenn dir beim Lesen der Worte „Raucherbein" und „Raucherlunge" ein leichter Schauer über deinen Rücken fährt und du gleichzeitig zu den Rauchern zählst, dann bist du die ideale Zielgruppe für eine Geschäftsidee, die zwei Freunde von mir vor Kurzem hatten.

Die beiden Jungunternehmer sind durch Zufall auf die Änderung der Gesetzeslage aufmerksam geworden. Beide sind Nicht- bis Gelegenheitsraucher und stets auf der Suche nach neuen unternehmerischen Gelegenheiten. Als die beiden Jungs auf einen Zeitungsartikel stießen, der auf die veränderte Gesetzeslage und den Beschluss des Bundestags aufmerksam machte, kam ihnen spontan die Idee, Cases für Zigarettenverpackungen auf den Markt zu bringen.

Hintergrund ist der mögliche Ekelfaktor für Mitmenschen. Ein Beispiel: Gäste hocken in einem Biergarten, es ist Sommer, ein angenehmes Lüftchen weht

1. König der Detektive: Analysieren und Planen | A. Den Markt kennen

und die leckere Schweinshaxe wartet nur darauf, verspeist zu werden. Neben ihnen sitzt ein Raucher, der seine Zigarettenpackung mit Raucherbeinbild auf dem Holztisch ablegt – unappetitlich. Das kann manchen Gästen selbst die delikateste Speise verhageln. Mit einem schicken Case für die Zigarettenschachtel wäre dieses Problem gelöst.

Zwei Nächte lang erhielt ich gegen 0.30 Uhr noch Anrufe mit Rückfragen und der Bitte nach meiner Meinung zu Produktentwürfen und Preisgestaltung. Das Ziel der beiden Jungs war ambitioniert: Sie wollten die Cases bereits am ersten Tag der Schockfotopflicht vertreiben können. Sie hatten zehn Wochen Zeit – der 20. Mai galt für die Änderung als Stichtag. Sie hatten ca. acht Wochen für die Entwicklung der Cases, den Aufbau der Produktion, die Erarbeitung einer Marke und der Bestimmung attraktiver Vertriebskanäle.

Zunächst begannen die beiden Jungs auf Alibaba nach Cases und Produzenten aus Asien zu suchen, die bereits ähnliche Produkte herstellen. Es ist erstaunlich, wie viele Produkte auf diesem Online-Marktplatz erhältlich sind. Zumeist geben die Preise eine gute Orientierung zur Ermittlung der eigenen Kostenstruktur, da viele Anbieter auf Alibaba speziell an B2B-Kunden verkaufen. (B2B = Business to Business = du verkaufst an Unternehmen)

MEIN TIPP

Bei vielen haptischen Produkten ist www.alibaba.com eine super Anlaufstelle, um mit Herstellern und Produzenten Kontakt aufzunehmen. Zudem bietet der Online-Marktplatz gute Anhaltspunkte für die eigene Kostenkalkulation – gerade was den Einkauf angeht.

Ein Hersteller von Silikoncases wurde schnell ausfindig gemacht, der die Cases sogar über Amazon verkauft. Per Morning-Express wurde sofort ein solches Case gekauft, um es zu begutachten. Fazit: zu teuer und ein zu künstliches Material. Gleichzeitig wurde der Markt für Zigaretten näher beleuchtet. Die Größe des Markts und die Anzahl der Zigarettenschachteln, die jeden Tag über die Ladentheke gingen, war beachtlich. Dieser Umstand steigerte die Motivation.

Die Idee entwickelte sich weiter, sodass man sich auf stabile Papier-/Pappcases einigte, die durch ein fancy Design zum Kauf animieren. Ursprünglich wurde überlegt, die Produkte über Amazon und einen eigenen Online-Shop zu vertreiben. Zu diesem Zeitpunkt war ein Logo bereits erstellt, die Website registriert und die ersten Designs kreiert.

An Tag drei des Projekts glühte der Telefonhörer. Es wurden Vertreter von Tankstellen und Drogeriemärkten kontaktiert, um einen Vertrieb aufzubauen, der zum 20. Mai loslegen konnte. Gegen Ende des dritten Tages sprachen die beiden über einen Kontakt mit einem Vertreter der Tabakindustrie, der das Projekt schlagartig ins Stocken gerieten ließ. Er verwies auf die anderen Märkte, in denen bereits Schockfotos auf Zigarettenschachteln existieren und dass sich dort Cases nicht durchgesetzt hätten. Mit dieser Wahrheit vor Augen und dem Zeitdruck im Nacken fiel das Projekt in einen Kryptoschlaf, sodass es letztlich nicht realisiert wurde.

Was kannst du aus diesem Beispiel lernen? Gesetzesänderungen und ein regulatorischer Wandel bringen Bewegung in bestehende Märkte und schaffen somit unternehmerische Gelegenheiten. Die Herausforderung ist hierbei, diese frühzeitig zu erkennen. Im genannten Beispiel war der Projektstart viel zu spät angesetzt und nicht genügend Zeit, um eine umfangreiche Marktanalyse

1. König der Detektive: Analysieren und Planen | A. Den Markt kennen

durchzuführen. Trends und Änderungen erkennst du am besten, indem du regelmäßig Branchen-News liest oder dich bewusst mit Veröffentlichungen der EU und des Bundestags befasst. Ein weiteres Tool in diesem Kontext ist sicherlich – du kannst es dir denken – Google Trends sowie eine Liste von Twitter-Accounts von Politikern und Medienvertretern, die über mögliche Änderungen der Gesetzeslage berichten.

Hast du eine regulatorische Änderung entdeckt, die in deinem Zielmarkt ansteht, gilt es frühzeitig, andere Märkte ähnlicher Struktur zu prüfen. Untersuche, ob es in diesen ähnliche Änderungen gegeben hat, wie der Markt reagiert hat und ob nicht bereits Konkurrenten existieren.

Viele Unternehmer machen einen großen Fehler (Besserwisser-Modus ein): Sie meinen Trends zu erkennen und wollen sich vom Sog mitreißen lassen, um mit ihren Produkten ebenfalls in der jeweiligen Branche erfolgreich zu sein. Das kann natürlich ein probates Mittel sein, aber warum nicht auch mal einen anderen Weg wagen.

Irgendjemand muss mit einem Trend anfangen, oder?

Irgendwer hat doch vor ein paar Jahren das Wort „Superfoods" erfunden und festgelegt, dass Chiasamen elementarer Bestandteil einer jeden Mahlzeit sein müssen. Warum bist du nicht auch dieser „irgendwer"? – „Warum sollte ich das machen, Felix?" Nun, weil du dadurch einen riesigen Vorteil generierst, nämlich den sogenannten First Mover Advantage. Du bist der Erste, der etwas tut, und erzielst in der Regel dadurch eine höhere Aufmerksamkeit bzw. bleibst deinen potenziellen Kunden im Kopf. Viel zu oft ticken wir nach Schema A/B. Warum nicht mal Schema A/C oder sogar F/I daraus machen?

> Die entscheidenden Weltveränderer sind immer gegen den Strom geschwommen.

Natürlich bietet es nicht immer einen Vorteil, First Mover zu sein, zum Teil wäre es besser, diesen Schritt jemand anderem zu überlassen, um dann aufzuspringen und die Nachteile des First Mover-Seins und die anfänglichen Fehler dadurch zu umschiffen. Du siehst, hier gibt es keine generell bessere Vorgehensweise.

Schau dir bestimmte Branchen, gesellschaftliche Entwicklungen oder fertige Produkte an und mach dir Gedanken, wie du diese verbessern oder sogar revolutionieren kannst. (Stichwort: Disruption.) Es geht nicht darum sie zu verändern, die Veränderung kommt von selbst. Wir nehmen viel zu oft das hin, was wir den Status quo nennen und sind dann überrascht, wenn einer plötzlich alles anders macht. Warum muss man seit Jahren mit Regenschirmen durch die Gegend laufen, wenn es regnet (zumindest wenn man nicht nass werden will)? Kann da nicht mal jemand etwas anderes erfinden? Oder wieso muss ich die Türklinke auf der Herrentoilette anfassen, wenn ich hinaus will?

Löse dich von bekannten Denkmustern und deiner Komfortzone und überlege, welche Trends du setzen kannst. Dann bist du nicht irgendein Unternehmer, sondern der, über den nachher alle sprechen.

B. DIE KONKURRENZ SCANNEN

Was wäre das Unternehmersein ohne Konkurrenz. Ach wäre das herrlich, wenn ich das Monopol in meiner Branche hätte. Leider, ja leider, wird das wahrscheinlich auch bei dir nicht der Fall sein.

Deinen Wettbewerb kannst du mittels ähnlicher Quellen wie bei der Marktanalyse ergründen. Durch die gesammelten Informationen über den Markt sollte es dir leicht fallen, deinen Wettbewerb darzustellen und somit abzuschätzen, welche weiteren Angebote es noch in deiner Branche gibt. Mit einer Wettbewerbsanalyse lernst du deine Konkurrenten besser kennen und kannst sie so besser einschätzen. (Jetzt schreiben wahrscheinlich wieder die ersten: „Ne, Felix nicht noch mehr Analysen." Sie zeigt dir nicht nur die Anzahl und Art deiner Wettbewerber auf, sondern auch ihre Stärken und Schwächen. Das ist enorm hilfreich für deine Positionierung sowie für die entsprechende Kommunikation. Eine Wettbewerbsanalyse kann sehr ausführlich ausfallen. Keine Panik, wir sprechen das hier Schritt für Schritt durch.

Schritt 1: Wähle die richtigen Konkurrenten aus

Analysiere nicht gleich alle Wettbewerber, sondern konzentriere dich im ersten Schritt auf drei. Es bietet sich an, dabei die engsten Konkurrenten zu wählen und zu überlegen, welche Marktstellung jeder einzelne von ihnen hat. Wenn du dir im Rahmen der Marktanalyse noch nicht angeschaut hast, wer der Marktführer ist, solltest du das bei dieser Gelegenheit nachholen.

Schritt 2: Was willst du analysieren?

Allerdings ist es nicht nur wichtig, zu wissen, wer der Marktführer ist, sondern auch, warum er das ist. Stelle bei der Recherche die Stärken und Schwächen der Wettbewerber heraus. So findest du Ansatzpunkte, was du besser machen kannst und wo du gleich zu Beginn aufholen musst. Konzentriere dich auf die Variablen, die für dich sinnvoll sind. Das können sein: Der Preis, die angebotenen Produkte, die Vermarktung, der Service oder die Vertriebskanäle.

Schritt 3: Informationen sammeln und auswerten

Trage diese Informationen zusammen und erhalte so einen umfassenden Überblick über die Konkurrenz. An dieser Stelle bietet sich auch ein Diagramm an, das zum einen die Konkurrenz und zum anderen dich hinsichtlich dieser Variablen bewertet. In dieser Phase solltest du dir gleich Informationen über die Konkurrenz beschaffen, die dir für deine spätere Marketingplanung nützlich sein könnten.

> Welche Werbung machen deine Wettbewerber und welche Kanäle werden konkret genutzt?

Notiere dir diese Erkenntnisse genau. Greife dabei auch auf deine eigenen Vorstellungen zurück und notiere dir stichpunktartig bereits erste Vermarktungsmöglichkeiten. Dazu kannst du zum Beispiel dieses Diagramm benutzen.

1. König der Detektive: Analysieren und Planen | B. Die Konkurrenz scannen

PRODUKTE

PREISE

POSITIONIERUNG

STELLUNG IM MARKT

KUNDENGRUPPEN

WERBUNG

MEIN TIPP

Mache dir auch Gedanken über sogenannte „indirekte Wettbewerber". Das sind Anbieter, die ein anderes Produkt als du anbieten, das aber das gleiche Problem oder das gleiche Kundenbedürfnis befriedigt wie deines. Im Five-Forces-Modell nach Porter hatten wir solche Produkte auch Substitutionsgüter genannt. Schaue dir außerdem an, was sie anders oder sogar besser machen. Wenn du gleich die ganze Branche analysierst, gibt's Fleißpunkte von mir.

Apropos besser machen. Du solltest dir ja den Marktführer anschauen und überlegen, warum er diese Position für sich beanspruchen kann. Mithilfe von Benchmarking kannst du deine eigenen Prozesse, Produkte, Marketingerfolge oder das, was für dich relevant ist, mit denen der Konkurrenz bzw. mit denen des Wettbewerbsbesten vergleichen und dich so verbessern. Stell dir also die Frage:

> Warum ist der Marktführer Marktführer und was macht er besser als alle anderen?

Beim Benchmarking analysierst du den Top-Performer und versuchst die Lücke zwischen ihm und dir zu schließen. Indem du dich immer am Marktführer orientierst, von ihm lernst und dich dementsprechend kontinuierlich verbesserst, schaffst du dir Wettbewerbsvorteile und kannst anstreben, selbst zum Spitzenreiter zu werden. Benchmarking kann mit beliebigen Merkmalen durchgeführt werden. Häufig werden hierfür Faktoren wie Qualität, Zeit oder Kosten ausgemacht, anhand derer die eigene Bewertung stattfindet. Behalte jedoch im Hinterkopf, dass es hier nicht darum geht, deinen Konkurrenten nachzumachen und zu kopieren. Es geht darum, mit den eigenen Ressourcen und Fähigkeiten am effektivsten umzugehen.

Das eigentliche Ziel ist es, herauszufinden, an welcher Stelle und auf welche Art du deine Strategie verbessern kannst.

EXPERTENTIPP

ANDREAS SCHWEIZER

Experte für die digitale Transformation im Mittelstand

Jeder von uns will gerne mehr Informationen über den Wettbewerber haben. Mit dem Tool Similarweb (www.similarweb.com) funktioniert dies recht einfach und bis zu einem gewissen Grad sogar kostenlos. Hierzu trägt man einfach die Domain des Wettbewerbers ins Suchfeld ein und erhält eine Schätzung der monatlichen Seitenzugriffe, von welcher Quelle und welchen Ländern diese stammen. Doch die beste Funktion ist die Auflistung ähnlicher Websites und Wettbewerber. So erhält man schnell einen Überblick über den eigenen Markt. Umgekehrt kann diese Funktion genutzt werden, um weitere Kooperationspartner zu finden, die den aktuellen ähnlich sind. Es ist wichtig, dass dein Wettbewerber eine gewisse Größe hat, damit genug relevante Daten gesammelt und ausgewertet werden konnten. Ist der Markt zu klein, wird man keine bis sehr wenige Informationen erhalten.

„
Wettbewerbsinfos nutzen

MARKETING KICKBOX

Als ersten Schritt in der Kunst des Benchmarkings wählst du einen Bereich aus, den du dir genauer anschauen möchtest. Das können wie gesagt die Prozesse, das Produkt oder die Marketingaktivitäten sein. Mit hoher Wahrscheinlichkeit ist es eine Disziplin, in der du Verbesserungsbedarf siehst. Es ist auf jeden Fall ratsam, diesen Bereich konkret zu definieren, um so größere und vor allem deutlichere Verbesserungen ausmachen zu können. Außerdem weißt du bei einer eindeutigen Fragestellung genau, auf welche Informationen du dich konzentrieren sollst.

Nachdem du festgelegt hast, was du analysieren willst, gilt es, den Wettbewerbsbesten auszuwählen, mit dem du dich messen willst. Stelle sicher, dass die Daten vergleichbar sind, um so auch eine Messlatte für dich legen zu können. Ähnliche Unternehmensgröße und -kultur sind beispielsweise Indikatoren für eine gute Vergleichbarkeit – ebenso wie ähnliche Prozesse. Sind die zu analysierende Disziplin und das Best-Practice-Unternehmen ausgewählt, geht es endlich daran, die entsprechenden Daten zu gewinnen.

> **MEIN TIPP**
>
> Beim Benchmarking muss der Best Practice (das für dich vorbildlichste Beispiel) nicht immer unbedingt aus deiner Branche sein. Es kann unter Umständen viel aufschlussreicher und wirksamer für dich sein, wenn du dich mit Unternehmern oder Gründern vergleichst, die ähnliche Prozesse wie du haben, aber in einer anderen Branche agieren. So kannst du dir innovative Anregungen einholen, die du bei einem brancheninternen Vergleich aufgrund der ähnlichen Strukturen vielleicht nicht gehabt hättest, und dich so an die Spitze deines Markts katapultieren.

Schritt 4: Defizite aufdecken

Sobald du die entsprechenden Informationen über deinen Wettbewerbsbesten und auch über dein Unternehmen gesammelt hast, nutzt du diese, um herauszufinden, wo genau deine Leistungsdefizite sind. In welchen konkreten Prozessen bist du schwächer als das gewählte Unternehmen und vor allem warum? Die Ursachen sind daher so spannend und wichtig, da sie dir Auskunft darüber geben, wie du deine Prozesse optimieren kannst, um selbst zum Benchmark zu werden.

Anschließend legst du auf Basis der ermittelten Ursachen die Schritte fest, die du angehen willst, um die Lücke zwischen dem festgelegten Standard und dir zu verringern. Wie bereits erwähnt, solltest du das andere Unternehmen dabei nicht eins zu eins nachmachen. Vielmehr darfst du überlegen, wie du deine Ressourcen bestmöglich und auf kreative Weise einsetzen kannst, um das beobachtete Unternehmen irgendwann vielleicht sogar zu überholen.

Schritt 5: Umsetzung

Zu guter Letzt geht es dann an die Durchführung dieser Maßnahmen. Hier solltest du bald in die Umsetzung kommen, um die Ergebnisse optimal einsetzen zu können. Wartest du zu lange damit, könnten deine Aufzeichnungen schon wieder veraltet sein – wir leben in einer schnelllebigen Zeit.

MARKETING KICKBOX

> **MEIN TIPP**
>
> Der Benchmarking-Prozess ist eine kontinuierliche Geschichte. Um sicherzugehen, dass du dich auf dem richtigen Weg zur Spitze befindest und die Lücke zwischen dir und dem Top-Performer immer kleiner wird, solltest du auch hier regelmäßig den Status quo überprüfen. Daher ist es auch beim Benchmarking mehr als sinnvoll, die Planung und Zieldefinition genau und detailliert durchzuführen, um dir so doppelte Arbeit zu ersparen. Basiert dein Benchmarking auf einer ordentlichen Grundlage, kannst du beim nächsten Mal direkt loslegen und hältst dich nicht mit kleinen Details auf.

Am liebsten würde ich dir noch mehr zum Thema Konkurrenz mit auf den Weg geben, aber ich denke die fünf Schritte sind ein perfekter Start für dich.

> **WORKSHEET „KONKURRENZANALYSE"**
>
> Kenne deine Wettbewerber: Den Wettbewerb voll im Blick! Dieses Arbeitsblatt hilft dir dabei, genau auszumachen wie deine Konkurrenten aufgestellt sind.

Alle Worksheets: www.marketing-kickbox.de

C. DEINE KUNDEN ÜBERZEUGEN

Wer bist du und was willst du? Diese Frage rufen wir nun in die Sphären deines Markts hinaus, um herauszufinden, wer dein Kunde ist und was er will – und zwar in dieser Reihenfolge. Das tun wir, damit die nächsten Nachrichten, die wir in den Markt rufen, nicht irgendwo in den Weiten untergehen. Nein, in Zukunft sollen deine Botschaften direkt an den Kunden gehen. Dazu werden wir im Folgenden herausfinden, wer wirklich zu deiner Zielgruppe gehört. Du musst schließlich wissen, wen du ansprechen willst. Und erst dann, im zweiten Schritt, ermitteln wir, was diese Zielgruppe eigentlich will. Mit diesem Wissen kannst du dein Produkt optimal auf deine Kunden und ihre Bedürfnisse zuschneiden – und das ist heute wichtiger denn je. Denk immer daran: Du und dein Kunde sind die beiden entscheidenden Variablen.

EXPERTENTIPP

ALICA BÜCHEL
Authentic Coach

Der SINN ist deine stärkste geistige Kraft als Mensch. Was ist dein heiliges „WARUM" für dein Business? Frage dich : „WARUM tue ich die Dinge ?" Betrachte deine Kunden als Subjekt und nicht als Objekt. Wir sind pappsatt von klassischem Marketing. Du bist ein Schöpfer und den Kern deiner Arbeit macht nicht deine Zielgruppe aus – sondern DU SELBST. Die erste Frage, die also auftaucht, darf lauten

„WER bin ICH?" und nicht „Wer ist meine Zielgruppe?".

Gib im Marketing nicht vor, jemand anderes zu sein, als du bist. Sei DU SELBST. Sei ehrlich. Das ist der wertvollste Teil, den du beitragen kannst, um Kunden glücklich zu machen. Stelle dich auf den Marktplatz des Lebens und sage: „DAS bin ICH."

„ Herzmarketing

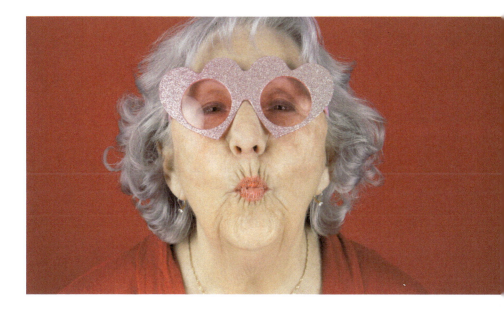

i. Kundensegmentierung

Genauso wie deinen Markt solltest du als Erstes deine gewünschten Kunden so genau wie möglich definieren und eingrenzen. Das erleichtert nicht nur die gezielte Anrede der Kunden sowie die Wahl der Marketingmaßnahmen, sondern sorgt dafür, dass sich deine Zielgruppe wirklich angesprochen fühlt. Dass jeder, der für deine Produkte zahlen kann, oder gar jeder Bürger dieser Welt dein potenzieller Kunde sein kann, ist nämlich ein Trugschluss. Du kennst es sicher von den Pizzerien, die neben Pizza auch noch Döner, asiatisches Essen und Burger auf der Karte stehen haben. (Manchmal auch noch Schmuck, Lederwaren und Zigaretten.) Die wollen auch alle Menschen als Kunden haben und legen sich nicht eindeutig fest. Doch genau dadurch vergraulen sie die Kunden. Diese Strategie hat zur Folge, dass die Pizza nicht als Kerngeschäft und somit auch nicht als Kernkompetenz angesehen wird. Zu viele Angebote auf der Speisekarte erschweren die Auswahl und schrecken eher ab als ein kleines Sortiment. Wenn du also Lust auf eine richtig feine italienische Pizza hast, bestellst du dann beim Italiener, der sich auf Pizza und Pasta spezialisiert hat, oder beim vermeintlichen Alleskönner? Ich für meinen Teil würde auf jeden Fall den authentischen Italiener wählen. (Na gut, manchmal bestelle ich auch einfach beim Restaurant, was nur gesundes Essen hat. Dort gibt es auch Pizza, aber dann gesunde. Die Klammer muss stimmen – Stichwort: Positionierung.)

Lass dich von dem Wort „Analyse" beim Begriff „Zielgruppenanalyse" nicht abschrecken. Du wirst erkennen, es geht schlicht darum, deine Kunden zu definieren und daraus, anhand von Charakteristika, eine homogene Zielgruppe zu formen. Homogen bedeutet in diesem Zusammenhang, dass deine Kunden ähnliche Merkmale aufweisen, die sie zu einem bestimmten Kaufverhalten veranlassen. Zum Teil kannst du auch mehrere heterogene Gruppen haben, die ihrerseits homogene Bedürfnisse besitzen.

Entscheidend bei der Zielgruppenanalyse ist zunächst, wer dein Kunde ist – Privatperson oder Unternehmen? Das hast du im Normalfall ja ganz schnell beantwortet und in manchen Fällen trifft sogar beides zu. Je nachdem, ob du nun im B2C- oder im B2B-Bereich tätig bist, kannst du verschiedene Variablen betrachten, um deine Zielgruppe zu erfassen. (Sorry schon mal vorab für die folgenden Fachbegriffe.)

Wenn du Privatpersonen ansprechen willst, solltest du vor allem folgende Merkmale beachten:

- Demografische Variable: Hierzu gehören das Alter, Geschlecht, der Wohnort und auch der Familienstand deiner Kunden. Welche Gemeinsamkeiten entdeckst du hier?
- Sozioökonomische Variable: Spätestens jetzt kannst du den Privatdetektiv in dir hervorholen. Wie viel verdienen deine Kunden? Welche Ausbildung haben sie genossen (mehr oder weniger)?
- Psychografische Variable: Auf was legt dein Kunde wert? Wie verbringt er seine Freizeit? Welche Ziele hat er im Leben? Spiele Profiler und entdecke Zusammenhänge. Der Punkt wird immer wichtiger.
- Variablen des Kaufverhaltens: Wie reagiert deine Zielgruppe auf Preisänderungen? Entdeckst du Gemeinsamkeiten zu der Frage, auf welche Weise die potenziellen Kunden ihre Kaufentscheidungen treffen?

WORKSHEET „ZIELGRUPPENDEFINITION B2C"

Gezielt B2C-Kunden ansprechen: Deine anvisierte Zielgruppe sind Privatkunden und Endverbraucher? Dann kannst du mithilfe dieses Worksheets eine Zielgruppenanalyse machen, um gezielt deine Kunden ansprechen zu können!

Alle Worksheets: www.marketing-kickbox.de

1. König der Detektive: Analysieren und Planen | C. Deine Kunden überzeugen

Für den Fall, dass dich Unternehmen als solche beehren, richtest du dein Augenmerk eher auf folgende Faktoren:

- Organisatorische Variable: Betrachte Marktanteil, Standort und Größe der Unternehmen – finden sich hier Gemeinsamkeiten?
- Ökonomische Variable: Wie sieht's mit den Finanzen deiner Kunden aus? Liegt da viel auf der hohen Kante oder tendieren sie dazu, es in Beständen anzulegen?
- Variablen des Kaufverhaltens: Vielleicht gibt es in der Branche deiner Kunden bestimmte Zeitpunkte, zu denen verstärkt eingekauft wird. Vielleicht ist es dort auch an der Tagesordnung, die Lieferanten häufig zu wechseln. Gehe den Kaufgewohnheiten auf den Grund.
- Personenbezogene Variable: Wie ticken die Menschen hinter dem Unternehmen, welche die Kaufentscheidung treffen?

WORKSHEET „ZIELGRUPPENDEFINITION B2C"

Deine Kunden sind andere Unternehmen? Dann hilft dir dieses Arbeitsblatt dabei, deine B2C-Zielgruppe einzugrenzen.

Alle Worksheets: www.marketing-kickbox.de

Die Zielgruppenanalyse sucht nach Charakteristika, die über eine große Bevölkerungsgruppe hinweg identisch oder vergleichbar sind. Sie sucht also nach Attributen, die man Menschen und damit deinen potenziellen Kunden zuschreiben kann. Nehmen wir mal an, du verkaufst Fußballtrikots eines Bundesligisten. In diesem Fall siehst du dir natürlich erstmal an, wie viele Menschen überhaupt Fußballfan sind. Dann gräbst du tiefer und analysierst, wie alt diese sind, woher sie kommen und wie hoch ihr Einkommen ist. Daneben hast du noch viele andere demografische Merkmale zu beachten, um deine Zielgruppe bestmöglich kennenzulernen.

Die Alternative liegt darin, nicht nach Attributen und Charakteristika innerhalb einer Gruppe zu schauen, sondern nach den Umständen, unter denen das Produkt benötigt oder konsumiert wird. In diesem Fall beschäftigen wir uns also nicht damit, dass die Käufer eines FC-Bayern-Fußballtrikots hauptsächlich männlich und in Bayern wohnhaft sind. Stattdessen erkennen wir, dass ein Großteil der Käufe pünktlich zum Beginn einer neuen Fußballsaison getätigt wird. (Die Fußballmannschaft soll hier nur als Beispiel dienen. Bitte nicht angegriffen fühlen, falls dir dieses Team unsympathisch ist. Borussia Mönchengladbach olé.)

Ein besonders populäres Beispiel zu dieser Methode stammt aus den USA und behandelt den guten alten Milchshake. Hier in Deutschland ist der Milchshake nicht ganz so etabliert wie in den Staaten. Vielleicht ändert sich das aber auch nach diesem Kapitel.

Was glaubst du? Wer kauft einen Milchshake und vor allem in welchen Situationen? An heißen Tagen, wenn der Käufer eine Abkühlung braucht?

Ein Restaurantbetreiber fing an, Menschen zu beobachten, und notierte sich, wer einen Milchshake kaufte, zu welcher Uhrzeit, ob der Milchshake vor Ort verzehrt oder mitgenommen wurde und mit welchen anderen Produkten er gekauft wurde. Es stellte sich heraus: Vor allem am frühen Morgen wurden vermehrt Milchshakes verkauft – meistens ohne weitere Produkte. Wie kann das sein?

Der Verkäufer befragte die Kunden und fand heraus, dass der Milchshake vor allem als Frühstück für Pendler diente. Wieso? Hast du schon einmal versucht, ein Sandwich oder Brötchen während der Fahrt zu essen? Das gibt jedes Mal eine Schweinerei, deine Hände kleben und das ganze Lenkrad ist voller Krümel und Fettflecken. Früchte wie ein Apfel oder eine Banane machen nicht wirklich satt. Also griffen viele Kunden zum Milchshake: kalorienreich und sauber. Außerdem ist so ein Milchshake ziemlich schnell ausgetrunken und muss nicht vor Ort verzehrt werden – perfekt.

> **Mache dir darüber Gedanken, in welchen Situationen deine Kunden einen Kauf bei dir tätigen.**

Suchen sie nach einer Alternative, um ein Problem vermeiden oder zu vermindern? Wollen sie Geld sparen? Oder wollen sie einfach nur dazugehören? Ein Kunde nimmt verschiedene Rollen ein.

Die klassische Zielgruppenanalyse würde etwas wie den arbeitenden, hektischen und hungernden Pendler hervorbringen. Doch kann es nicht sein, dass dieser Pendler verschiedene Rollen im Leben einnimmt? Was ist, wenn er auch Familienvater ist und das Restaurant ebenso mit seinen Kindern besucht. Bestellt er in dieser Situation den Milchshake für denselben Zweck? Vermutlich nicht. Vielmehr bestellt er ihn dann für den beharrlichen Sohn.

Du solltest also die verschiedenen Rollen deiner Kunden und somit auch die verschiedenen Umstände, in denen sie dein Produkt kaufen, bei deiner Kundenakquise berücksichtigen. Wenn du deine Kunden in standardmäßige Zielgruppen einteilst, kann es dazu kommen, dass du ein Einheitsprodukt (also eine One-size-fits-all-Lösung) entwickelst, das die Kundenbedürfnisse in keiner Situation so richtig befriedigt. Wenn du die unterschiedlichen Umstände aber erkennst, kannst du deine Produkte sowie auch deine Werbestrategie entsprechend anpassen und so beispielsweise mehrere Produkte den Anlässen entsprechend verkaufen. Wie wäre es also mit dem Milchshake „Pendlerspezial" und einem „Vanilleschlürfer" für den kleinen Sohnemann des Familienvaters. Der Käufer ist tatsächlich derselbe – die Situation aber eben nicht.

Was bedeutet das nun für unsere Zielgruppenanalyse? Es ist eigentlich relativ simpel: In der klassischen Zielgruppenanalyse fragen wir immer nach dem „Wer?". Zusätzlich solltest du in Zukunft häufiger nach dem „Wie?" oder „Wann?" fragen. Von mir aus darfst du auch gerne alle W-Fragen durchgehen, um herauszufinden, wie du deine Zielgruppe am besten definierst und welche Auswirkungen das auf deine Produktstrategie und dein Marketing hat.

Das heißt natürlich nicht, dass du die klassische Zielgruppenanalyse ganz über den Haufen wirfst. Schließlich ist das „Wer?" immer noch ein entscheidender Faktor. Am besten kombinierst du einfach diese beiden Verfahren. Pendelnde Familienväter sind für dein Milchshake-Business jedenfalls leichter anzusprechen, als schlicht „Pendler".

1. König der Detektive: Analysieren und Planen | C. Deine Kunden überzeugen

Wer braucht was, wann, warum, wo, wie oft und wie lange?

MEIN TIPP

Diese Herangehensweise hat auch Auswirkungen für deine Konkurrenzanalyse. Wer oder was ist unter den neuen Gesichtspunkten denn nun die Konkurrenz? Ursprünglich hätte man gesagt, dass deine Milchshakes gegen andere Milchshakes in der Umgebung konkurrieren, richtig? Wenn du nun aber deine neue Analyse in Betracht ziehst, fällt dir auf, dass das nur die halbe Wahrheit ist. Vielmehr konkurrierst du gegen belegte Brötchen, Bagels, Kaffee und Sandwiches – also gegen andere Produkte, die dem Pendler als Frühstück dienen könnten.

Hast du nun herausgefunden, „wer" dein Produkt „wann" benötigt, stellt sich die Frage, wie du an deine Zielgruppe herankommst? Wie wäre es, wenn du einfach mal in die Rolle deines potenziellen Kunden schlüpfst? Steh doch einfach morgens auf und imitiere den Tagesablauf deiner Kunden. Sei der pendelnde Familienvater, Herr Müller, Frau Öztürk oder Kowalski (genau, der Pinguin aus Madagascar). Dabei solltest du natürlich nicht zum Stalker mutieren.

> Versuche nachzuvollziehen, was dein Kunde so den lieben langen Tag durchlebt.

An welchen Orten kommt er vorbei? Wo kauft er ein? Was kauft er, was andere nicht kaufen? Welche Websites besucht er? Was und wo isst er? Was macht er in seiner Freizeit? Wo und wie verbringt er Zeit mit seiner Familie? Hat er überhaupt Familie? Wen ruft er an? Was macht er mit Freunden? Was macht er alleine? Wenn du zu all diesen und mehr Fragen Antworten findest, dann weißt du, wo, wann und wie du deine Kunden ansprechen kannst.

Wie simpel das sein kann, zeigt folgendes Beispiel. Neulich kam ein Vertriebsmann von Gartenmöbeln in mein Büro. Er erzählte frustriert von seinen Marketingbemühungen: Anzeigen in Lokalzeitungen, Beilagen in Prospekten, Bannerwerbung im Internet. All diese Maßnahmen kosten viel und haben eine sehr hohe Streuung. Er verbrannte jeden Monat sein Marketingbudget ohne wirklichen Effekt. Zusammen überlegten wir, wo wir seine Kunden finden. Vielleicht in Neubaugebieten (natürlich nur mit Garten)? Vielleicht in Einrichtungshäusern? Vielleicht in Baumärkten (Achtung: Diese können auch Konkurrenten sein)? Vielleicht bei Google unter den entsprechenden Keywords? Schon eine

Aktion in Neubaugebieten brachte ihm eine beachtliche Zahl an Neukunden. Komischerweise hatten diese von seinem Geschäft vorher noch nie etwas gehört.

Während du den Tag deines Kunden durchlebst, solltest du dir gleichzeitig Gedanken darüber machen, wer deine Produkte eigentlich erwerben und wer sie verwenden wird. In manchen Fällen sind diese beiden Gruppen nämlich nicht deckungsgleich. Wann möchtest du die Käufer und wann die Verwender ansprechen? Vergiss nicht, dass deine Zielgruppe nicht nur aus Käufern bzw. Verwendern besteht, sondern auch aus Multiplikatoren und Einflussnehmern sowie Weiterempfehlungen. (Meine Mutter zum Beispiel kauft die Krawatten für meinen Vater. Darum sind übrigens alle pink und rosa.)

An dieser Stelle bietet es sich auch an, eine Persona zu gestalten, um die Merkmale deiner Zielgruppe anschaulicher zu charakterisieren. Eine Persona ist sozusagen eine Art Kundenavatar. Hier werden deine vorher gewonnenen Erkenntnisse über die Merkmale und das Verhalten deiner Zielgruppe in einer Person vereint.

WORKSHEET „PERSONA"

Dein idealer Kunde: Deine Zielgruppe kannst du auch anhand einer Persona analysieren. Mit diesem Worksheet wird es dir leichter fallen, dich in deinen idealen Kunden hineinzuversetzen.

Alle Worksheets: www.marketing-kickbox.de

MARKETING KICKBOX

Wer ist der ideale Kunde deines Produkts?

Wie sieht er aus? Welche Hobbys, Ziele und Werte hat er? Je umfangreicher du die Persona beschreibst, desto besser kannst du dich in ihre Lage versetzen. Du verleihst deinem Kunden somit ein Gesicht und kannst ihn gezielter ansprechen.

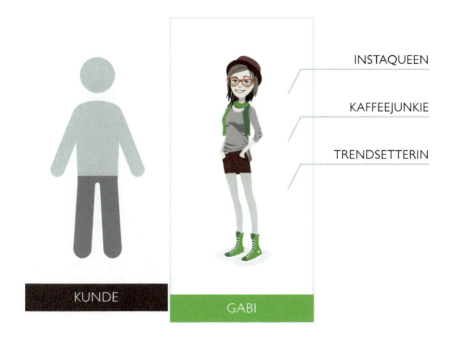

Folgende Fragen und Überlegungen können dir bei der Gestaltung deiner Persona helfen. Stelle dir vor, du bist dein perfekter Kunde und füllst eine Art Freundschaftsalbum aus:

- Beschreibung meiner Person (Haarfarbe, Alter, Größe, Beruf, Beziehungsstatus etc.)
- Mein nächster Urlaub
- Das ist ein Tick von mir
- Ein typischer Tag in meinem Leben
- Meine Lieblings-Apps & mein Online-Nutzungsverhalten
- Das ist mein Problem
- Das sind meine Ziele
- Meine Vorlieben und Abneigungen
- Ohne diese Produkte geht es bei mir nicht
- Diese Klamotten trage ich am liebsten
- So beschreibe ich meinen Lifestyle
- Das ärgert mich immer wieder
- Mein schönstes Erlebnis mit einem Produkt
- So treffe ich Kaufentscheidungen

ALEXANDER BRADEN
Geschäftsführer Kreativzirkel, Digitalagentur

Ein wesentlicher Faktor zur erfolgreichen Vermarktung deines Produkts oder deiner Dienstleistung ist die Fähigkeit der Empathie. Versetze dich in deinen Kunden oder Nutzer wirklich hinein. Wie das geht? Das Tool der Wahl ist hier die Persona.

Dabei geht es jedoch nicht um das persönliche Abfragen von Stereotypen. Um eine wirklich gute Persona zu erstellen, gehe wie folgt vor:

1. Identifiziere mögliche Kundengruppen und definiere Gemeinsamkeiten und Unterschiede.
2. Prüfe, ob diese Gruppen wirklich existieren.
3. Suche reale Personen, die du diesen Gruppen zuordnen kannst, und führe Interviews mit diesen Personen. Was bewegt die Person? Welche Medien nutzt sie? Mit welchen Marken interagiert sie? In welchen Lebenswelten bewegt sich diese Person? Je mehr Informationen du gewinnen kannst, umso besser.

„
Empathie ist der Schlüssel zum Erfolg.

4. Validiere die Ergebnisse durch Statistiken und Daten aus dem Web.
5. Skizziere deine Persona und berücksichtige dabei die gesamte Lebenswelt. Welche Probleme begegnen der Person täglich? Wie kann dein Angebot dieses Problem lösen?
6. Drucke deine Persona so groß wie möglich aus, hänge sie an die Wand an deinem Arbeitsplatz und habe sie immer vor Augen Überprüfe auch, ob sich die Persona oder Aspekte dieser im Zeitverlauf ändern.

EXPERTENTIPP

Mit Empathie erkennst du, was deine Kunden bewegt, und du kannst entsprechend reagieren, sei es in der Kommunikation oder über dein Angebot. Wichtig ist dabei, so viele Daten wie möglich zu sammeln. Dann wird deine Persona real und greifbar.

1. König der Detektive: Analysieren und Planen | C. Deine Kunden überzeugen

Eine Persona hilft dir, deine Strategie um deinen Kunden herum zu spinnen. Wenn es dir hilft, gib ihr (oder ihm) gerne einen Namen – verleihe deinem Käufer ein Gesicht. Achte jedoch darauf, dass die genannten Überlegungen nicht nur dich selbst widerspiegeln. In den seltensten Fällen wird dein perfekter Kunde exakt so sein wie du. Versuche lieber die Perspektiven zu wechseln. Die verschiedenen Rollen, die wir bereits erwähnt haben, können dir dabei helfen. Vielleicht ist deine Persona Familienvater, vielleicht aber auch reisefreudiger Single oder doch die Social-Media-affine Studentin? Eventuell kannst du auch andere eine solche Persona erstellen lassen und dann eure Ergebnisse vergleichen. Das mache ich sehr gerne, um hier auch nochmal eine komplett neue Meinung zu bekommen.

ii. Kundenbedürfnisse

Nachdem du dir überlegt hast, wie dein Kunde so tickt, geht es darum, tiefer zu bohren und seine Bedürfnisse und Wünsche herauszufinden. (Du siehst, für mich besteht die Kundenanalyse immer aus diesen beiden Schritten. Genau deswegen gibt es zwei Unterkapitel.) Die Bedürfnisse deiner Kunden zu kennen, ist enorm wichtig, denn nur dann kannst du ihnen vermitteln, dass dein Produkt genau diesen Bedarf stillt.

> Dein Produkt ist das Großartigste, das deinem Kunden passieren konnte.

Das ist es, was die Kunden interessiert. Sie werden das Produkt kaufen, sobald es ihre individuellen Kundenbedürfnisse erfüllt und diese Tatsache auch nach außen trägt. Produkte und Dienstleistungen verkaufen sich heutzutage oft nur mithilfe ausgeklügelten Marketings, das auf den Wünschen, Sehnsüchten und dem Kaufinteresse der Kunden beruht. Fast alle Kaufentscheidungen werden emotional und nicht rational getroffen.

Gerade wenn du andere von deinem Produkt begeistern willst, sollte deine Idee Emotionen kommunizieren, um diese folglich auch bei den Kunden zu erzeugen. Warum du Emotionen beim Kunden erzeugen solltest? Weil Emotionen die Entscheidungen leiten.

> **Wenn in dir kein Feuer brennt, wie willst du dann eines in anderen entfachen?**

Versuche dich in dein Gegenüber hineinzuversetzen, sodass du mit deinem Marketing genau ins Schwarze triffst und somit in ihm dieses „Kauffeuer" entfachst. Natürlich kannst du dabei sehr unterschiedliche Emotionen auslösen.

> **Der unbedingte Wunsch, ein Produkt zu besitzen, ist nicht leicht zu erzeugen.**

Auch der Weg für Apple war lang, bevor die ersten Kunden sich ein Zelt gekauft haben, um vor dem Apple-Store zu campen. (Auch wenn das heute sicher keiner mehr macht.) Stelle dir ganz bewusst die Frage, welche Emotionen dein Produkt auslösen kann? Bringt es Kunden zum Lächeln? Gibt es einen Aha-Effekt? Verbindet man mit deinem Produkt Romantik oder ist es vielleicht ein Zeitsparer und macht den Nutzer auf diese Weise glücklich?

Da in den wenigsten von uns ein kleiner Uri Geller steckt, fragst du dich jetzt vielleicht, woher du das bitteschön alles wissen solltest. (Für die Kids: Uri Geller ist ein ziemlich bekannter Zauberer.) Wenn du dich etwas verloren fühlst, fange doch einfach bei dir selbst und deinem Produkt an. Frage dich, was deine Idee einzigartig macht. Wie weckst du Begehrlichkeiten? Schreibe auf, was du an deinem Produkt oder deiner Dienstleistung besonders findest. Hast du das schwarz auf weiß festgehalten, kannst du dich daran setzen, diese Besonderheiten in Einklang mit den Bedürfnissen deiner Zielgruppe zu bringen.

MARKETING KICKBOX

Im Idealfall zeichnet dein Produkt eines aus: Nämlich dass es die Bedürfnisse deiner Kunden erfüllt und ihre Erwartungen übertrifft.

Was ist dein Kunde für ein Typ? Will er das, was alle haben, oder will er genau das, was keiner hat? Will er Anerkennung und Respekt oder will er lieber Sicherheit? Im Folgenden arbeiten wir gemeinsam auf, wie du derartige Fragen für dich beantworten kannst. Brechen wir also auf – volle Fahrt voraus.

ZIELGRUPPE UND KUNDENBEDÜRFNISSE

In der Marketing Kickbox findest du ein umfangreiches Video (Laufzeit über 1 Stunde) zum Thema Zielgruppe und wie du Kundenbedürfnisse ermittelst und für dich nutzt.

Umfangreiches Video zu diesem Thema in der Marketing Kickbox:
www.marketing-kickbox.de

MARKO TOMICIC
Geschäftsführer der AFM Media GmbH

Viele setzen Marketing viel komplizierter um, als es eigentlich ist. Gerade Online-Marketing wird dargestellt, wie die größte technische Herausforderung der heutigen Zeit für Unternehmen und Selbstständige. Erfolgreiches Marketing zeichnet sich lediglich durch zwei Punkte aus: Zielgruppenansprache und Message. Wie sprichst du mit deiner Zielgruppe und was verkörpert dein Unternehmen?

Es geht im Grunde gar nicht um Sales Funnels, Neuromarketing oder Social Media. Es geht darum, ob du richtig mit deiner Zielgruppe kommunizierst, damit sie sich verstanden fühlt, und was dein Unternehmen verkörpert, damit sich deine Zielgruppe mit deinem Unternehmen identifizieren kann. Das ist Marketing. Online-Marketing, Anzeigen, Presse usw. sind lediglich die Wege, um genau diese beiden Punkte zu vermitteln.

Scheitert es an der Zielgruppenansprache oder der Message, wird dein Marketing nicht erfolgreich funktionieren.

„

Mach es einfach

EXPERTENTIPP

Was heißt das für dich? Sprich mit deiner Zielgruppe, interagiere mit ihr, stelle ihr Fragen, triff dich auf einen Kaffee mit ihr. Setze alles Mögliche um, damit du deine Zielgruppe besser verstehst und sie kennenlernst. Nur so kannst du auf der gleichen Ebene mit ihr kommunizieren und deine Zielgruppe fühlt sich verstanden.

Als Nächstes musst du dich fragen, was dein Unternehmen verkörpert, warum sollte ich zu dir gehen, wenn ich ein Problem X habe und nicht zu einem anderen Unternehmer? Hierbei geht es nicht nur um den USP, sondern gerade um die Story deines Unternehmens oder der Marke. Finde etwas, was nur dich als Unternehmer oder dein Unternehmen auszeichnen kann und einzigartig ist. Viele Leute werden es lieben, viele Leute werden es hassen, aber nur so gewinnst du Fans und baust einen treuen Kundenstamm auf.

1. König der Detektive: Analysieren und Planen | C. Deine Kunden überzeugen

Da wären wir also auf der Suche nach den sagenumwobenen Kundenbedürfnissen. Wie kommen wir nur an diese heran? Da gibt es zahlreiche Möglichkeiten. Eine davon wäre die Analyse der Kundenwünsche mithilfe des Kano-Modells.

Obwohl es schon auf eine über 40 Jahre alte Geschichte zurückblicken kann, ist das Kano-Modell noch relativ ruhmlos unterwegs. Bereits 1978 hat sich der japanische Professor Noriaki Kano die Frage gestellt, wie die Zufriedenheit von Kunden mit den Eigenschaften von Produkten und Dienstleistungen zusammenhängt. Dabei erkannte er, dass Kundenanforderungen in fünf verschiedene

Kategorien eingeordnet werden können, welche die Kundenzufriedenheit auf unterschiedliche Weise beeinflussen. Im Folgenden will ich das kurz am Beispiel eines Autokaufs illustrieren. Vorher habe ich dir drei Merkmale in diese Pyramide gepackt:

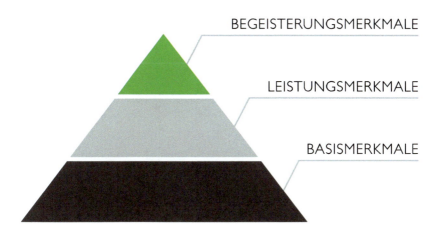

Basismerkmale

Sie gelten als selbstverständlich und werden vom Kunden quasi stillschweigend vorausgesetzt. Basismerkmale fallen zwar auf, sobald sie fehlen, werden aber nicht bemerkt, wenn sie vorhanden sind. (Oder besser: Sie werden nicht geschätzt.) Die Existenz dieser Merkmale löst deshalb keine Begeisterung für dein Produkt oder deine Dienstleistung aus. Sie sind die absolute Basis und werden als gegeben angenommen. Aber sie schmälern die Kundenzufriedenheit auch erheblich, wenn sie nicht vorhanden sind. (Als würde ich dir dein Essen wegnehmen.)
Beispiel beim Auto: Elektrische Fensterheber, ABS, Airbags oder Servolenkung

Leistungsmerkmale

Anders als Basismerkmale werden Leistungsmerkmale vom Kunden durchaus wahrgenommen. Sie heben das Produkt vom Standard ab und haben deshalb auch Einfluss auf die Zufriedenheit der Käufer. Fehlen sie, sind die Kunden deutlich unzufriedener. Sind sie vorhanden, ist der Kunde zufrieden, aber wirklich begeistert ist er dann immer noch nicht. (Kunden sind so anspruchsvoll.)
Beispiel beim Auto: Xenon-Scheinwerfer, Sitzheizung, mehr als 200 PS (wenn du es gerne schnell magst)

Begeisterungsmerkmale

Sobald Produkte oder Dienstleistungen diese Merkmale besitzen, sind Kunden wirklich begeistert. Sie stiften gefühlten oder sogar tatsächlichen Nutzen.

Käufer erwarten diese Merkmale nicht und sind deshalb auch nicht traurig, sollten sie fehlen. Sind sie allerdings existent, führen diese Merkmale in den Augen deiner Kunden zu einem überproportionalen Nutzen und maximaler Begeisterung. (Quasi das Strahlen in den Augen.)
Beispiel beim Auto: Sitze mit Massagefunktion, besonderes Sound-System (mit richtigem Bass), integriertes WLAN

Neben den drei aufeinander aufbauenden Merkmalen gibt es aber noch zwei weitere:

Unerheblichkeitsmerkmale

Gemeint sind hier Eigenschaften, die deinem Kunden im Grunde genommen egal sind. Sie machen ihn weder glücklich, noch ist er traurig, wenn sie fehlen. Diese Merkmale sind also, wie der Name schon sagt, einfach unerheblich. Warum das wichtig ist? Warum Geld für etwas ausgeben, was niemand zu schätzen weiß.
Beispiel beim Auto: ein Jahresvorrat an Duftbäumen, Unterboden aus Gold (außer als Geldanlage)

Rückweisungsmerkmale

Treten diese Merkmale in Erscheinung, führen sie dazu, dass Käufer sich direkt gegen das Produkt oder die Dienstleistung entscheiden, egal, ob andere Merkmale ihn begeistern.
Beispiel Auto: abgelaufener TÜV

1. König der Detektive: Analysieren und Planen | C. Deine Kunden überzeugen

Wer sich diese Merkmale bewusst macht und das Kano-Modell auf seine eigenen Produkte anwendet, kann die Wünsche seiner Kunden wesentlich besser einordnen. Ständiges Feedback von Kundenseite ist dabei unersetzlich, genauso wie das Beobachten der Konkurrenz. Wer weiß, wie Wettbewerber ihre Produkte designen oder welche Features dort zur Begeisterung der Kunden führen, kann die entsprechenden Merkmale vielleicht auch im eigenen Produkt verbauen.

Was dabei wichtig ist: Diese Merkmale verändern sich mit der Zeit. Ich erinnere mich an mein erstes Auto mit elektrischen Fensterhebern. Mein Gott war das ein Highlight. Ich war definitiv begeistert. Oft rutschen einzelne Funktionen oder Eigenschaften von oben nach unten durch in unserer Pyramide.

Wenn dein Unternehmen bereits Käufer hat, ist es zudem ein extrem hilfreicher Ansatz, sich hier in Gesprächen ein Feedback geben zu lassen. Um an Antworten zu kommen, ist man schließlich immer noch am besten beraten, wenn man einfach fragt. Habe also ein offenes Ohr für die Bedürfnisse und Produktanforderungen deiner Kunden. Mit jeder Kontaktaufnahme vermittelt der Kunde dir gleichzeitig seine Wünsche und Erwartungen – sei es direkt durch seine Worte oder indirekt durch sein Auftreten bzw. Verhalten. Mit etwas Geduld und Feingefühl kannst du so mitunter Kundenbedürfnisse identifizieren, die du dann wiederum im Rahmen deines Angebots erfüllen kannst.

TOBIAS BECK
Internationaler Speaker, Bestsellerautor

Die Menschen sehnen sich in der heutigen Zeit danach, Teil einer Community zu sein, die sich gemeinsam für etwas begeistert und einer großen Vision folgt. Es geht längst nicht mehr um die Kundenakquise alter Tage. Die Zukunft erfolgreicher Unternehmen ist heute auf wertvollen Inhalten gebaut, die du aus den Fragen und Interessen deiner Community kreierst. Ohne Bots, dafür mit persönlichen Einblicken in deine Arbeit, deinen Alltag und die Werte deines Unternehmens.

Leg dabei deine Maske ab, zeig dich so, wie du bist: Ohne Filter, authentisch und verletzbar. Das schafft nicht nur Nähe, das schafft auch Umsatz. Biete Menschen immer wirklichen Mehrwert, bevor du ihnen ein Angebot machst. Wie die Tobias Beck University und ich diese Maxime tagtäglich leben, siehst du auf meinem Instagram-Profil. Unerlässlich dabei? Symmetrie und Echtheit. Frage dich immer: Passt meine Message zu meinen Produkten und zu mir?

Wettbewerb um Kunden? „Nein danke."

EXPERTENTIPP

Diese „weichen" Themen werden in einem immer sensibleren Markt von entscheidender Bedeutung sein. Investiere in „persönlichen" Kontakt und bespiele alle Marketingkanäle, um möglichst jeden Typ Mensch zu erreichen. Habe dabei immer im Blick, was die Charakteristika der jeweiligen Plattform und ihrer User sind.

Wenn du meine Facebook-Seite besuchst oder dort in die Bewohnerfrei-Community schaust, siehst du, dass wir dort andere Inhalte liefern als bei Instagram. Antworte stets blitzschnell und menschlich. Das ist dein Ass im Ärmel, weil du damit dem menschlichen Wunsch nach Nähe entsprichst – so gewinnst du Fans für's Leben.

Wir glauben an Respect Based Marketing. Deshalb achten und bedienen wir zuallererst die Bedürfnisse der Menschen, die Interesse an unseren Produkten haben, ohne sie mit einer Dauerwerbesendung zu beschallen. Sie besuchen dann unsere Seminare, wie die Masterclass of Personality, weil sie uns und der Qualität unserer Inhalte vertrauen. Wenn du dich an diese Grundsätze hältst, brauchst du keine künstlich geschaffenen Feindbilder oder Wettbewerb, um dein Team zu motivieren, weil es echten Mehrwert liefert, der das Leben der Menschen verbessert. Der Markt bietet Platz für alle. Fahr die Ellbogen wieder ein, sonst ist die Generation Z schneller weg, als du gucken kannst, denn sie wünscht sich Nachhaltigkeit. Für mich gibt es keinen Konkurrenzgedanken ganz im Gegenteil: Ich schicke meine Kunden regelmäßig zu Marktbegleitern, wenn ich das Gefühl habe, sie sind dort besser aufgehoben. Warum? Weil genug für alle da ist.

1. König der Detektive: Analysieren und Planen | C. Deine Kunden überzeugen

Über das klassische Verkaufsgespräch hinaus, kannst du dir auch die reichhaltigen Weiten der Marktforschung zunutze machen, um herauszufinden, welche Bedürfnisse deine Kunden haben. Aber auch E-Mails an dein Unternehmen und vor allem die Reaktionen in den Sozialen Medien geben dir Aufschluss über die Bedürfnisse deiner Kunden. Gründer haben natürlich nicht so viele Möglichkeiten und Einblicke wie etablierte Unternehmen, aber du kannst als Gründer auch bei Social-Media-Profilen der „Großen" vorbeischauen und analysieren, was die Nutzer hier an Bedürfnissen von sich geben. Ich liebe es Kommentare bei Facebook und Instagram zu lesen.

MEIN TIPP

Auch wenn ich gerade meinte, dass der Kunde mit jeder Anfrage auch seine Bedürfnisse kommuniziert, muss das nicht immer der Fall sein. Denn nicht immer wissen die Kunden, was sie brauchen oder wollen. Solltest du im Gespräch auf diese Hürde stoßen, frage gezielt danach, was dein Produkt können sollte. So findest du heraus, was dein Kunde von dem Produktnutzen erwartet. Der Kunde weiß nicht, was er vom Produkt erwartet? Dann frage ihn nach seinem Problem. Kunden, die reklamieren, sind hierbei deine beste Informationsquelle.

Viele Unternehmen glauben, die Bedürfnisse ihrer Kunden genau zu kennen. Fakt ist aber, dass sie ihre Produkte oft an der Realität ihrer Nutzer vorbei entwickeln, weil sie den eigentlichen Kern nicht erkennen. (Ein trauriges Beispiel dafür ist sicher Nokia.) Natürlich hilft es da, besser auf das Feedback der Käufer zu hören. In vielen Fällen kennen diese ihre eigenen Bedürfnisse allerdings gar nicht oder nur unterbewusst oder können sie nicht benennen. Einige nutzen Instagram beispielsweise nicht als reine Social-Media-Plattform, sondern um die eigenen Fotos zu archivieren, quasi wie ein Fotobuch – zumindest geben sie das an. Aber genau dafür gibt es doch viel bessere Möglichkeiten, zum Beispiel die Cloud oder Bilddatenbanken, um Bilder aufzubewahren und noch dazu in einer viel höheren Qualität. Der eigentliche Nutzen von Instagram liegt doch eher im Zurschaustellen des eigenen Lebens. Es geht hier um Anerkennung und Aufmerksamkeit und um das Teilhaben am Leben anderer. Nur geben das die meisten Nutzer nicht zu oder erkennen dies gar nicht erst. (Meist eher das erste. Wir wollen bloß nicht den Eindruck erwecken, dass wir Anerkennung bräuchten.)

> **Als Unternehmen sollte man sich daher so gut wie möglich in die Kunden hineinversetzen.**

Ich zum Beispiel hinterfrage ständig meine eigene Dienstleistung, indem ich – ganz der Rheinländer – die Frage stelle: „Ja, wer bruch dat denn eigentlich?" (zu Hochdeutsch: Wer braucht das denn eigentlich?). Als ich mit meiner jetzigen Tätigkeit angefangen habe, habe ich mich beispielsweise noch als Unternehmensberater bezeichnet, was ziemlich unkonkret war und auch nicht wirklich den Kern meiner Arbeit traf. Irgendwann habe ich dann angefangen zu analysieren, warum meine Kunden trotzdem zu mir kommen und musste feststellen: Die kommen gar nicht wegen der Beratung, sondern weil sie einen Businessplan für ihre Gründung brauchen. Ich strich also die Bezeichnung „Unternehmensberater" und kommunizierte, dass ich Businesspläne schreibe.

Ich habe also aus der Dienstleistung ein Produkt kreiert. Etwas Greifbares, was einen konkreten Output (nämlich den Businessplan) produziert.

Doch dann habe ich mich wieder gefragt: „Ja, wer bruch dat denn?", um darauffolgend zu realisieren, dass die meisten meiner Kunden nicht bloß einen Businessplan um des Businessplan willens wollen. Sie brauchen den Businessplan für ihre Bank, denn nur mit einem ausgefeilten Konzept gewährt die Bank wiederum eine Finanzierung.

Das endgültige Bedürfnis meiner Kunden ist also nicht, beraten zu werden, sondern an Kapital zu kommen. Seitdem kommunizierte ich: „Du brauchst Geld für deine Gründung? Ich beschaffe es dir." Meine Kunden sind darüber natürlich wesentlich dankbarer als über eine reine Beratung, die sie am Ende doch bloß wieder alleine zurücklässt, weil sie sich die Brücke von der Beratung zur Finanzierung selber bauen müssen. Es kann sich also durchaus lohnen, die eigenen Produkte und Dienstleistungen für den Kunden zu Ende zu denken. Ich hoffe du kannst hier meinem Gedanken folgen, denn das war eines der größten Learnings für mich und mein Business.

Ausflug in den Kopf des Kunden – von bloßen Bedürfnissen zur hellen Begeisterung

> "Amazing things will happen when you listen to the consumer."

Dieses Zitat stammt von Jonathan Midenhall, CMO von Airbnb, und es hört sich ziemlich toll an, oder? Wenn du auf deine Kunden hörst, passieren erstaunliche Dinge. Klar soweit – aber wie stellt man das an?

Um das zu beantworten, widmen wir uns zunächst einmal der Frage, wie man seinen Kunden eigentlich zuhört. Denn nur in den seltensten Fällen, kann man diese mal so eben auf einen gemütlichen Plausch treffen. Darum gebe ich dir ein paar konkrete Tipps, wie du an die wahren Bedürfnisse deiner Kunden kommst.

Stell dir mal vor, du wüsstest ganz genau, was deine Käufer wollen. Mit diesem Wissen könntest du einige großartige Sachen anstellen – zum Beispiel Produkte kreieren, die direkt ins Schwarze treffen. Aus diesem Grund geht es im zweiten Schritt dieses Kapitels dann daran, diese Kundenbedürfnisse zu erfüllen (oder vielleicht sogar zu übertreffen?).

Dass dies gar nicht so leicht ist, zeigen uns rund die Hälfte aller Gründer, die innerhalb der ersten fünf Jahre scheitern. Der häufigste Grund hierfür: Es ist kein Bedarf am Markt vorhanden. Dieser ominöse Bedarf, nach dem immer alle suchen, ist nur dort vorhanden, wo es potenzielle Kunden gibt.

1. König der Detektive: Analysieren und Planen | C. Deine Kunden überzeugen

Im Duden steht geschrieben, du sollst die Probleme deiner Kunden lieben. Ok, eigentlich steht dort, dass der Bedarf etwas „in einer bestimmten Lage Benötigtes" oder die „Nachfrage nach etwas" ist (aber Ersteres merken wir uns auch mal).

Beispiel: Du hast Hunger, also einen Bedarf nach Nahrungsaufnahme, gehst zum Bäcker, kaufst dir ein Brötchen und – boom, Bedarf gedeckt – oder? Wäre natürlich schön, wenn es so einfach wäre. Allerdings spielen bei den meisten Kaufentscheidungen noch weitere Faktoren mit hinein, z. B. persönliche Präferenzen, verfügbare finanzielle Mittel und so weiter. Was also, wenn du gerade eine Low-Carb-Diät machst und der Bäcker die heißgeliebten Eiweiß-Brötchen noch nicht im Sortiment hat? Gerade beim Bäcker seines Vertrauens kann man Reaktionen auf wechselnde Kundenwünsche schön beobachten. Beste Beispiele hierfür sind das bereits genannte Eiweiß-Brötchen, das Vital-Brot mit Chia-Samen oder die einfache Kennzeichnung veganer Gebäcke.

Keine Frage – es ist wichtig, auf Kundenbedürfnisse zu achten. Ansonsten läuft man Gefahr, mit seinem Produkt im Museum of Failure zu landen. Ja, das gibt's wirklich. Hier versammeln sich Dinge, die die Welt nicht brauchte. Wer also nicht neben der farblosen Pepsi, der Elektroschock-Gesichtsmaske oder dem grünen Ketchup ausgestellt werden möchte, sollte sich lieber mit den Bedürfnissen draußen am Markt auseinandersetzen.

Eine Marktlücke finden und hineinsetzen? Das gehört in vergangene Zeiten, vor allem in die vor der Digitalisierung, und hat schon damals eher mäßig gut funktioniert. Früher wurden Produkte mit viel Budget entwickelt und in den Markt eingeführt. Erst danach stellte sich heraus, ob hierfür überhaupt ein Markt existierte.

Zum Glück steht das Internet nicht im Museum of Failure und kann uns daher heute wunderbare Möglichkeiten präsentieren, wie man es besser macht. Dank der Digitalisierung können wir flott auf den dynamischen Markt und die Wünsche potentieller Kunden reagieren. Allen voran steht hier der Zugang zu einer Fülle an Informationen. So können wir zunächst die Probleme und Bedürfnisse potenzieller Kunden identifizieren, um uns erst im Anschluss an die Ausarbeitung einer Lösung zu machen.

Es ist wichtiger denn je, den Menschen zuzuhören und hieraus den größtmöglichen Mehrwert für sie zu kreieren. (Na gut, manchmal kann deine Lösung für ein Problem wiederum zu neuen Problemen führen, die dann wiederum weitere deiner Produkte lösen – das beste Beispiel hierfür ist wohl das iPhone mit seinem ewig leeren Akku.)

1. König der Detektive: Analysieren und Planen | C. Deine Kunden überzeugen

Doch wie hört man zu? Wie schleicht man sich in die Köpfe der Kunden und erhascht Einblicke in ihre Bedürfnisse? Wie macht man den Unterschied von „nice to have" zu einer echten Kaufentscheidung? Und am wichtigsten: Wie entwickelt man aus diesem Wissen Lösungen, die verstanden werden?

Um diese Fragen zu beantworten, widmen wir uns zunächst einmal den Begrifflichkeiten. Der Kunde hat Bedürfnisse, Wünsche und Erwartungen – alles das Gleiche? Du ahnst es vielleicht schon: Nein.

Bedürfnisse

Hat der Kunde ein Problem, verspürt er einen Mangel oder gar eine Unzufriedenheit und bedarf einer Lösung. Er hat also ein Bedürfnis. In unserem ersten Beispiel hattest du Hunger (Problem) und hast dir etwas zu Essen gekauft (Lösung).

Wünsche

Ob du dich nun für eine Zimtschnecke oder für ein belegtes Vollkornbrötchen entscheidest, hängt von deinen Wünschen ab. Diese sind manchmal mehr und manchmal weniger rational nachvollziehbar.

Erwartungen

Die Erwartungen, die du an deine Mahlzeit hast, sind ausschlaggebend für deine Zufriedenheit am Ende. Vom Geschmack über die Knusprigkeit des Brötchens bis hin zur Freundlichkeit des Verkaufspersonals – Erwartungen sind die Anforderungen, die du an die Lösung deines Problems stellst.

Da wir die Terminologie nun geklärt hätten, kommen wir zum interessanten Teil: Wie erkennst du die Bedürfnisse, Wünsche und Erwartungen deiner potenziellen Kunden?

Wie erkenne ich die Bedürfnisse meiner Kunden?

Zunächst musst du wissen, wer deine potenziellen Kunden sind. Hast du erstmal eine möglichst homogene Zielgruppe definiert, kannst du auf dieser Basis kundenorientierte Lösungsansätze ausarbeiten. Darum erörtern wir im Voraus, wie du deine Kunden überhaupt findest. Sobald wir die gefunden haben, geht's ans Eingemachte: Dann wird gefragt, analysiert und gelauscht.

Finde deine Kunden

Jetzt darfst du die Spürnase in dir zum Vorschein kommen lassen und dich auf Entdeckungsreise begeben. Dein Ziel ist die Zielgruppe alias deine Schafherde. Um ein tadelloses Mitglied der Schafherde zu sein, muss man vor allem ein Schaf sein – diese weisen Worte Einsteins solltest zu dir zu Herzen nehmen und zum Schaf werden. Werde zum Schaf, misch dich unter die Herde, denke und handle wie ein Schaf.

> Kurz gesagt: Versetze dich in deine Zielgruppe hinein.

Folgende Fragen können dir dabei helfen:

1. **Wer sind meine Kunden?**

   Definiere die fundamentalen Merkmale deiner Kunden. Dazu gehören:
   - Geschlecht
   - Alter
   - Wohnort
   - Einkommen
   - Beruf
   - Hobbies, Interessen & Werte

2. **Warum kaufen meine Kunden?**

> Menschen kaufen aus verschiedensten Gründen. Manchmal ist es ganz spontan, aus einem „Haben will"-Impuls heraus.

Andere Produkte werden aus dem Bedürfnis, dazuzugehören, oder als Statussymbol gekauft. Vielleicht kaufen deine Kunden dein Produkt auch nur, weil die Konkurrenz zu teuer ist. Gesetzliche Änderungen und Arbeitsanforderungen können ebenso Anlässe für einen Kauf sein wie emotionale und soziale Bedürfnisse.

Wir beschäftigen uns hier also mit der Frage, was den Kaufimpuls bei deinen Kunden triggert. Schon mal was vom Stimulus-Response-Modell gehört?

Vielleicht kennst du es auch als Reiz-Reaktions-Modell oder als SOR-Modell. Es geht darum, Reize zu setzen, von denen unterbewusste oder bewusste Emotionen ausgelöst werden, die im Folgenden zu Handlungen führen.

Keine Angst, wir steigen hier nicht in den trockenen Teil der Verhaltenspsychologie ein, aber ein paar Brocken davon können wir uns durchaus zu Nutze machen. Ich beschreibe das Modell mit einem Beispiel:

Kennst du diese fiesen TV-Werbespots, die uns in den Abendstunden frisch aufgebackene, dampfende Tiefkühlpizza vorführen? Dieser Werbespot übt einen Reiz auf uns aus. Wir hocken gemütlich vor dem Fernseher und haben uns insgeheim schon ausgemalt, welche Knabbereien wir uns heute noch gönnen werden. Auf einmal kommt dieser himmlische Werbespot, vollgepackt mit geschmolzenem Käse und einem Rand, der das perfekte Knusprig-Fluffig-Verhältnis hat – du könntest schwören, es riecht auf einmal wie bei deinem Lieblingsitaliener. Die akute Lust auf Pizza, der Duft, den wir vermeintlich wahrnehmen, entsteht in unserem Kopf und ist von außen nicht sichtbar, beeinflusst allerdings unsere Reaktion. Diese ist sehr wohl sichtbar: Zum Glück sind wir stets für solche abendlichen Gelüste gewappnet und werfen uns prompt die Notfall-Pizza in den Ofen – Reaktion.

Der Reiz des Werbespots hat im Zusammenspiel mit unserer Vorliebe für Pizza und unserer Assoziation von Fernsehen mit leckerem Essen eine Reaktion hervorgerufen. Und wer weiß – beim nächsten Einkauf entscheiden wir uns vielleicht sogar für die Marke, die in besagtem Werbespot zu sehen war. Dafür muss der Anker aber ordentlich ausgeworfen werden.

3. Wie kaufen meine Kunden?

Auf welche Weise tätigen deine Kunden ihre Käufe am liebsten? Gehen sie noch ganz klassisch in den Laden oder sitzen sie lieber bequem daheim? Falls Letzteres zutrifft, nutzen sie dafür den Laptop oder ein mobiles Endgerät?

In diesem Schritt solltest du dich außerdem der Frage widmen, ob Käufer und Verwender deines Produktes wirklich dieselbe Person sind. Meine Mutter kauft beispielsweise manchmal Krawatten. Jedoch nicht, weil ihr die so gut stehen (tun sie bestimmt), sondern weil mein Vater welche braucht. Auch das neueste Puppenhaus wird in der Regel nicht vom Verwender – dem Kind – gekauft, sondern von den Eltern.

4. Wie viel Geld geben meine Kunden aus?

Wie hoch ist das durchschnittliche Einkommen deiner Kundschaft? Wie viel davon wird ausgegeben und wie viel davon wird auf die hohe Kante gelegt?

Aus den Ergebnissen kannst du dir eine oder mehrere Buyer-Personas zusammenbasteln.

> Eine Buyer-Persona ist sozusagen ein fiktiver Kunde, dem du auch gerne einen anderen Namen als Max Mustermann geben darfst.

Das kann helfen, die Probleme und Bedürfnisse deiner Kunden besser zu verstehen.

Angenommen, du hast bei deiner Zielgruppenanalyse festgestellt, dass deine Kunden vorzugsweise männlich, Arbeitnehmer mit landesdurchschnittlichem Verdienst, in ihren 20ern oder 30ern und Frischluft-Fanatiker sind. Du verkaufst übrigens Sonnenbrillen, die sich für den Sport sowie fürs Gutaussehen eignen. Geben wir dem Kunden allerdings einen Namen, wird daraus der 30-jährige Lenny Lausbube – bei seinen Freunden bekannt als Outdoor-König, angestellt bei einem örtlichen Automobilzulieferer, der nach seinem Schichtdienst gerne mal in die nahegelegenen Berge entflieht. Und nein, der Name muss keine Alliteration sein, aber das hört sich so schön eingängig an.

Und? Mit Lenny ist doch gleich viel mehr anzufangen als mit der anonymen Zielgruppe, oder? Je mehr du versuchst, dich in Lenny reinzuversetzen, desto klarer wird das Gesicht deines Kunden. Frage dich immer: Was würde Lenny tun?

Je nach Einzelfall kann ein Unternehmen eine oder gar zehn Buyer-Personas haben. Zu Anfang reicht es, wenn du mit der wichtigsten beginnst. Verkaufst du allerdings Unisex-Sonnenbrillen oder gar Brillen für Damen, empfiehlt es sich natürlich auch für Laura Lausmädchen, eine Buyer-Persona zu erstellen.

Nun ist diese Zielgruppe bzw. diese Buyer-Persona wahrscheinlich aus deinen Überlegungen heraus entstanden. Du hast dich gefragt, welchem Typ Mensch du mit deinem Produkt oder deiner Dienstleistung helfen willst. Du hast deine potenziellen Kunden und deren Problem identifiziert. Im nächsten Schritt geht es daran, dieses zu verifizieren.

Frage deine Kunden

Nun müssen Beweise folgen. Schließlich sind handelt es sich bisher nur um deine Annahmen und nicht um Fakten. Nur wenn sich deine vorher aufgestellten Hypothesen auch bestätigen lassen, kannst du an einer wirklich kundenorientierten Lösung arbeiten. Dementsprechend fragen wir deiner Schafherde jetzt Löcher in den Bauch (oder die Wolle), um daraus deren Bedürfnisse zu schlussfolgern.

Apropos Beweise – hier ist Beweisstück A für das, was passieren kann, wenn man nur auf seine eigenen Einschätzungen vertraut und wechselnde Kundenbedürfnisse sowie dadurch verursachte Änderungen am Markt ignoriert: Kodak. Das Unternehmen galt lange als Pionier auf seinem Gebiet, hat die Fotografie revolutioniert und sogar die erste Kamera für den Endverbraucher auf den Markt gebracht. Doch einen Trend hat das Technologieunternehmen verschlafen: Die Digitalisierung. Und zwar nicht, weil es am Knowhow oder den technischen Ressourcen fehlte. Nein, vielmehr erfand Kodak bereits 1975 die erste Digitalkamera (verrückt, oder?). Allerdings wurde dieser Fortschritt schnell wieder in die unterste, verstaubte Schublade zurückgelegt – aus Angst, das Geschäft mit den klassischen Fotofilmen würde den Bach runtergehen, und sowieso wolle kein Mensch Bilder auf dem Fernseher begutachten. Lange wurde ignoriert, dass sich der Markt nachhaltig verändert hatte und dass die Digitalisierung der Kamera nicht nur eine Modeerscheinung war.

Kannst du dich noch an die Zeit vor den Digitalkameras erinnern? Filme waren teuer, jedes einzelne Foto kostbar und das Entwickeln aufwändig und langwierig. Man wusste nicht einmal, ob das Bild gut geworden war, bis man es auf Papier in den Händen hielt. (Ja, damals wurden geschlossene Augen noch geduldet – heutzutage gar nicht mehr denkbar.) Das wurde sicher schon lange von vielen Kunden als etwas lästig empfunden, allerdings mangelte es ja an geeigneten Lösungen hierfür – bis die ersten kommerziellen Digitalkameras auf den Markt kamen.

Als Kodak dann endlich auf den Zug der Digitalkameras aufsprang, kam schon das nächste große Ding: Smartphones. Der Zug war abgefahren. 2012 meldete Kodak Insolvenz an, stellte die Produktion von Digitalkameras ein und verkaufte 2013 sogar das ehemalige Kerngeschäft der Fotofilme. Du siehst, sogar „die Großen" machen Fehler und tappen in die Falle, nicht genug auf Kundenbedürfnisse zu hören.

Um diese Falle wollen wir aber schön und galant herumtänzeln. Vielleicht halten wir mal den kleinen Zeh hinein, schauen, was passieren würde, und ziehen ihn rechtzeitig wieder heraus; aber mehr nicht.

Und wie erfährst du nun, was deine Kunden wirklich wollen? Kennst du die Serie „Lucifer"? Wie der Name schon vermuten lässt, geht es darin um den Teufel, der in Menschengestalt auf der Erde lebt und eine Art Superkraft besitzt: Er kann die tiefsten Wünsche und Sehnsüchte der Menschen erkennen. Wie er das macht? Er fragt sie einfach. Gut, vielleicht ist da noch ein bisschen Hokuspokus dabei, aber du schaffst das auch ohne. Ganz nach dem Motto: „Wer nicht fragt, bleibt dumm".

Egal, ob du bereits ein Produkt bzw. eine Dienstleistung anbietest oder die Idee dazu bisher nur in deinem Kopf existiert – das Befragen deiner bestehenden oder potenziellen Kunden ist der wohl naheliegendste Weg, ihre Bedürfnisse und Wünsche zu erfahren. Die Frage ist nur, wie kommst du an sie heran? Dazu hast du verschiedenste Möglichkeiten. Zum einen kannst du natürlich mal in deinem eigenen Umfeld schauen, wer zu deiner Zielgruppe passt. Auch wenn deine Mutter und deine besten Freunde exakt zu der von dir definierten Buyer-Persona passen, sind das nicht die optimalen Kandidaten hierfür. Natürlich darfst du dir deren Feedback immer gerne anhören und zu Herzen nehmen, aber bitte immer mit dem Hintergedanken, dass es eben deine dich liebenden Freunde und Eltern sind. In den meisten Fällen wird ihr Feedback nicht objektiv genug sein.

MEIN TIPP

Besser ist es, Bekannte zu fragen, die zu dir wie ein ehemaliger Kollege oder Schulkamerad stehen. Zu ihnen hast du Zugang und dennoch die nötige Distanz, die sie für eine unbefangene Meinungsäußerung benötigen. Eine weitere Möglichkeit wäre, an Interessenten heranzutreten. Das können beispielsweise Personen sein, die zwar deinen Newsletter abonniert, aber noch nie etwas bei dir gekauft haben. In den sozialen Netzwerken könnten das auch deine Follower sein.

Gibt es bereits Kunden, die für dein Produkt oder deinen Service bezahlt haben, versäume es auf keinen Fall, auch sie zu Rate zu ziehen.

Schließlich haben sie bereits Erfahrungswerte gesammelt und können womöglich sogar benennen, warum sie gerade bei dir gekauft haben und mit welchen Aspekten sie nicht zufrieden waren. Besonders wertvoll sind auch diejenigen, die nicht bei dir gekauft haben. Sie werden dir verraten können, wo sie Verbesserungsbedarf sehen.

Die wenigsten der genannten Personengruppen kannst du mal eben zu einer geschmeidigen Feedback-Runde in deinem Lieblingscafé treffen. Mache dir darum die schillernden Möglichkeiten des digitalen Zeitalters zu Nutze. In den sozialen Netzwerken bietet es sich an, Umfragen an deine Community zu stellen, um Feedback in den Kommentaren zu bitten oder deinen Followern sogar eine persönliche Nachricht zu hinterlassen. Hast du durch Newsletter und Verkäufe bereits E-Mail-Adressen gesammelt, kannst du hierüber eine Umfrage starten. Mit einem Internet-Tool wie SurveyMonkey kannst du auch ganz einfach Online-Umfragen erstellen, deren Zugangslink in die E-Mail eingebaut werden kann.

In diesem Zuge ist es besonders wichtig, die richtigen Fragen zu stellen. Vielen Kunden fällt es schwer, ihre Bedürfnisse in Worte zu fassen. Das kann daran liegen, dass viele Bedürfnisse nur unterbewusst wahrgenommen werden. Oftmals ist die Lösung ihres Problems aber auch viel zu komplex für einen Laien. Darum: Lerne die Sprache des Kunden, stelle damit die richtigen Fragen und hinterfrage die Antworten. Versuche die Fragestellungen einfach und verständlich zu halten. Hole den Kunden dort ab, wo er steht, bestenfalls vor einem Problem, und führe ihn an die Lösung heran. Folgende Fragen können eine Hilfestellung dafür sein:

- Welches Problem versuchen Sie mit dem Produkt zu beheben?
- Was muss das Produkt können, um Ihr Problem zu beheben?
- Was muss das Produkt können, um Sie zu begeistern?
- Wie muss das Produkt sein, damit es für Sie einzigartig wird?

- Würden Sie das Produkt kaufen? Wenn nein – warum?
- Was müssten wir an dem Produkt ändern, damit es für Sie in Frage käme?

Es wäre außerdem sinnvoll, in diesem Schritt ein paar Hypothesen zu überprüfen, die du vorher aufgestellt hast. Wenn wir das Beispiel von vorhin nochmal aufgreifen, verkaufst du Sonnenbrillen, die sich für den Sport eignen und nebenbei auch noch schick aussehen. Du unterstellst deinem Kunden also, dass er zu sportlichen Aktivitäten gerne eine Sonnenbrille trägt und darüber hinaus Wert auf sein modisches Erscheinungsbild legt. Eine gute Frage könnte dann lauten:

Wäre es für Sie von Nutzen, wenn eine Sportsonnenbrille funktional und gleichzeitig modisch ist?

oder

Legen Sie bei ihren sportlichen Aktivitäten Wert auf Ihr Aussehen?

MEIN TIPP

Wie bereits erwähnt, kennen Menschen ihre eigenen Bedürfnisse häufig nur unterbewusst oder können sie nicht benennen. Versuche darum, möglichst wenig Fachbegriffe zu verwenden und dem Kunden auf Augenhöhe zu begegnen. Oft musst du etwas tiefer bohren oder an einer ganz anderen Stelle anfangen als gedacht. Stelle dem (potenziellen) Kunden Fragen, die einfach zu beantworten sind und ihn dennoch nicht in seiner Antwort beeinflussen. So generierst du ehrliche Antworten, selbst von Menschen, die wenig Wissen auf diesem Fachgebiet mitbringen.

Aus den Informationen, die du aus dem Feedback generierst, kannst du die Kundenbedürfnisse ableiten. Diese kannst du direkt dafür verwenden, dein Produkt zu kreieren, das Marketing anzupassen, den Service auszubauen oder ein bestehendes Produkt zu verbessern. Wage es jedoch nicht, deine Neugierde auf Feedback anschließend wieder wegzupacken.

> Hast du deine kundenorientierte Lösung erst einmal an den Mann oder die Frau gebracht, geht es daran, kontinuierlich neues Kundenfeedback einzuholen.

Damit kannst du nicht nur die Zufriedenheit deiner Kunden messen, sondern auch auf dem aktuellsten Stand über ihre Bedürfnisse bleiben.

Dieses neue Feedback kannst du wiederum dafür nutzen, dein Produkt weiterzuentwickeln. So entsteht ein ewiger Kreislauf – der Build-Measure-Learn-Kreislauf. Dieses hübsche Ding ist außerdem ein Instrument der Lean-Startup-Methode. Mit dieser Methode lassen sich auf besonders schlanke Weise neue Geschäftsideen testen und bestmöglich auf die Bedürfnisse der Kunden zuschneiden. In einer kontinuierlichen Schleife aus Feedback und Verbesserung des Produktes versucht man so, mit möglichst geringem Aufwand die beste Lösung zu finden.

Sagen wir, du baust Häuser auf Bestellung. In diesem Fall wirst du deinen Kunden auch nicht sofort ein neues Heim hinstellen, sondern ihnen zuerst einmal den Entwurf vorlegen. Auf Papier oder in Form einer digitalen Simulation – Hauptsache die Kundschaft kann sich vorab schon ein gutes Bild vom

1. König der Detektive: Analysieren und Planen | C. Deine Kunden überzeugen

Endergebnis machen. Der Entwurf dient hier als Minimum Viable Product, kurz MVP. Letzteres ist das kleinste realisierbare Produkt deiner Idee. Erst nach einigen Sitzungen und Feedback-Schleifen wird der Entwurf des Hauses so sein, wie es sich deine Kunden vorstellen. Woher hättest du im Vorfeld auch wissen sollen, dass sie einen begehbaren Kleiderschrank will und sein Wunsch darin besteht, vom Haus direkt in die Garage gehen zu können? Du passt das MVP nach jedem Feedback an, was zur Folge hat, dass es immer mehr den Erwartungen deiner Kunden entspricht.

Dieses Konzept des Lean-Startups lässt sich auf brandneue Produktideen, aber auch auf einzelne Änderungen am Produktdesign und so weiter anwenden. Kostensparend und zielführend – ich steh auf Effizienz.

Nun habe ich die ganze Zeit davon gesprochen, wie wichtig es ist, auf die Bedürfnisse seiner Kunden zu hören. Außerdem wissen wir jetzt auch, wie man in das gelobte Land der Kundenbedürfnisse findet und sich darin orientiert. Aber was, wenn wir nichts finden? Was, wenn es einfach keinen Bedarf für unsere Idee gibt?

> „Wenn ich die Leute damals gefragt hätte, was sie wollen, hätten sie gesagt, dass sie schnellere Pferde haben wollen."

Dieses Zitat stammt vom lieben Henry Ford, dem Gründer der Ford Motor Company und Pionier der modernen Fahrzeugfertigung. Autos wollte damals noch keiner haben. Verrückt, oder? Derartige Beispiele gibt es einige. Hätte man die Leute vor 2007 gefragt, ob sie ein iPhone oder gar ein Smartphone mit Multitouch-Bildschirm wollen, hätten sie wohl geantwortet, sie wollen SMS mit unbegrenzter Zeichenanzahl.

Schon mal was von mymuesli gehört? Die Idee, seine Frühstücksflocken ganz nach seinen eigenen Wünschen (wer mag schon Rosinen?) online zusammenzustellen, stammt von drei Jungs aus Passau. Ganz die vorbildlichen Studenten, die sie damals noch waren, wurde zuerst eine kleine Marktanalyse durchgeführt. Das Ergebnis: Keiner, aber auch wirklich keiner würde sich sein Müsli online kaufen, und dann auch noch für einen höheren Preis als im Laden. Zum Glück haben die Jungs trotzdem gegründet, denn heute beschäftigt mymuesli über 800 Mitarbeiter, betreibt europaweit über 50 Ladengeschäfte und verkauft in gängigen Supermärkten vorgefertigte Müslimischungen.

Haben die Gründer dieser Geschichten einfach einen guten Riecher gehabt? Das kann man im Nachhinein natürlich leicht sagen. Vor allem haben sie aber einen neuen Markt aufgebaut oder den bestehenden Markt zumindest ein Stück weit revolutioniert. Bei derartigen Innovationen können sich potenzielle Kunden oft noch nichts unter dem Endprodukt vorstellen. Erst wenn sie es sehen, kann ein Wunsch oder Bedarf entstehen, es zu besitzen.

Darum, ja – in Ausnahmefällen kann es sich als richtig erweisen, den fehlenden Bedarf am Markt zu ignorieren. Glücklicherweise haben wir heute – dank des technischen Fortschritts – ganz einfache Möglichkeiten, die Idee trotzdem auf den Markt zu bringen, ohne gleich auf volles Risiko zu gehen (psst, Anspielung auf die vormals erwähnte Lean-Startup-Methode). Aber bedenke immer: Ausnahmen bestätigen die Regel.

Analysiere deine Kunden

Bisher haben wir mit dem Feedback (potenzieller) Kunden gearbeitet, um deren Bedürfnisse zu erkennen. Ein zusätzlicher Weg hierfür können Kundenkennzahlen sein. Kennzahlen und du seid nicht die besten Freunde? Da kann ich dir zum einen die Angst nehmen – so schlimm wird's nicht. Zum anderen sind die folgenden Kennzahlen der einfachste Weg, zu erkennen, inwiefern du die Bedürfnisse deiner Kunden erfüllt hast. Also warum sollten wir uns diese Möglichkeit durch die Finger gehen lassen? – Du weißt ja, ich mag Effizienz.

Hier schauen wir uns nur die vier in meinen Augen aussagekräftigsten Kennzahlen an. Wie in vielen Bereichen des Unternehmertums könnte man hier natürlich noch viel tiefer einsteigen.

Kundenbindungsquote

Die Kundenbindungsquote oder auch -rate sagt aus, wie viele deiner Kunden über einen bestimmten Zeitraum wiederholt bei dir einkaufen. Hierbei wird die Anzahl deiner Kunden am Anfang und am Ende einer Woche, eines Monats oder sogar eines Jahres gemessen, genauso wie die hinzugekommenen Neukunden. Im Rückschluss erfährst du also auch, wie viele deiner Kunden dich lediglich einmal beehren.

Wiederkaufsquote

Die Kundenbindungsquote ist allerdings nicht zu verwechseln mit der Wiederkaufsquote. Diese gibt den Anteil deiner Kunden an, die mehr als einmal gekauft haben. Der Faktor des Zeitraums entfällt hier. Daher ist die Wiederkaufsquote ebenso einfach zu berechnen wie sie aussagekräftig ist.

Rückgabequote

Klar, oder? Je häufiger dein Produkt reklamiert wird, desto offensichtlicher ist es, dass etwas damit nicht stimmt. Dann heißt es schnell sein und herausfinden, woran das liegt. Irgendetwas an dem Einkaufserlebnis war nicht an den Bedürfnissen deiner Kunden ausgerichtet. In diesem Fall darfst und sollst du bitte zum Sherlock werden und dem Problem auf den Grund gehen.

Customer Lifetime Value

Der Langzeitwert eines Kunden hört sich auf Englisch nicht nur cooler an. Er gibt dir außerdem Aufschluss darüber, wie viel Wert ein Kunde für dein Unternehmen generiert. Dieser Wert kann zum einen in der Vergangenheit liegen (bereits getätigte Käufe), aber auch in der Zukunft (Prognosen zu zukünftigen Käufen). Damit kannst du unter anderem abschätzen, wie viel Geld für die Kundenakquise ausgegeben werden kann. Unberücksichtigt bleibt bei dieser Metrik allerdings, wie oft der Kunde gekauft hat.

Diese Metriken geben dir Aufschluss über die Kundenbindung sowie -loyalität. Daher kannst du aus ihnen sehr schön herleiten, inwieweit du die Bedürfnisse deiner Kunden erfüllt hast – oder eben auch nicht. Ich weiß, nicht jeder hat es mit Zahlen und Analysen, aber im Vergleich zum vormals erwähnten Kundenfeedback haben sie einen entscheidenden Vorteil: Sie sprechen für sich.

EXPERTENTIPP

STEFAN LEMCKE
CEO von Ankerkraut

Egal was für ein Produkt du herstellst, was für eine Dienstleitung du anbietest – du solltest dich ständig hinterfragen: „Was will der Kunde?" Wir stellen bei Ankerkraut Gewürzmischungen her und unser gesamter Apparat ist „um den Kunden herum" aufgebaut. Wie geht das in der Praxis? Ganz einfach: Wir haben aktuell drei Vollzeitkräfte im Service / Kundendienst (bei uns kannst du anrufen und auf E-Mails gibt es Antworten!). Wir fragen Kunden, welche neuen Produkte sie gerne hätten und wie neue Produkte heißen sollen (und handeln auch danach)! Wir haben ein Panel aus Kunden gebildet, das vorab neue Produkte testet. Denke immer daran und vergiss nie: Du stellst etwas für deine Kunden her, nicht für dich. Daher heißt es bei uns: Im Zweifel IMMER für den Kunden!

> **Denk immer an den Kunden!**

Lausche deinen Kunden

Da du nun kräftig gefragt und analysiert hast, versuchen wir jetzt mal etwas ganz anderes: Monitoring. Das hat nichts mit Computerbildschirmen zu tun, sondern mit dem Hinhören.

Kennst du noch die Geschichte von Momo, dem kleinen Mädchen mit den zerzausten Haaren? Ihre Gabe war das Zuhören. Klingt unspektakulär? Nein, gerade in einer so lauten Zeit wie heute, wo wir an jeder Ecke mit Informationen überschüttet werden und jeder seine eigene Geschichte im Netz teilen will, ist es eine Kunst, den richtigen Dingen Gehör zu verleihen. Und genau das wirst du tun.

> **Höre den Menschen zu, lenke deine Aufmerksamkeit auf deine Zielgruppe, nimm den Austausch über Mitstreiter unter die Lupe.**

Soziale Netzwerke, Fachzeitschriften, Blogs und die Orte, an denen sich deine Zielgruppe aufhält, sind hervorragende Anlaufstellen hierfür.

Deine Community, wie es auf Neudeutsch so schön heißt, spricht womöglich bereits über dich. Es gibt einige Online-Tools, die dir dabei helfen, das ganz einfach herauszufinden. Google Alerts, Mention und Socialmention benachrichtigen dich beispielsweise über Erwähnungen deines Unternehmens im Netz bzw. analysieren diese. Hast du schon ein oder mehrere soziale Netzwerke als Kanäle für dein Unternehmen auserkoren, lege auf jeden Fall ein offenes Ohr an den Tag. Manche Trends oder Bedürfnisse gehen sogar viral und bieten daher die perfekte Chance für flinke Marketer, darauf zu reagieren.

Ich denke, wir sind uns einig, wenn ich sage: Kunden wollen einfach verstanden werden. Mit Produkten, die falsch kommuniziert werden oder gar an den Kundenwünschen vorbeischlittern, kann keiner etwas anfangen. Wie du dein neu gewonnenes Wissen nun auf deine Produkte oder Dienstleistungen transferieren kannst, erfährst du im Folgenden

Wie erfülle bzw. übertreffe ich die Bedürfnisse meiner Kunden?

Nachdem du jetzt also weißt, wie du nach den Bedürfnissen deiner Kunden graben musst, schauen wir uns im Folgenden mal an, wie wir diese befriedigen. Oder weißt du was, streich das – wir werden sie übertreffen.

Genau das ist heute der Schlüssel zum Erfolg. Soweit du als Unternehmer oder Gründer nicht eine totale Innovation auf den Markt bringst, wirst du dich erstmal gegen einige Mitstreiter behaupten müssen.

> Das funktioniert am besten, indem du die Wünsche und Bedürfnisse deiner Kunden nicht nur hörst, sondern auch erfüllst und bestenfalls sogar über sie hinausgehst.

Nimm dir doch mal einen Stift und ein Blatt Papier zur Hand.

1. König der Detektive: Analysieren und Planen | C. Deine Kunden überzeugen

> Überlege, welche Merkmale dein Produkt besitzen könnte, wie es die Kundenzufriedenheit beeinflusst und welche Kundenbedürfnisse du damit deckst.

Auf diese Art kannst du besser verstehen, wie sich einer deiner Kunden nach dem Kauf fühlt und woran es ihm vielleicht noch fehlt.

MEIN TIPP

Um deinen Begeisterungsmerkmalen (denk nochmal ans Kano-Modell) ein Upgrade zu verpassen, verrate ich dir im Folgenden zwei ebenso simple wie grandiose Strategien. Sie helfen dir dabei, bei deinen Kunden einen bleibenden (und natürlich positiven) Eindruck zu hinterlassen. Halt dich fest, denn jetzt wird es feinfühlig.

Kleine Geschenke erhalten die Freundschaft

Eine Möglichkeit, wie du dein Begeisterungsmerkmalskonto aufladen kannst, ist das Prinzip der Reziprozität. Was sich hier anhört wie höhere Mathematik ist eigentlich das Prinzip der Gegenseitigkeit – ein Grundprinzip menschlichen Handelns. Klingt kompliziert, ist es aber nicht. Wenn dich auf der Straße jemand anlächelt, lächelst du zurück (das unterstelle ich dir mal so). Das ist Reziprozität. Eine Person ist nett zu dir, in diesem Fall offensichtlich sogar ganz ohne Grund, und du hast automatisch das Bedürfnis, etwas zurückzugeben. Oft passiert das unterbewusst. Dieses Prinzip kannst du dir auch zu Nutze machen, um die Erwartungen deiner Kunden zu übertreffen.

Wenn der Autohändler eine Schleife um den Wagen bindet, wenn du in der Apotheke Taschentücher und Hustenbonbons geschenkt bekommst oder wenn dir der Verkäufer zu deinen neuen Laufschuhen einen kleinen Workout-Guide für Läufer dazulegt – wie fühlst du dich dann? Verstanden? Wertgeschätzt? Begeistert? Ich würde es jedenfalls. Geben, geben, geben ist die Devise – sei VORsorglich, kreiere Begeisterungsmerkmale.

What a Feeling
Begeistere deine Kunden darüber hinaus, indem du merkwürdig bist. „Was redet der da, ich soll mein Unternehmen komisch aussehen lassen?", denkst du jetzt vielleicht. Nehmen wir das Wort doch mal auseinander: merk und würdig. Ist etwas merkwürdig ist es also würdig, es sich zu merken. Klingt doch eigentlich sinnvoll, schließlich wollen wir in den Gedanken unserer Kunden bleiben. Das schafft man aber eindeutig nicht, indem man den vorgekauten Einheitsbrei der anderen wiedergibt. Besser ist es, sich anders zu zeigen, und das am besten mit Emotionen.

> Beladen wir unser Produkt oder unser Unternehmen mit einer Botschaft, die Menschen auf der Gefühlsebene berührt, werden wir würdig, gemerkt zu werden.

Bestes Beispiel: Mobilfunkanbieter. Heutzutage verkaufen diese nämlich nicht mehr nur Handyempfang. Nein, heute verkaufen sie Handyempfang UND Freiheit UND Freundschaft UND Lebensfreude. Oder wie fühlst du dich, wenn dein Datenvolumen am Ende des Monats wieder aufgefüllt wird?

1. König der Detektive: Analysieren und Planen | C. Deine Kunden überzeugen

Ein ähnliches Phänomen kann man bei diversen alkoholischen Getränken beobachten. Trinkst du eine Flasche kühles Becks, sitzt du gerade womöglich nicht in einer schummrigen Bar und versuchst, den Ernst deines Lebens zu vergessen. Nein, vielmehr befindest du dich auf rauer See, Salzwasser spritzt dir ins Gesicht, du stößt mit deinen überdurchschnittlich lässigen Freunden an und das Leben ist einfach nur schön. So trinkt man Becks. Habe ich bisher auch immer falsch gemacht.

Emotionen sind ein schönes Schlagwort, um dieses Kapitel abzuschließen. Da wir Menschen fühlende, irrational handelnde Wesen sind, haben Emotionen eine unglaubliche Kraft. Wenn du deinen Kunden Fürsorge, Verständnis und darüber hinaus ein gutes Produkt gibst, werden sie mehr als nur Geld bezahlen. Sie werden dir außerdem mit Treue und Empfehlungen entgegenkommen. Sie fühlen sich wertgeschätzt – und Wertschätzung ist heutzutage eine starke Währung. Aber bevor es dir vor lauter Gefühlsduselei noch Tränen in die Augen treibt, wünsche ich dir viel Freude dabei, deine Schafherde glücklich zu machen.

Ein weiterer Ansatz, um die Kundenbedürfnisse für dich zu nutzen, wäre, das Pferd von hinten aufzuzäumen. Anstatt zu überlegen, welche Bedürfnisse dein Kunde hat, und diese gezielt anzusprechen, kannst du dich auch der Bedürfnispyramide nach Maslow bedienen. (Ja, die ist schon sehr alt, aber dennoch extrem hilfreich.) Was sich hier zunächst nach Sozialkundeunterricht der neunten Klasse anhört, ist eigentlich ein hervorragendes Tool, um die richtigen Kundenbedürfnisse zu adressieren. Schließlich möchtest du auf diejenigen Bedürfnisse abzielen, die am besten zu deinem Produkt passen und gleichzeitig den Kunden optimal ansprechen.

> Frage dich, wo der Kunde hin möchte oder was seine aktuell größte Herausforderung ist, damit du im nächsten Schritt genau dafür eine Lösung anbieten kannst.

Der amerikanische Psychologe Abraham Maslow hat seiner Zeit die bekannte Bedürfnispyramide aufgestellt, welche die menschlichen Bedürfnisse anhand von fünf Stufen hierarchisch darstellt. Das Besondere dabei ist, dass die Bedürfnisse einer höheren Stufe meist dann entstehen, wenn die Bedürfnisse der darunter liegenden Stufen erfüllt sind. Wenn ein Mensch beispielsweise Hunger hat, wird er sich kaum für Designerklamotten interessieren. Im Großen und Ganzen werden die „höheren" Bedürfnisse erst eintreten, wenn die „niederen" erfüllt sind, aber eben nicht ausschließlich

Zerlegen wir diese Pyramide mal in ihre einzelnen Bausteine:

Bei der ersten und untersten Stufe geht es um Grundbedürfnisse. Dazu zählen beispielsweise etwas zu essen, ein Dach über dem Kopf, Schlaf und alles, was für das Menschsein eben so nötig ist. Auch Gesundheit fällt in diese Kategorie.

Auf der zweiten Stufe sind die Sicherheitsbedürfnisse zu finden. Dieser Bereich kann übrigens sehr weit gefächert sein. Denn damit ist nicht nur die Sicherung des Lebens gemeint, sondern auch Dinge wie berufliche Sicherheit, geregeltes Einkommen, Versicherungen oder sogar Datensicherheit. Letzteres ist nach den vielen Facebook-Skandalen ein großes Thema, dem sich IT-Unternehmen jetzt bedienen und groß verlauten lassen, wie wichtig ihnen die Sicherheit der Kundendaten ist, um so das Bedürfnis nach Sicherheit zu stillen.

Darauf folgt die dritte Stufe, die Herr Maslow als die sozialen Bedürfnisse definiert. Sobald Grund- und Sicherheitsbedürfnisse gestillt sind, sehnt sich der Mensch nach Beziehungen. Dazu gehören Freunde, Familie, Partnerschaft, aber auch das Zugehörigkeitsgefühl zu einer Gruppe. Hier lässt sich hervorragend eines meiner Lieblingsbeispiele einbringen: Tinder. Die Gründer der Dating-App haben sich nämlich nicht nur dem Bedürfnis nach sozialer Interaktion und Liebe gewidmet. Sie haben außerdem erkannt, dass Menschen das Bedürfnis haben, verlorene Kontakte wieder herzustellen. Das Potenzial dieser Tatsache wurde sogleich genutzt und es wurde der Rückhol-Button ins Leben gerufen, der allerdings, im Gegensatz zu den Basisfunktionen der App, nicht umsonst zu haben ist. Clever, oder? (Ansonsten schaust du dir schnell meinen YouTube-Kanal an: www.youtube.de/felixthönnessen)

Die Individualbedürfnisse der vierten Stufe dürften wohl die Spannendsten sein, denn auf dieser Ebene ist viel los. Zum einen geht es hier um die mentalen bzw. körperlichen Bedürfnisse nach Selbstvertrauen, Freiheit und Erfolg.

MARKETING KICKBOX

Zum anderen gehören dazu aber auch Wünsche, die uns nur andere Menschen erfüllen können (oder zumindest glauben wir das): Anerkennung, Prestige und Wertschätzung. Luxus- sowie Genussartikel und eigentlich alle Produkte, die man nicht zum Überleben braucht, haben ihren Ursprung in diesen Bedürfnissen. Sie vermitteln uns, dass wir durch den Kauf solcher Produkte beneidet, erfolgreich oder gar mächtig werden. Auch wenn es die wenigsten zugeben würden, aber diese Wünsche sind mitunter die größten des Menschen. (Insofern natürlich die Bedürfnisse der unteren Stufen befriedigt sind.) Behalte das im Hinterkopf, wenn du das Bedürfnis der Anerkennung bedienen möchtest. Wusstest du eigentlich, dass bei Starbucks genau aus diesem Grund immer nach deinem Namen gefragt wird? Wenn wir mit dem Vornamen angesprochen werden, erhalten wir das Gefühl, wichtig und wertgeschätzt zu sein. Verschwörungstheoretiker sind übrigens der Meinung, dass die Barista bei Starbucks manche Namen mit Absicht falsch schreiben, damit die Leute ihre Becher mit falsch geschriebenen Namen amüsiert auf Social-Media-Plattformen posten. Auch ganz schön raffiniert, aber das schweift jetzt vom Thema ab.

An der Spitze der Pyramide findet sich das Bedürfnis der Selbstverwirklichung. Hat der Mensch die Bedürfnisse der unteren Stufen befriedigt, ist noch lange nicht Schluss.

> Ein Mensch, der eigentlich alles hat, sehnt sich nach persönlicher Weiterentwicklung, Individualität und Wachstum.

Mache dir dieses Bedürfnis zunutze, wenn du beispielsweise Unikate anbietest. Dein Kunde möchte womöglich unterstreichen, wie einzigartig er ist, besonders wenn sein Persönlichkeitstyp nach Anerkennung strebt oder wie mein Tobi Beck sagen würde, wenn er ein Hai ist.

Lerne, deinen Kunden zuzuhören. Stelle dir vor, du führst eine freundschaftliche Beziehung mit deiner Zielgruppe. Daher ist es mit einer einmaligen Analyse der Kundenbedürfnisse natürlich nicht getan. Wie jede Freundschaft braucht es hier Kontinuität. Versuche deinen Kunden immer wieder zu zeigen, dass dir ihre Wünsche am Herzen liegen. Optimalerweise tust du das, durch ein Produkt, das auf die Kundenbedürfnisse zugeschnitten ist und zusammen mit ihnen wächst. Die in diesem Kapitel erwähnten Ansätze und Tipps kannst du immer wieder anwenden, bis du eine Routine entwickelt hast. Stelle Fragen, sei neugierig, denke um die Ecke – mit der Zeit wirst du deine Kunden immer besser kennenlernen. Dafür bedarf es etwas Strategie und viel Einfühlungsvermögen:

> **Sei deinen Kunden ein guter Freund.**

Ein kleiner Tipp am Rande: Auch deine Mitarbeiter sind potenzielle Kunden. Lerne durch ihr Feedback, dich und deine Produkte besser zu machen.

2 SUCH DIR EIN PLÄTZCHEN: STRATEGIE UND POSITIONIERUNG FESTLEGEN

MARKETING KICKBOX

Nachdem du deinen Markt samt Kunden und Konkurrenten kennst wie deine eigene Westentasche, sollten wir einen Schritt weiter gehen. Wir werden dich so aufstellen, dass du wirklich wahrgenommen werden kannst. Deine Positionierung und dein Branding sind das, was die Außenwelt von dir zu Gesicht bekommt. Daher sollten diese vor allem eines sein: rund.

VIDEOKURS

In der Marketing Kickbox findest du passend zu diesem Kapitel einen umfangreichen Videokurs. In diesem Modul erfährst du, wie Du Dich richtig und langfristig in Deiner Nische positionierst und Du oder Dein Unternehmen zur Marke werden.

Videokurs zu diesem Kapitel in der Marketing Kickbox:
www.marketing-kickbox.de

KERIM KAKMACI

Keynote Speaker & Experte für Mut

Du kennst sie sicher auch, diese Menschen, die scheinbar jeder mag, die niemals anecken, die nie zu laut sind, eigentlich grundlegend immer deine Meinung teilen und so ziemlich immer und überall Konfrontationen aus dem Weg gehen. Und mal ganz ehrlich, wie oft erinnerst du dich an diese Menschen? Wie oft erzählst du anderen von ihnen? Genau, niemals! Aus einem ganz einfachen Grund – Sie sind langweilig!

Wer nicht den Mut hat, streitbar zu sein, keine greifbare eigene Meinung hat und damit in Kauf nimmt, auch abgelehnt zu werden, der langweilt die Menschen auf Dauer und wird schlicht und ergreifend vergessen. Du kannst nur dann exzellent in etwas sein, herausragende Dienstleistungen oder Produkte anbieten, wenn du riskiert – nein, ich behaupte, wenn du bewusst forcierst – dass eine Gruppe von Menschen dich scheiße findet.

„

Wenn dich keiner scheiße findet, bist du noch nicht gut genug!

EXPERTENTIPP

Denn wenn du und das, was du tust, für jeden ist, dann ist es für niemanden.

Menschen sind unterschiedlich. Menschen denken und fühlen unterschiedlich zu verschiedenen Themen. Wenn du jedem gefallen willst, dann bist du nicht du. Du bist nicht authentisch, für die Menschen nicht nahbar und nicht greifbar. Sie wissen einfach nicht, wofür du eigentlich stehst. Und vor allem wirst du nie richtig gut sein, wenn du es jedem rechtmachen willst. Sei mutig und stehe zu deinen Werten und Überzeugungen, vertrete deine Vision und mach es auf deine Weise. Und vor allem mach es so gut, dass Menschen, die anders sind, es richtig scheiße finden können, ja sogar müssen, weil sie sich nicht mit deinen Werten, Idealen und Visionen identifizieren können.

Das führt unweigerlich zu einem: Dass es einige Menschen gibt, die dich, deine Produkte und Dienstleistungen so sehr lieben, dass sie bereit sind, fast jeden Preis dafür zu bezahlen. Bestes Beispiel dafür ist Apple. Und wenn du jetzt denkst, „Ach dieser Kackverein schon wieder!", dann hast du das Beispiel verstanden. Und wenn du ein iPhone für 1.000 Euro oder mehr in der Tasche hast, dann hast du es auch verstanden.

Also lebe mutig und mach dein Ding auf deine Weise und freue dich über jeden Hater, denn er steigert deinen Marktwert.

Pass gut auf dich auf, du wirst noch gebraucht!
Dein Kerim

A. DEINE POSITIONIERUNG SCHÄRFEN

Oft erreicht mich die Frage, wie man denn „in den Kopf des Kunden" käme. Da die wenigsten unter uns (mich eingeschlossen) die Fähigkeit zum Gedankenlesen besitzen, habe ich natürlich hierfür etwas Schickes vorbereitet. Emotionale Bindung, in den Kopf des Kunden eindringen und eine Verbindung erschaffen – das sind ebenso wichtige wie sensible Themen, die unter anderem eine hohe emotionale Intelligenz sowie eine hohe Empathiefähigkeit voraussetzen. Allen voran steht hier die Positionierung, die du in den Köpfen deiner Kunden aufbaust.

Klären wir zunächst, was Positionierung überhaupt bedeutet. Deine Positionierung ist für die Wahrnehmung bzw. das Bewusstsein deiner Kunden gegenüber deiner Marke verantwortlich. Eine gute Positionierung hat zur Folge, dass Kunden dein Unternehmen gegenüber der Konkurrenz bevorzugen und darüber hinaus eine emotionale Bindung zu ihm aufbauen. Du beziehst sprichwörtlich eine Position und bist eben kein Fähnchen im Wind.

EXPERTENTIPP

RICARDO BIRON
Der Heldenmacher

Als ich alle erfolgreichen Trainer & Speaker in meinem Buch „Tools der Supertrainer" gefragt habe, was es benötigt, um als Coach/Trainer/Speaker erfolgreich zu sein, hatten alle eine einzige Aussage gemeinsam: eine Positionierung. Um heutzutage unter 330.000 Coaches aufzufallen und das Interesse deiner Kunden zu wecken, ist es wichtig, klar positioniert zu sein (das gilt nicht nur in der Coachingbranche). Um diese für dich bestmöglich zu definieren, benötigst du einen Angebotssatz, der klar formuliert, was du für wen tust. Die magische Formel hierzu lautet:

Ich helfe (deiner speziellen Zielgruppe) bei (ihr größtes Problem zu lösen) durch (deine Lösung), ohne dabei (ihren größten Glaubenssatz, der sie daran hindern könnte, es wenigstens zu testen).

Ein Beispiel hierzu lautet: Ich helfe selbstständigen Müttern in der Kosmetikbranche, 30 % mehr Umsatz für ihr Kosmetikstudio zu generieren,

„
Formuliere deinen kundenmagnetischen Angebotssatz

EXPERTENTIPP

durch mein Kosmetikstudiocoaching, ohne dabei ihre Kinder zu vernachlässigen. Wichtig ist hierbei eine klare Zielgruppe mit einem klaren Ergebnis – je spitzer du dabei denkst, desto besser – Mütter sind bspw. besser für deinen Angebotssatz als Frauen im Allgemeinen. Sobald du dieses Angebot formuliert hast, kannst du deine Marketingmaßnahmen, wie Facebook-Ads etc., starten.

Ganz wichtig: Solltest du noch nicht positioniert sein, solltest du auch deine Marketingmaßnahmen sein lassen – denn hierbei wird nur unnötiges Geld zum Fenster rausgeworfen. Deine Positionierung inklusive deines Positionierungssatzes ist die Basis, alles andere baut darauf auf. Wie lautet dein Positionierungssatz?

Wie schaffst du es also, dass Kunden ein Gefühl der Zugehörigkeit zu deiner Marke entwickeln, dass sie fast von allein kommen und du Neukunden somit praktisch magnetisch anziehst? Wer braucht schon hellseherische Fähigkeiten, wenn es raffinierte Kniffe gibt. Achtung, mach dich bereit für meinen Lieblingstrick:

UAP – Was'n das?

Wenn du dir die meisten Produkte anschaust, merkst du, dass sie sich nur wenig voneinander unterscheiden. Also klar, zwischen Bier A und Bier B schmeckst du womöglich eine herbe Note Unterschied, aber an sich sind die meisten Produkte zu 95 Prozent gleich. Wir leben in einer Welt, in der es eigentlich schon alles gibt – wie hebst du dich da von anderen Marken ab? Nun, hier gibt es einen kleinen Trick, der UAP heißt. (Um dir das Googeln zu ersparen: Das ist die Abkürzung für Unique Advertising Proposition.)

Beim UAP geht es darum, eine Positionierung zu finden, die andere so nicht kommunizieren. Soweit so gut, es geht offensichtlich um Einzigartigkeit. Allerdings mit einer Besonderheit: Du fokussierst dich dabei auf ein Merkmal, das andere Marken eventuell auch haben, und stellst dieses emotional in den Vordergrund deiner Produktwelt. Klingt spannend, oder? (Ich für meinen Teil hab schon Gänsehaut.) Schauen wir uns mal an, wie du das hinbekommst:

Bleiben wir doch mal beim Bier. Eine Biermarke beschreibt ihr Produkt mit dem Slogan „Mit frischem Quellwasser gebraut". Manch einer denkt: „Wow, das ist bestimmt ein gesundes Bier." Aber wir denken da nochmal drüber nach. Womit wird Bier denn sonst gebraut? Mit Badewannenwasser oder faulem

II. Such dir ein Plätzchen | A. Deine Positionierung schärfen

Grundwasser? Hoffentlich nicht. Allein aufgrund der Trinkwasserverordnung muss Wasser doch „frisch" sein. Was bedeutet eigentlich „frisch"? Dieser Begriff ist ohnehin sehr dehnbar. Und woher kommt Wasser? Aus irgendeiner Quelle, oder? Außer die Bierbrauer stellen Regentonnen auf. (Wobei der Regen kommt aus dem Meer und die Flüsse fließen ins Meer. Teufelskreis.) Du merkst jedenfalls, bei genauerem Hinsehen, könnte man den Slogan stark infrage stellen.

> **Der Trick ist also, ein Merkmal herauszustellen, mit dem die Konkurrenz womöglich auch ausgestattet ist, es aber nicht hervorhebt.**

Das bietet sich vor allem dann an, wenn du kein eindeutiges Merkmal bzw. keinen eindeutigen Vorteil findest, der dich von deinen Wettbewerbern unterscheidet. Ein anderes Beispiel wäre der Joghurt, der „die Verdauung reguliert". Das Unternehmen stellt diese Wirkung in seinem Marketing besonders heraus, obwohl eigentlich alle probiotischen Joghurts gut für die Verdauung sind. (Oder eben alle nicht.) In der Welt der probiotischen Joghurts ist das also ein Ding der Selbstverständlichkeit, wird aber von keinem anderen wirklich kommuniziert. Der UAP kann also auch als Differenzierungsmerkmal dienen und dir einen Vorteil gegenüber deiner Konkurrenz verschaffen und diese sogar eine Stufe herabsetzen, wenn du das möchtest.

> **Und, funktioniert das auch bei dir?**

Klar, funktioniert das bei dir auch – das ist das Schöne daran. Geschichten, seien sie nun erzählt, geschrieben oder gesungen (ja – Musik ist auch nichts anderes), sprechen uns auf einer ganz anderen Ebene an, als bloße Fakten. Wir alle sind emotional gesteuerte Wesen, entscheiden oft irrational und es tut verdammt gut, sich von seinen Gefühlen leiten zu lassen. Natürlich ist dein Produkt aus rationaler Sicht gut, aber die Entscheidung zum Kauf wird oft aus irrationalen Gründen getroffen. Wie rufen wir eine solche Entscheidung hervor? Es ist doch immer wieder erstaunlich, wie es gewisse Marken und Unternehmen schaffen, uns um den Finger zu wickeln. Wie, zum Teufel noch eins, schaffen die das und noch wichtiger: Kannst du das auch? Das Buch wäre an dieser Stelle wohl zu Ende, wenn die Antwort hierauf „Nein" lauten würde. Darum lese eifrig weiter, denn – ja – das kannst du.

WORKSHEET „POSITIONIERUNG"

Deinen Platz im Markt: Genau wissen wo du stehst! Nutze dieses Worksheet um deine Konkurrenz, deinen USP und deine Position im Markt auszumachen.

Alle Worksheets: www.marketing-kickbox.de

EXPERTENTIPP

RAYK HAHNE
Profisportler und Unternehmensberater

Ob als Profisportler oder Unternehmer, eine starke Selbstdisziplin ist notwendig. Doch wie häufig gewinnt der Schweinehund gegen uns? Verbessere deine Disziplin durch kleine Challenges. Nimm dir 7 Tage lang, jeden Tag eine Challenge vor. Beispielsweise: 30 Liegestütze. Kreuze dir im Kalender ab, ob du diese Challenge jeden Tag gemacht hast. Wenn dir das in den 7 Tagen einfach fällt, dann erweitere auf 30 Tage. Wenn mal ein Tag fehlt, ist das okay, Hauptsache, du machst weiter.

So kannst du durch eine kleine Challenge, die nur 7 Tage ging, in einem Jahr 10.950 Liegestütze machen; dein Spiegelbild wird es dir danken. Diese Fähigkeit kannst du nun auf alle Bereiche deines Lebens übertragen. Zum Beispiel die Anzahl der Gespräche mit deinen Mitarbeitern oder Partnern, die Zeit, die du mit deiner Familie verbringst, oder die Zeit, die du nutzt, um dich weiterzubilden. Es beginnt klein und simpel und dann kommt das große Ergebnis durch eine geschärfte Disziplin. Starte mit 7 Tagen und einem Ziel. Wenn du das erfolgreich gemeistert hast, führe diese Routine fort, und beginne mit einer neuen Herausforderung für 7 Tage.

,,
Disziplin schärfen

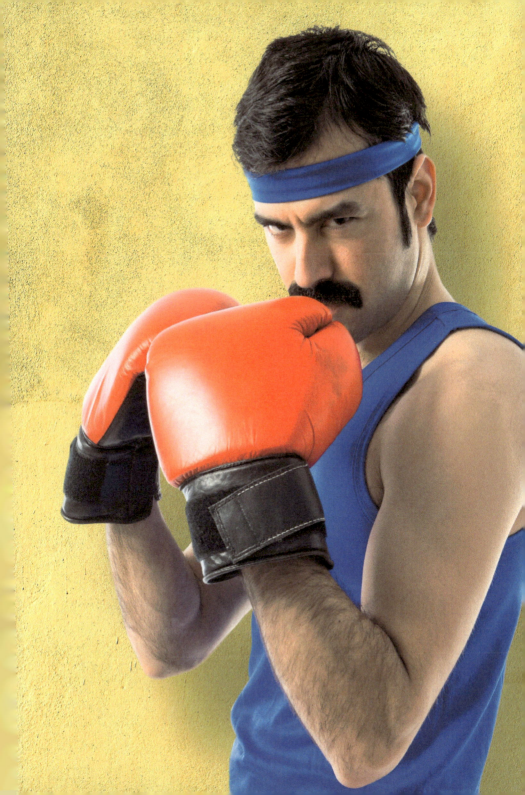

Mit einer starken Positionierung wird es dir viel leichter fallen, Kunden zu gewinnen und zu halten. Hoher Umsatz ist nur dann das Ergebnis von effektivem Marketing, wenn dieses auf einer stimmigen Marktpositionierung aufbaut. Diese kommuniziert deinem Kunden ohne Umschweife, was du ihm bieten kannst, wofür du stehst, welche Geschichte du erzählst und welche Probleme dein Produkt für ihn lösen kann. Besonders der Aspekt der Problemlösung wird für uns Menschen immer wichtiger, da wir vermehrt nach Produkten suchen, die uns das Leben vereinfachen. Es gilt im Rahmen der Positionierung herauszufinden:

> **Für was steht dein Unternehmen und was hat der Kunde davon?**

Dafür musst du dich klar von den Mitbewerbern abgrenzen und dafür sorgen, dass der Kunde diese Abgrenzung auch bewusst wahrnimmt und benennen kann. Wenn er den Unterschied zwischen dir und deinen Konkurrenten nicht charakterisieren kann, sind deine Positionierung und die Werte, die mit deinem Unternehmen verbunden werden sollen, nicht eindeutig kommuniziert. Die Folge: Kunden können keine emotionale Bindung zu dir aufbauen und du bleibst austauschbar.

Damit deine Zielgruppe deine Positionierung wahrnehmen kann, ist es extrem wichtig, dass du diese einheitlich kommunizierst. Widersprüchliche Nachrichten verwirren die Menschen und verhindern, dass sich in ihren Köpfen ein Bild zu deinem Unternehmen bildet. Du solltest daher immer einheitlich und glasklar kommunizieren, wofür du stehst, um einen Wiedererkennungswert zu schaffen. (Stell dir jemanden vor, der zu derselben Sache immer eine andere

Meinung hat.) Dieser rote Faden betrifft jede Plattform und jedes soziale Netzwerk. Jeder noch so kleine Post, jede noch so unscheinbare Meldung kann so deine Positionierung und damit auch die emotionale Verbindung zwischen dir und deinen Kunden stärken.

Eng, aber gemütlich: deine Nische.

Eine Möglichkeit der Positionierung ist aber auch die Besetzung einer Nische. In vielen Fällen kann das sehr sinnvoll sein, in manchen nicht. (Typischer Beratersatz.) Hier stehst du also vor der Entscheidung, was für dich zutrifft. Denn, sobald du dich auf eine Nische konzentrierst, kannst du zwar deine neue Zielgruppe punktgenau ansprechen, schließt aber auch automatisch viele andere aus. Grundsätzlich empfehle ich dir dann, eine Nische anzuvisieren, wenn du in einem sehr großen Markt unterwegs bist und dich dort gegen viele Konkurrenten behaupten musst. Eine spitze Positionierung in einer Nische ermöglicht es dir, herauszustechen und besser auf die Bedürfnisse deiner Kunden einzugehen.

Zählt dein Thema und dein Markt aber ohnehin zu den kleineren, solltest du eventuell auf die Nischenpositionierung verzichten. Der Fitnessbereich wäre beispielsweise ein so großer und breit gefächerter Markt, dass es dort Sinn machen würde, eine Nische anzusprechen. Dadurch fokussierst du dich auf eine bestimmte Kundengruppe und kannst dich als Experte platzieren. Trotzdem hältst du dir die Möglichkeit für weitere Produkte offen. Übrigens – sobald du dich einmal in einer Nische als Experte etabliert hast, überträgt sich das Vertrauen deiner Kunden in dich automatisch auf andere Teilbereiche deines

Themas. Das Ganze nennt man übrigens den Halo-Effekt. Jemand schließt von deinen bekannten hoffentlich positiven Eigenschaften auf unbekannte.

Einer meiner Kunden, den ich mal gecoacht habe, ist Personal Trainer und hat sich mit seinem Produkt des Wedding-Fit-Programms eine Nische aufgebaut. Er ist in erster Linie immer noch Personal Trainer, hat aber ein Produkt in einer Nische platziert, in der er sich als Experte beweist. Bei Bedarf kann er sein Sortiment um weitere Produkte aus der Welt der Fitness erweitern, zum Beispiel um ein Workout-Programm für Schwangere.

MEIN TIPP

Verwende bei deiner Positionierung, dem Branding und deiner Kommunikation keine Begriffe, die nur wenige kennen oder verstehen. Mit einer verständlichen Beschreibung können deine Kunden zum einen Grenzen eindeutiger definieren und somit die Unterscheidung von deinen Wettbewerbern benennen. Zum anderen sorgst du damit auch dafür, dass deine Zielgruppe dich überhaupt findet bzw. dass du sie erreichen kannst. Um sicherzustellen, dass auch jeder weiß, was du meinst, frage bei verschiedenen Leute nach, ob ihnen alle Begrifflichkeiten bekannt sind und was sie unter ihnen verstehen. Dein direktes Umfeld eignet sich dafür allerdings eher weniger, da es durch den unmittelbaren Kontakt mit dir wahrscheinlich sowieso schon einmal mit dem Thema in Berührung gekommen ist und voraussichtlich keine allzu kritischen Fragen stellen wird.

Um deine Positionierung im Vergleich zu deinen Wettbewerbern festzumachen, solltest du mit einem Positionierungskreuz arbeiten. Wähle dafür zunächst zwei Attribute, die deinen Kunden wichtig sind. Notiere dir dabei auch die entsprechenden Gegenteile – beispielsweise „hochwertig" vs. „minderwertig" und „modern" vs. „altmodisch". Anschließend zeichnest du das Positionierungskreuz auf.

Das Ganze erinnert ein wenig an das Koordinatensystem aus dem Matheunterricht. Anhand von zwei Achsen stufst du dich und deine Konkurrenten jeweils entsprechend der beiden Kriterien ein. Überlege auch, wo die Idealposition aus Sicht der Kunden liegen könnte. So hast du einen Benchmark, dem du dich annähern solltest.

Nicht wirklich schwer, oder?

Insbesondere durch technische und gesellschaftliche Neuerungen kann es auch zwingend sein, seine Positionierung anzupassen bzw. gravierend zu ändern.

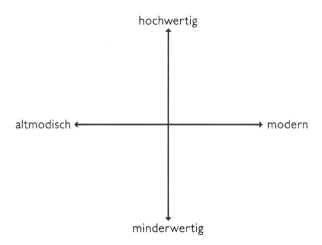

MATTHIAS AUMANN

Speaker, Coach, Autor und Unternehmer

Wenn du deinen Kunden gefunden hast, ist es wichtig zu verstehen, dass sich alles, und ich meine wirklich alles, auf dieser Welt zu einer Marke aufbauen lässt. Aber warum eigentlich? Alles auf dieser Welt ist nur subjektive Wahrnehmung und damit meine ich, dass es nicht eine wirkliche Realität gibt. Wir alle leben auf demselben Planeten, wir alle nehmen ihn aber komplett unterschiedlich war, korrekt? Jeder hat seine eigene Wirklichkeit.

Die meisten Unternehmer würden lautstark die Meinung vertreten, dass Marketing der Kampf der besseren Produkte ist, oder? Doch du musst verstehen, dass es keine besseren Produkte, keine besseren Dienstleistungen gibt. Alles, was in der Marketingwelt existiert, ist in Wirklichkeit nur die Realität in den Köpfen der Kunden. Wahrheit und Wahrnehmung verschmelzen zu einer Wirklichkeit. Die Macht der Wahrnehmung ist deutlich größer als die Macht des Produktes.

> **Marketing ist nur die Wahrheit der Kunden – mehr nicht!**

Beispiel:

In Blindtest-Versuchen mit Coca-Cola und Pepsi schneidet Pepsi im Geschmackstest immer besser ab. Bei Versuchen, in denen das Etikett zu sehen ist, schneidet jedoch Coca-Cola deutlich besser ab. Dies ist der beste Beweis dafür, dass die Meinung der Kunden über allem steht, selbst über ihren Geschmacksnerven.

Aber für mich ist das hier das beste Beispiel:

Wasser. Als man vor Jahrzenten noch keine Wassermarken auf den Markt gebracht hatte, wurde das Wasser gekauft, das am günstigsten war. Irgendwann kam dann Apollinaris auf den Markt: „The Queen of Table Waters". Somit suggerierte man den Kunden, etwas Besseres zu trinken oder seinem Besuch oder Kunden etwas Edleres anbieten zu können. Denn „The Queen of Table Waters" macht doch weit mehr her als normales Wasser. Dann kamen Volvic, Evian, St. Pellegrino u. v. m. Alle Wassermarken sind unterschiedlich teuer, haben teilweise sogar höhere Literpreise als Bier. Doch wenn wir jetzt alle Wassermarken auf den Inhalt untersuchen, finden wir heraus, es ist nichts weiter drin als... Na?! Genau, Wasser!

Welches Image, welche Realität hast du für dein Unternehmen geschaffen? Sobald du dich in den Köpfen deiner Kunden festgesetzt hast, ist es schwer, mit diesem Image dort wieder herauszufallen.

Die aufwändigste und kräftezehrendste Arbeit im Marketing ist es, Kunden zu einem Sinneswandel zu bewegen.

Doch wie sagte einst Albert Einstein: „Die Realität ist nur eine Illusion, allerdings eine sehr hartnäckige." Also arbeite daran!

EXPERTENTIPP

B. DEIN BRANDING – EINZIGARTIG

Die prägnante Farbe eines Mobilfunkanbieters, das angebissene Obst eines Technologiekonzerns oder der philosophische Slogan eines Möbelhauses – das alles ist Branding. Kaum gesehen oder gehört und schon haben wir die Marke dahinter im Kopf.

> Gutes Branding schafft einen Wiedererkennungswert, eine emotionale Brücke zwischen deinem Kunden und deinem Unternehmen bzw. dir.

Hand auf's Herz – hast du dir schon mal Markenklamotten gekauft, obwohl du im tiefsten Inneren wusstest, dass du hauptsächlich für den Namen bezahlst? (Ich bekenne mich hier offiziell schuldig.) Das wäre dann wohl ein klarer Fall von gelungenem Branding.

Wo wir gerade schon bei philosophischen Möbelhaus-Slogans waren: „Wohnst du noch oder lebst du schon?" ist der unverkennbare Spruch bei IKEA. IKEA ist heute sehr erfolgreich – ich glaube, da stimmst du mir zu, oder? Doch was macht diesen Einrichtungskonzern so besonders? Woher kommt dieser einzigartige Charme, den wir verspüren, wenn wir durch die IKEA-Räumlichkeiten flanieren? Wie kommt's, dass sich ein Einkauf bei IKEA zu einem waschechten Familienausflug entwickeln kann? IKEA hat beim Branding einiges richtig gemacht. Wie das Unternehmen das genau angestellt hat, lässt sich anhand des IKEA-Prinzips recht schön aufdröseln – Akronyme sind schon was Tolles, oder?

I steht für Integrität

Eines muss man diesem schwedischen Möbelhaus unweigerlich zugestehen: Es bleibt sich treu. Ein gutes Preis-Leistungs-Verhältnis ist bei IKEA gegeben – Punkt. Alles, was dort zu haben ist, wurde zumindest leicht vom schwedischen Flair angehaucht. Und außerdem ist IKEA ein Unternehmen für alle. Der Student, der seine Studentenbude einrichten muss, oder die Familie, die ihr neues Eigenheim wohnlich gestalten will – jeder wird dort fündig werden.

Letzteres ist einer der entscheidendsten Punkte für den Erfolg: Bei IKEA kommen sehr viele unterschiedliche Typen von Menschen zusammen. Trotz einer so heterogenen Zielgruppe fühlt sich hier jeder Kunde umsorgt – eine riesige Herausforderung für jedes Branding.

K steht für Klarheit

Ein Comedian hat es einmal gut auf den Punkt gebracht. Er sagte, es gäbe zwei gute Marketingstrategien, die jeweils zu unterschiedlichen Ergebnissen in der Umsetzung führen: Die erste ist die von Bill Gates, dem Erfinder von Microsoft, die zweite ist die Strategie von Ingvar Kamprad, dem Gründer von IKEA.

Während Bill Gates stets darum bemüht war, die Konfiguration von Microsoft geheim zu halten, hat der IKEA-Gründer die „Gebrauchsanweisung" bzw. die Bedienungsanleitung seiner Produkte für seine Kunden immer beigefügt. (Hände hoch, wer schon mal stolz auf sein selbst aufgebautes Billy-Regal war.) Dieses unterschiedliche Denken führte zu abweichenden Erfolgen:

II. Such dir ein Plätzchen | B. Dein Branding - einzigartig

Indem der Entwickler von Microsoft ein so großes Geheimnis aus seiner Software gemacht hat, animierte er die besten Hacker der Welt dazu, hinter die mysteriösen Kulissen seines Systems vordringen zu wollen. IKEA hingegen probierte sich gar nicht erst in Geheimniskrämerei, sondern spielte von Beginn an mit offenen Karten. Damit hat Ingvar Kamprad von Anfang an einen großen Wert auf einen der wichtigsten Grundsätze für Gründer gelegt: Ehrlichkeit.

> **Wenn du langfristig erfolgreich sein willst, ist Ehrlichkeit eine der wichtigsten Tugenden eines Unternehmers und die Grundvoraussetzung deines unternehmerischen Handelns.**

Wusstest du, dass Ingvar Kamprad, der Gründer von IKEA, eine ganz bestimmte Philosophie vertrat, wie er sein Unternehmen führen will? Diese Philosophie nennt sich auch das IKEA-Vermächtnis.

Sein erster Leitsatz war, dass er seinen Mitarbeitern sowie jedem Unternehmer rät, sich mit seinem Produkt identifizieren zu können. Denn nur, wenn ein Unternehmer dazu in der Lage ist, sich in den Dingen, die er anderen Menschen anbieten will, wiederzuerkennen, kann er auch mit Leidenschaft hinter dem stehen, was er macht. Leidenschaft ist wichtig und hält uns jung. Sie liefert dir die ständige Inspiration, die du benötigst, um deinen Alltag zu meistern und um deine beruflichen Projekte voranzutreiben.

Ein weiterer Leitgedanke des IKEA-Gründers ist es, seine Mitarbeiter täglich aufs Neue zu motivieren und ihnen somit eine solide Basis für eine freundliche und produktive Arbeitsatmosphäre zu geben. Denn Mitarbeiterführung ist eine Kunst, die erlernt sein will, und nur glückliche Arbeitskräfte sind auch gute Arbeitskräfte.

Arbeit darf daher nie ein Selbstzweck sein, sondern ist nur das notwendige Mittel für ein weiterführendes Ziel. Die Geldvermehrung ist wichtig, sollte aber bei unternehmerischem Handeln nicht an oberster Stelle stehen. Stattdessen ist die Menschlichkeit der Maßstab, an dem sich jeder Unternehmer in seinen Entscheidungen messen sollte. Diese Klarheit ist tief in der IKEA-Philosophie verankert.

Als guter Unternehmer und Gründer kannst du, wie du siehst, von anderen Erfolgsgeschichten lernen. IKEA ist ein gutes Beispiel dafür, wie sich eine solide Firmenphilosophie in den Erfolgen niederschlagen kann. Viele Dinge, die IKEA uns vermittelt, sind für deinen Alltag relevant oder lassen sich auf das Berufsleben übertragen. Schau dir also erfolgreiche Unternehmen an und überlege genau, was diese erfolgreich gemacht hat und wende dies auch für dich an.

E steht für Eindruck

Vielleicht ist dir schon einmal aufgefallen, dass du beim Schlendern durch ein IKEA-Möbelhaus fast schon dazu gezwungen wirst, dir alles anzusehen. Der Aufbau führt dich entlang aller Ausstellungsräume, ehe du wieder zum Ausgang gelangst. Für ganz schlaue Kerlchen gibt es sicherlich kleine, unscheinbare Abkürzungen, aber größtenteils wirst du auf subtile Weise eine Einbahnstraße entlanggeführt.

II. Such dir ein Plätzchen | B. Dein Branding - einzigartig

Das gemütliche Ambiente eines stilvoll eingerichteten Wohnzimmers führt hin zu einem noch heimeligeren Schlafzimmer, nur um dann noch von einer einladenden Küche übertroffen zu werden, in der du dir schon fröhliche Kochabende mit deinen Freunden vorstellst. IKEA hat es einfach drauf, das Kundenbedürfnis nach Wohlbefinden anzusprechen. Das behagliche schwedische Flair zieht sich wie ein roter Faden durch den IKEA-Gesamteindruck. Gleichzeitig ist das Möbelhaus bemüht, dass ein Kunde auch kein Angebot verpasst. IKEA ist stolz auf seine ausgestellten Produkte und auf sein breites Warensortiment. Dieses wird daher überaus ansprechend in Szene gesetzt – viele Produkte sogar mehrmals. Manche Unternehmer können sich von dieser Haltung eine Scheibe abschneiden, da viele den Fehler begehen, ihr Licht unter den Scheffel zu stellen. Dabei darf man hier gerne zeigen, was man hat – Bescheidenheit ade.

Entgegen diesem Grundsatz senken viele Unternehmer die Preise, um Fuß zu fassen und einen größeren Bekanntheitsgrad zu erlangen – als wäre das eine hilfreiche Maßnahme zur Kundengewinnung.

> **Achte darauf, dass du deine Leistungen nicht unter Wert verkaufst.**

Du hast etwas zu bieten, das alle anderen nicht haben, nämlich dich. Auf diese Weise bist du auf dem Markt einzigartig und darauf aufbauend ergibt sich wiederum deine eigene Positionierung. Schlussendlich solltest du dir immer bewusst machen, dass Qualität ihren Preis fordert, sofern sie professionell ist. Ein skandinavischer Flugzeugbauer ist genau daran gescheitert: Er bot höchste Qualität und war auch zurecht davon überzeugt, nur wollten die Airlines keine qualitativen Flugzeuge, sondern billige. Qualität kann also auch ein Schuss in den Ofen sein, wenn sie nicht zum Kundenbedürfnis gehört.

A steht für Ausdauer

IKEA-Gründer Ingvar Kamprad war ein Mann, der sich darauf verstand, sowohl seine als auch die Ressourcen seiner Mitarbeiter sinnvoll zu nutzen. Ihm war klar, dass das wichtigste menschliche Gut im Grunde die Zeit ist.

> Jeder von uns lebt nur einmal und damit haben wir nicht nur das Recht, sondern auch die Pflicht, das Beste aus jeder Situation und den Umständen, in denen wir uns gerade befinden, zu machen.

Häufig sind Probleme nur dort, wo wir sie zulassen. Wenn es beim ersten Mal nicht funktioniert, dann versuchst du es eben erneut oder auf einem anderen Weg. Das gilt vor allem für die Kundengewinnung – den ultimativen einen Weg gibt es nicht. Oder, um der IKEA-Mentalität treu zu bleiben: Das Billy-Regal wird so lange bearbeitet, bis es steht, auch wenn es mehrere Anläufe braucht.

Meiner Meinung nach ist die Erfolgsgeschichte von IKEA nicht nur mit vielen hilfreichen Lektionen für jeden Gründer oder Unternehmer bestückt. Das Unternehmen führt auch vor, wie extrem erfolgreiches Branding funktioniert. Beginnend bei der gelb-blauen Farbwahl bis hin zu der freundlichen Stimme mit schwedischem Akzent, die im TV und Radio auf den Knut-Schlussverkauf aufmerksam macht – IKEA wird erkannt. Das ist hervorragendes Corporate

II. Such dir ein Plätzchen | B. Dein Branding - einzigartig

Design mit eindeutig kommunizierter Tonalität und erstklassigem Storytelling – all das resultiert aus dem Branding.

Diesen Wiedererkennungswert willst du auch? Dann präge dir die vier Buchstaben I.K.E.A. gut ein und sauge den Inhalt der nächsten Seiten förmlich auf. Wir werden die einzelnen Elemente durchgehen, die deine Branding-Rakete abheben lassen.

II. Such dir ein Plätzchen | B. Dein Branding - einzigartig

JULIEN BACKHAUS

Medienunternehmer und Verleger (u. a. ERFOLG Magazin)

Mit einem guten Branding erreichst du vor allem zwei Dinge. Erstens schaffst du eine Unterstützung für deine Marketingbotschaften und zweitens kannst du einen Sogeffekt für deine Marke und deine Produkte erzeugen. Branding bedeutet, dass eine Marke – das kann sowohl eine Personen- als auch eine Unternehmens- bzw. Produktmarke sein – nicht nur überaus bekannt ist, sondern auch für etwas steht. Das kann ein Gefühl, ein Lebensstil, ein Nutzen oder ein Qualitätsversprechen sein. Je öfter du diese Message in Verbindung mit der Marke wiederholst, desto mehr brennt sie sich beim Empfänger ein. Es findet tatsächlich eine Art Brandmarkung statt. Vorteilhaft ist, wenn dieses Branding über verschiedene Kanäle stattfindet. Je mehr Sinne beim Empfänger angesprochen werden und je mehr Assoziationen mit bereits Bekanntem hergestellt werden können, desto besser funktioniert das Branding. Viele Unternehmen begehen heute den Fehler, ihre Budgets nur noch online zu verplanen. Dazu muss man wissen, dass Internet zwar ein

Branding ist alles

EXPERTENTIPP

großartiges Performance-Werkzeug (zum Beispiel für Verkäufe) sein kann, es aber als Medium das geringste Vertrauen bei Konsumenten genießt. Tatsächlich steht an erster Stelle immer noch Print.

Das zeigt uns, dass wir unsere Botschaften über verschiedene Wege verbreiten sollten. Denke einmal an eine der wertvollsten Modemarken der Welt: Louis Vuitton. Wann hast du zuletzt eine Facebook-Anzeige für eine solche Tasche gesehen? Oder ein Google-Werbefenster auf einer Website, die du kürzlich besucht hast? Louis Vuitton betreibt sein Branding über ganz unterschiedliche Kanäle. In Filmen siehst du Frauen diese edle Tasche tragen, bei roten Teppichen schreiten die Stars am Logo des Luxusherstellers auf der Sponsorenwand vorbei, im Lifestylemagazin siehst du einen Artikel über das neueste Modell, in einem Schaufenster siehst du sowohl Logo als auch Produkte des Herstellers. Und über allem steht: Das ist teuer, nur was für echte Erfolgsmenschen. Louis Vuitton hat seine Markenbotschaft so penetrant, aber gleichzeitig elegant verbreitet, dass das Unternehmen einen Sogeffekt geschaffen haben. Sie brauchen keine Flugblätter in deinen Postkasten zu werfen, um ihre Taschen zu verkaufen. Sie haben ihre Marke so stark gebrandet, dass sie automatisch ein Verlangen erzeugt. Das Verlangen nach Lifestyle, Qualität und Anerkennung.

II. Such dir ein Plätzchen | B. Dein Branding - einzigartig

i. Storytelling

Wie viele E-Mails am Tag erhältst du? Und wie vollgepackt ist dein Feed – auf welchem sozialen Netzwerk auch immer? Du wirst mir höchstwahrscheinlich zustimmen, wenn ich sage, dass wir heutzutage regelrecht einer Informationslawine ausgesetzt sind. Unzählige Kanäle und Medienformate prasseln tagtäglich auf uns ein und wir werden mit abertausenden Werbebotschaften überrannt. Das ist inzwischen so sehr in unserem alltäglichen Leben verankert, dass der Großteil an Werbung schon automatisch ignoriert oder weggeklickt wird.

Da stellt sich natürlich die Frage – wie falle ich mit meiner Marke und meinen Botschaften überhaupt auf? Wie sorge ich dafür, dass die Leute mich wahrnehmen und in Erinnerung behalten? (Auf „Sex sells" spiele ich an dieser Stelle nicht an.) Das Zauberwort lautet „Storytelling".

Inhalte, die uns emotional bewegen, bleiben langfristig in unserem Gedächtnis und das sorgt für einen nachhaltigen Marketingerfolg.

Beim Storytelling geht's darum, Geschichten zu erzählen, um die Gefühle der Menschen zu berühren. Zudem lassen sich Informationen mit Geschichten leichter erklären und die dadurch entstehenden Bilder besser verinnerlichen. Hier geht es darum, Menschen anstelle von Produkten in den Vordergrund zu stellen. Das können Personen sein, die für eine Marke oder ein Produkt stehen oder mit denen sich die Zielgruppe identifizieren kann. Diese Menschen führen den Empfänger durch das Geschehen. Ein bemerkenswertes Beispiel für gutes Storytelling ist der Weihnachtsspot von Edeka. Der Protagonist, ein Großvater, täuscht seinen Tod vor, da ihm das als einzige Möglichkeit erscheint, um seine Familie bei sich zu versammeln. Nicht wenigen hat dieser Kurzfilm die Tränen in die Augen getrieben. Natürlich muss es nicht gleich um so etwas Extremes wie Tod und Verlust gehen, aber das Prinzip ist klar: Emotionen. (Natürlich fand den Spot nicht jeder gut.)

CONSTANTIN CHRISTIANI

Coach und Speaker für Storytelling im Business

Jeder kennt das typische Marketing-Blabla: Werbeversprechen, die so oft in den Markt geschrien werden, dass sie unglaubwürdig geworden sind. Marketingphrasen, wie

„Wir haben die beste Qualität",
„Wir bieten exzellenten Service",
„Ehrlichkeit und Zuverlässigkeit stehen bei uns im Fokus".

Eine ganz einfache Frage entlarvt genau diese nichtssagenden Werbeversprechen: „Würde ein Unternehmer oder Selbständiger in der Öffentlichkeit das Gegenteil behaupten?" Seien wir mal ehrlich, würde ein Unternehmer so etwas über sich sagen, wie

„Wir haben schlechte Qualität",
„Uns ist der Kunde ganz egal",
„Wir lügen wie gedruckt und sind komplett unzuverlässig".

„

Kristallklare und glaubwürdige Kommunikation
Storytelling vs. Marketing-Blabla

Natürlich nicht. Und genau deshalb sind Aussagen, zu denen keiner eine konträre Meinung vertreten würde, typisches Marketing-Blabla. Die Glaubwürdigkeit solcher verwässerten Phrasen ist gleich null. Wie sieht also die Lösung aus?

Ganz einfach: Demonstriere den Nutzen für deinen Kunden in einer interessanten Geschichte.

Um zu illustrieren, wie du mit einer kurzen Geschichte in 20 Sekunden den Nutzen für dein Produkt oder deine Dienstleistung kristallklar und überzeugend kommunizieren kannst, nehmen wir ein praktisches Beispiel aus einer Allerweltsbranche (Versicherungen) mit einem Allerweltsvorteil (exzellenter Service):

„In unserem Büro haben wir eine Ordnerwand mit 352 Leitz-Ordnern – mit den Versicherungsunterlagen unserer 352 Kunden. Weil unser Verständnis von gutem Service ist: Wenn Ihr Sohn versehentlich beim Nachbarn die Scheibe einschießt, haben Sie nichts anderes zu tun, als sich lässig zurückzulehnen und mich anzurufen. Ich erledige für Sie den Rest. Wir regulieren den Schaden oft mit nur ein oder zwei Telefonaten und sorgen dafür, dass Sie oder der Geschädigte das Geld in wenigen Tagen auf dem Konto haben. Und weil ich das seit über 20 Jahren für inzwischen über 300 meiner Kunden mache, konnte ich zu den meisten Ansprechpartnern bei den großen Versicherungen einen guten Draht aufbauen. Deswegen bekommen wir in 90 % der Fälle die Dinge schnell und unbürokratisch geregelt, ohne dass das Ganze in einem langen Schriftverkehr endet. Wenn das auch Ihr Verständnis von gutem Service ist, dann freue ich mich in naher Zukunft den 353. Ordner anzulegen, den mit Ihren Versicherungsunterlagen."

Nutze die Kraft von Storytelling, um glaubwürdig und kristallklar den Nutzen deines Produkts oder deiner Dienstleistung zu demonstrieren.

EXPERTENTIPP

Im Storytelling greift man also auf Geschichten zurück, um Werbebotschaften, Produktinformationen oder sonstige Inhalte zu veranschaulichen. Ob die Story erfunden oder real ist, steht dabei im Hintergrund und ist davon abhängig, welche Art von Geschichte du erzählen möchtest. Die Art deines Produkts sowie deine Zielgruppe sind hierbei entscheidend. Willst du erzählen, welche Kundenerlebnisse und positiven Erfahrungen dein Produkt bewirkt hat, solltest du auf eine Geschichte zurückgreifen, die tatsächlich so passiert ist. So kannst du die Story mit jedem kleinen Detail spicken, um die individuelle Besonderheit hervorzuheben. Weitere Ideen, auf die du den Fokus legen kannst, sind die Probleme, die dein Produkt löst, oder wie die Idee zu diesem Produkt entstanden ist. Kennst du die Geschichte der beiden Twix-Brüder? Diese ist zwar erfunden, aber zugleich ein hervorragendes und anschauliches Beispiel für Storytelling. Beide Brüder haben jeweils einen der beiden Riegel entwickelt – beide schmecken natürlich komplett gleich, aber der eine hat seinen mit Schokolade überzogen, der andere seinen Riegel ummantelt. (Ein immenser Unterschied.)

SEBASTIAN WOLF
Personal Branding

Ob Unternehmer oder Selbständiger, Personal Branding wird in den nächsten Jahren ein großer Erfolgsfaktor im Marketing werden. Jeder kennt den ehemaligen Chef von Apple und den aktuellen Chef von Tesla. Genau von diesen Unternehmern wird es in Zukunft noch viel mehr geben. Social-Media-Plattformen wie Facebook bestimmen immer mehr und mehr, was jeder einzelne an Marketingaktivitäten sieht und genau deswegen rücken Menschen stark in den Fokus. Menschen kaufen am liebsten von Menschen und genau das solltest du zu deinem Vorteil nutzen. Werde zum Sender für dein Produkt oder deine Expertise, und deinen potenziellen Kunden wird es einfacher fallen, dich oder dein Produkt zu kaufen. Einer der größten Faktoren ist hier das Vertrauen. Vertrauen entsteht durch eine starke Beziehung. Wenn du eine starke Beziehung aufbaust, dann ist es so, als ob dein potenzieller Kunde von einem Freund eine Empfehlung bekommen würde, und wer kauft nicht gerne Produkte, die er von seinen Freunden empfohlen bekommt. Mit dir als Personal Brand wirst du klar

> *Dein Branding – überzeugt*

EXPERTENTIPP

EXPERTENTIPP

und deutlich einen Wettbewerbsvorteil bekommen, denn du arbeitest aktiv an deinem Ruf und im besten Fall entwickelst du dich zur Legende in deinem Bereich. Marketing wird dadurch deutlich günstiger, es entsteht ein indirekter Verkauf und deine bestehenden Kunden können dir wiederum als Markenbotschafter bzw. Influencer über Empfehlungsmarketing die günstigsten Neukunden generieren.

MARKETING KICKBOX

Im besten Fall ist dein Storytelling so ansprechend und emotional gestaltet, dass es gerne geteilt wird und sich somit wie von selbst verbreitet – es geht viral. Überlege dir aber, wie du mit deiner Geschichte über die Online-Welt hinaus gehen kannst. Mache dir nebenbei noch andere Elemente zunutze, um deine Geschichte zu erzählen. So schaffst du dir ein einheitliches Bild, um deine Story herum, die auf allen Ebenen ansetzt. Lässt sich deine Botschaft vielleicht mit einem Event interaktiv verknüpfen? Wenn der Kunde selbst involviert ist und beispielsweise etwas anfassen kann, hat deine Geschichte höhere Erfolgschancen auf die Verankerung im Kopf.

> Offline-Maßnahmen machen die Welt um deine Geschichte herum besonders erlebbar.

Bewege deine Kunden also zum Mitmachen durch Veranstaltungen, Gewinnspiele, Treuekarten oder andere Aktivitäten.

MEIN TIPP

Damit deine Geschichte, die du für's Storytelling verwendest, den gewünschten positiven Effekt hat, beachte, dass sie einen Spannungsbogen und eine Hauptfigur braucht, um den Empfänger zu packen. Die meisten Geschichten beginnen mit einem Konflikt, den es (mithilfe deines Produkts) zu lösen und überwinden gilt. Achte allerdings darauf, dass nicht du bzw. deine Marke den Helden spielt. Besser ist es, wenn dein Produkt nur im Hintergrund steht und der eigentliche Held vom sympathischen

II. Such dir ein Plätzchen | B. Dein Branding - einzigartig

> Protagonisten gemimt wird. Suchst du nach einer soliden Basis für deine Story, kannst du einfach mal mit der Vision deines Unternehmens beginnen.

Vorweg: Ich liebe meine Oma. Aber meine Oma ist ein ziemlich gewieftes Ding. So trug es sich zu, dass ich während meines Studiums immer wieder Geld brauchte, um das gleich wieder für unnötige Dinge auszugeben. Ich half meiner Oma mit der Gartenarbeit, womit sie zu der Zeit zu meinen „privaten Arbeitgebern" zählte. Leider zahlte sie mit Essen statt mit Geld. (Ich will mich nicht beschweren, dabei hab ich trotzdem gespart und Omas Essen ist schon sehr fein.) Allerdings hatte meine werte Großmutter oft auch andere Sachen zu tun, womit ihr dann die Zeit fehlte, dem Enkel etwas zu kochen – zumindest etwas Besonderes. Darum gab es häufiger Haferflockenschleim oder eben Haferflockensuppe. (Ich finde „-suppe" klingt ein wenig delikater.) Nun, wenn du schlauer Fuchs dir die Food-Branche heute mal anschaust, dann sucht man danach vergeblich. Etwas Neues, Innovatives und Bahnbrechendes wurde hervorgebracht: Porridge. Awesome, fancy Porridge, manchmal auch Oatmeal genannt. Diese wundersame Mahlzeit wird von schottischen Ureinwohnern geerntet, von Landbauern mit Sackkarren aus den rauen Highlands nach Deutschland gebracht und zum Abschluss mit Feenstaub gepudert. Ein wahnsinnig aufwändiger Prozess, der nicht zu unterschätzen ist. Das ist auch der Grund für die Preissteigerung von sagen wir mal 500 Prozent. Alles andere würde diesem einzigartigen Produkt nicht gerecht werden. Man sollte sich nicht unter Wert verkaufen.

Was ich dir damit sagen will? Erstens, dass mich meine Oma übers Ohr gehauen hat, und zweitens, dass dir dank dieser Geschichte über meine Oma das Produkt Porridge langfristig in Erinnerung bleiben wird.

MARKETING KICKBOX

> Es braucht im Marketing nicht zwangsläufig ein neues Produkt, sondern oftmals nur ein neues Gewand, eine Geschichte. (Alter Wein in neuen Schläuchen quasi.)

Ein hübsches neues Gewand, das gerne auffällig sein darf, denn die Leute sollen ja reden. Liebes Bürschchen oder Fräulein (um hier mal einen erzieherischen Ton anzuschlagen), ich rate dir, ebenso viele Gedanken in die Geschichte um dein Produkt wie in das Produkt selbst zu stecken. Denn Geschichten werden erinnert, schaffen Emotionen und somit das Bedürfnis nach deinem Produkt im Unterbewusstsein des Kunden.

ARIAN NEY

Lieblingsunternehmer/Jungunternehmertalen

Stell dir folgendes Kunden-Dienstleister-Szenario mit vier Parteien vor: Person A und B sind Konkurrenten auf dem freien Markt und wollen beide Unternehmer C als Kunden gewinnen.
Person A ist auf dem Markt dafür bekannt, exzellente Arbeit zu verrichten. Person A hat darüber hinaus mit Unternehmer D gearbeitet, der Unternehmer C vom Golf spielen kennt.
Person B hat gegenüber Person A eine deutlich höhere Qualität, hat aber in der Vergangenheit nur wenige Projekte gemacht und kennt niemanden, der etwas mit Person C zu tun hat.

Im Folgenden findest du eine Aufstellung, welche die Qualität verschiedener Unternehmer unterscheidet:

Ein durchschnittlicher Unternehmer geht direkt auf Unternehmer C zu und versucht diesen als Cold Lead zu closen. Ein guter Unternehmer würde auf Unternehmer D zugehen

„ Meine wichtigste Lektion zum Thema Marketing und Vertrieb

EXPERTENTIPP

und um eine Empfehlung bitten, um an Unternehmer C zu gelangen. Ein herausragender Unternehmer wurde von Unternehmer D aufgrund seiner guten und zuverlässigen Arbeit bereits an Unternehmer C weiterempfohlen.

In diesem Beispiel hat Person B gar nicht die Chance, weiterempfohlen zu werden oder um eine Empfehlung zu bitten. Person A wird den Deal trotz geringerer Qualität closen. Was ich damit sagen möchte, ist, dass es extrem wichtig ist, sich einen herausragenden Namen zu machen. Dies erleichtert es für andere Menschen, sich im Entscheidungsprozess zwischen zwei oder mehreren Anbietern für dich zu entscheiden. Deine Kredibilität und dein Name eilen dir immer voraus und der einfachste Sale ist immer: gute Arbeit.

ii. Corporate Design

Ich bin eigentlich kein großer Freund von Anglizismen, aber Unternehmenserscheinungsbild hört sich bei Weitem nicht so kraftvoll an, oder? Zu Beginn deiner Reise brauchst du ein „Corporate Design" (CD). Was das ist? Nun, das Corporate Design ist sozusagen die einheitliche Gestaltung deines Unternehmens, die du schon im Voraus festgelegt hast. Dazu gehören vor allem auch visuelle Dinge, wie dein Logo, Schriften oder Farben. Wage nicht zu denken, dass diese scheinbaren Banalitäten keinen interessieren. Oh, und ob die interessieren. Auch ein ungeschultes Auge bekommt innerhalb von Sekunden einen Blick dafür, ob es sich bei dem Firmenauftritt um Highclass oder eher einen Müllhaufen handelt. (Entschuldige bitte meine Wortwahl.) Ich will dich lediglich davor bewahren, dass du dir gleich zu Beginn viele Möglichkeiten verbaust, nur weil du dein Logo mit MS Paint gebastelt hast. (Für die jungen Leser: MS Paint = ein sehr einfaches Bildbearbeitungstool.)

Schaffe dir einen visuellen roten Faden zu deiner Marke, deinem Produkt oder deiner Dienstleistung.

Durch einheitliche Logos, Slogans oder Botschaften begleitest du deine Kunden durch den ganzen Tag. Gerade Gelegenheitskäufer, die nur zufällig in deine Nähe kommen oder auf deinen medialen Auftritt stoßen, werden durch einen einheitlichen, ansprechenden Auftritt neugierig und fangen an zu stöbern – die beste Basis für einen Kauf.

Daher brauchst du für ein gelungenes Corporate Design eine einheitliche Gestaltung, die sowohl analog als auch digital funktioniert. Das ist im Hinblick auf die vielen Kanäle, auf denen du dein Corporate Design umsetzen wirst, gar nicht so einfach. Dein Corporate Design ist schließlich dazu da, dass Kunden direkt auf den ersten Blick erkennen, dass sie es mit deinem Unternehmen zu tun haben. Gleichzeitig spiegelt es wider, wer dein Unternehmen ist und was es vermittelt. Deshalb ist es wichtig, dass du genau weißt, wofür deine Marke steht – siehe Positionierung. Nur so kannst du ein Corporate Design entwickeln, das zu dir passt und das deine Unternehmenswerte nach außen trägt. Darüber hinaus kannst du in dein Corporate Design einfließen lassen, inwiefern du dich von den Konkurrenten unterscheidest. Du merkst die Analysen aus dem ersten Teil brauchst du wirklich.

TERESA THÖNNESSEN

Inhaberin Goldkind Ideenagentur und kleine Schwester von Felix

„Was ist eigentlich ein gutes Corporate Design?" Das werde ich als Inhaberin einer Ideenagentur oft gefragt. Ich sage dann häufig: „Ein gutes Corporate Design ist wie ein Kleid, das perfekt sitzt. Man erkennt sofort, dass es nur dein Kleid sein kann und es gefällt dir auch in fünf bis zehn Jahren noch!"

Gutes Corporate Design erkennt man also an folgenden Punkten: Es visualisiert die Identität deines Unternehmens/deiner Marke perfekt, es hat einen hohen Wiedererkennungswert (egal in welchem Medium) und es ist nicht abhängig von Trends, denn diese sind meist kurzlebig.

Wenn du also noch kein einheitliches Corporate Design hast, aber das Thema angehen möchtest, dann empfehle ich dir, einmal auf einen Zettel zu schreiben, welche Charakterzüge dein Unternehmen/deine Marke hätte, wenn es eine Person wäre. Wäre diese Person sportlich, extrovertiert, witzig oder eher

„
Was ist gutes Corporate Design?

EXPERTENTIPP

vertrauenserweckend ...? Diese Attribute können dann im Corporate Design auftauchen und du hast schon eine gute Basis, die du mit zu einem Gespräch mit einer Agentur oder einem/-er Grafiker/-in nehmen kannst.

Ein Tipp noch am Schluss: Tappe nicht in die Falle der tausend Logos aus einem Guss. Es gibt Unmengen von Designs, die man günstig im Web erwerben kann. Aber das sind Fließbandprodukte, welche die oben genannten Werte selten erfüllen.

II. Such dir ein Plätzchen | B. Dein Branding - einzigartig

Wenn dein Unternehmen bereits etabliert ist und das Corporate Design feststeht, ist es wahrscheinlich nicht sinnvoll, etwas daran zu ändern. Lies dir aber trotzdem dieses Kapitel hier durch und hinterfrage das Corporate Design deines Unternehmens. Vielleicht ziehst du mit diesen Tipps ein Redesign in Erwägung? Stehst du mit deinem Unternehmen noch am Anfang, besteht diese Problematik natürlich nicht und du kannst die Dinge direkt für dich umsetzen.

Das Branding deines Unternehmens besteht aus dem Markenkern (also das, wofür dein Unternehmen steht) und dem Rahmen, der das Unternehmen umgibt – das Corporate Design. Und weil das Corporate Design das erste ist, mit dem deine Kunden in Kontakt kommen, ist es enorm wichtig, dass es nicht nur einheitlich, sondern vor allem auch qualitativ hochwertig ist. So wird vermittelt, dass dein Unternehmen und deine Produkte genauso hochwertig sind.

Nimm dir die Zeit, um dich mit deinem Corporate Design auseinanderzusetzen. Denn dein Branding wird dich langfristig begleiten und dir in all deinen Geschäftsaktivitäten (denen im Marketing ganz besonders) begegnen. Es wird in deinen Briefen, auf deiner Website, deinen Social-Media-Kanälen, Visitenkarten, Präsentationen, Verpackungen, Newslettern und bei sämtlichen weiteren Marketingmaßnahmen auftauchen.

> **Betrachte dein Corporate Design als eine Investition, die sich erst später auszahlt.**

Nämlich dann, wenn es kurzfristige Trends übersteht und weiterhin für eindeutigen Wiedererkennungswert bei deinen Kunden sorgt. Mache dir Gedanken darüber, was du mit deinem Corporate Design ausdrücken möchtest, bevor du darüber entscheidest, wie du es ausdrücken möchtest.

Wenn du dich damit befasst hast, überlege dir, mit welchen Farben du kommunizieren willst. Farben lösen Assoziationen in Menschen aus, was du zu deinen Gunsten nutzen kannst. Rot beispielsweise ist bekanntlich die Farbe der Liebe. Sie kann aber auch für Wut und Ärger stehen und abhängig vom Rotton ziemlich penetrant wirken. (Liebe und Wut scheinen nah beieinander zu liegen.) Bedenke also, dass durch deine Farbwahl starke Emotionen ins Spiel kommen können.

Ein weiterer Aspekt, den du für dein Corporate Design festlegen musst, ist die Typografie. Also die Schriftarten, die du verwendest. Sei dir darüber im Klaren, dass diese Schriftarten bei jedem Dokument und im besten Fall auch jedem Bild mit noch so kleinem Schriftzug zum Einsatz kommen und somit deine Marke repräsentieren. Mit der gewählten Schriftart lassen sich super die zuvor bestimmten Werte ausdrücken, für die dein Unternehmen steht. Ist deine Marke hip und modern? Dann wähle Schriftarten ohne Serifen – das sind diese kleinen Füßchen an den Buchstaben. Steht dein Unternehmen für Luxus, wäre eine solche Schrift eventuell passend. So macht es beispielsweise Louis Vuitton, um das Beispiel von Julien Backhaus nochmal aufzugreifen. Die Wahl der Schriftart wirkt anfangs banal, ist aber nicht zu vernachlässigen. Manche Unternehmen lassen sich sogar eine eigene Schriftart für ihr Corporate Design gestalten. Denke an große Marken wie Audi oder VW. Worte in deren Typografie kann man ihnen auch ohne Logo oder Markenname zuordnen.

Sind Farbwelt und Schriftart festgelegt, geht's daran, diese beiden Elemente zu kombinieren und das Logo zu designen. Natürlich spielen auch Formen und Symbole hier eine besondere Rolle.

> Das Logo ist der Mittelpunkt deines Corporate Designs, da es die meisten Assoziationen mit deinem Unternehmen schafft.

Hier musst du all das, wofür du stehst, bündeln, damit es in voller Blüte präsentiert werden kann. Dein Logo sollte direkt vermitteln, wer deine Marke ist. Achte darauf, dass es trotzdem hübsch anzusehen und einfach gehalten ist. Dadurch verhinderst du, dass dein Logo überladen ist oder es vielleicht einen Gestaltungstrend bedient, der nächste Saison schon wieder Geschichte ist. Die besten Logos sind diejenigen, die man mit dem dicken Zeh in den Sand malen kann. Die vier Ringe von Audi wären hier wieder ein wahnsinnig gutes Beispiel.

iii. Copy-Strategie

Nein, das hat nichts damit zu tun, dass du andere kopieren sollst. Bei der Copy-Strategie geht es vielmehr darum, deine Einzigartigkeit herauszustellen. Im Marketing dient sie als DNA deiner Kommunikation. Sie gibt einen roten Faden vor, nimmt deine Kunden an die Hand und führt sie (im besten Fall sicher) zum Kaufabschluss. Häufig wird die Copy-Strategie bei der Ausarbeitung erfolgreicher Werbekampagnen angewandt. Du kannst sie aber auch genauso gut als Basis deines Brandings verwenden. Mit einer guten Copy-Strategie präsentierst du deinen Kunden die volle Power deiner Marke.

MARKETING KICKBOX

Warum ist dein Produkt so einzigartig?

Welchen Nutzen ziehen Kunden aus deinem Produkt? Warum sollen sie gerade bei dir einkaufen? Und in welcher Sprache verkündest du das alles? Diese vier Fragen lassen sich anhand der vier Hauptbestandteile der Copy-Strategie beantworten: Value Proposition, Consumer Benefits, Reason Why und Tonalität. (Willkommen in der Welt der Anglizismen, meine Freunde.)

VERONICA WIRTH

Expertin für positive Ausstrahlung

Menschen, die eine magische Ausstrahlung besitzen, wenn sie einen Raum oder eine Bühne betreten, kennst du sicher auch. Was machen die anders als andere? Es gibt gute Tipps, wie du deinen Körper im Voraus nutzen kannst, deine Gedanken auf eine positive Außenwirkung zu stimmen, wie zum Beispiel: Du bist hier gerade genau richtig. Du hast etwas zu sagen. Dir sollte man zuhören. Das wohl bekannteste Beispiel: Die Power-Pose. In dieser Power-Pose allerdings die Bühne oder den Meeting-Raum zu betreten, ist nicht empfehlenswert. Das Wichtigste, neben all den Körpersprachtricks ist es, dass du selbst von dir überzeugt bist.

Diesen Gedanken zu verstärken, oder gar erst hervorzurufen, funktioniert mit einem kleinen Trick, den du auch während deiner gesamten Anwesenheit vor Menschen nutzen kannst:

„Tanzlicht an!" Das „Tanzlicht" leuchtet auf der Höhe deiner

„ Magische Wirkung

Gürtelschnalle. Es scheint nach vorne, nicht nach oben, nicht nach unten. Setzt du mit dem „Tanzlicht-Gedanken" Schritte nach vorne, als würde dieses Licht dich nach vorne ziehen, bewegst du dich ausbalanciert, gerade, aufrecht, selbstsicher, zielgerichtet, spürst deine Po-Muskulatur und deine Schrittgröße ist ideal. Damit kommunizierst du bereits, ohne ein Wort gesprochen zu haben, dass du genau weißt, wer du bist, wohin du willst und dass es Sinn macht, einem solch selbstbewussten Menschen wie dir zu folgen.

Zusatz-Tipp:

Bist du jemand, der – wie so viele Menschen – im Schulterbereich zusammensackt, hilft der „Schultern-in-die-Hosentaschen-Check":

Ziehe dazu die Schultern hoch bis zu den Ohren, anschließend nach hinten und schließlich lass sie nach unten sinken. So, als könntest du deine Schulterblätter in deine hinteren Hosentaschen stecken. Und dann: Raus mit dir! Strahlend und in deiner vollen Präsenz!

EXPERTENTIPP

II. Such dir ein Plätzchen | B. Dein Branding - einzigartig

WORKSHEET „COPY STRATEGIE"

Stelle deine Einzigartigkeit heraus: Eine erfolgreiche Copy Strategie baut auf einer Value Präposition, einem Consumer Benefit, einem Reason Why und der Tonalität. Dieses Worksheet hilft dir dabei, deine Copy Strategie festzulegen.

Alle Worksheets: www.marketing-kickbox.de

Auf jeden dieser Begriffe werde ich im Folgenden genauer eingehen, also keine Bange, falls diese noch Neuland für dich sind. Ich will nicht den Lehrer raushängen lassen, aber ich tue es trotzdem: Die Aufgabe an dich lautet, dir zu den einzelnen Punkten Gedanken zu machen, wie du sie umsetzen könntest. Schon während des Lesens hat man oft den ein oder anderen Geistesblitz, der einem im Nachhinein einfach nicht mehr einfallen will. Darum nicht schummeln, zücke einen Stift und los geht's.

Value Proposition

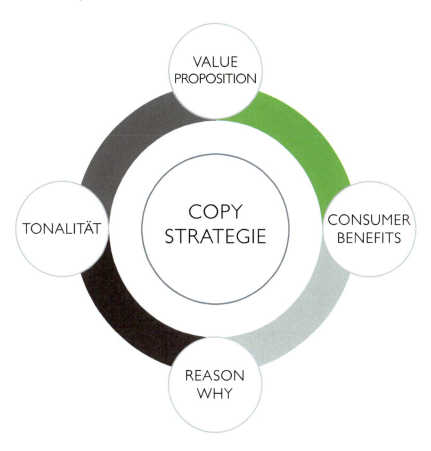

In der heutigen wirtschaftlichen Situation ist es so, dass es teilweise hunderte Anbieter auf dem Markt gibt, die alle das gleiche Produkt oder eine Alternative dafür anbieten. Wie bereits erwähnt, kann dir gutes Storytelling dabei helfen, aus so viel Konkurrenz hervorzustechen und im Gedächtnis zu bleiben. Ungeklärt ist bisher allerdings, was du denn eigentlich genau erzählen sollst. Dabei hilft dir die Value Proposition.

II. Such dir ein Plätzchen | B. Dein Branding - einzigartig

Dieser abgefahrene Begriff steht für das Werteversprechen deinem Kunden gegenüber. (Ertappt, ich verwende hier wieder den englischen Begriff, klingt irgendwie elanvoller.)

> Die Value Proposition verspricht den Wert, den der Kunde durch dein Produkt gewinnt, und die Bedürfnisse, die damit befriedigt werden.

Es geht hier also nicht um dein Produkt an sich, sondern um den Wert, den es für den Kunden generiert.

Das heißt natürlich im Umkehrschluss, dass du ein Werteversprechen kommunizieren musst, dass für deine Kunden relevant ist und sie so sehr überzeugt, dass sie dein Produkt kaufen. Und logisch – dieses Versprechen gibt es nur bei dir. Okay, vielleicht gibt es dieses Versprechen auch andernorts, aber du bist der einzige, der es kommuniziert. Überlege dir also ein einzigartiges und zugleich überzeugendes Versprechen, das dein Produkt dem Kunden nach dem Kauf liefert. Value Propositions versprechen fast immer die Beseitigung eines Problems oder die Verbesserung des eigenen Zustands – denn das sind schließlich die Gründe, warum wir etwas kaufen, nicht wahr?

Ein gutes Produkt mit einer guten Value Proposition löst also ein Problem – das ist leicht dahingesagt. Wenn du mit deinem Produkt wirklich überzeugen willst, dann sollte es vor allem verständlich sein. Vielleicht kennst du auch das Sprichwort „Was der Bauer nicht kennt, isst er nicht." So ähnlich verhält es sich mit deinen Kunden:

> Was der Kunde nicht versteht, kauft er nicht.

Bring den Wert, den dein Produkt generiert, also auf den Punkt, stelle die Vorteile klar heraus. Im Kontakt mit Kunden oder Kooperationspartnern hast du oft nur wenig Zeit, dein Produkt zu präsentieren. Diese Zeit bekommst du geschenkt, mach etwas daraus. Überlege darum vorab: Welche Informationen kannst du als vorhanden voraussetzen? Welche Begriffe sollten bekannt sein? Warum sollte jemand Interesse an deinem Produkt haben? (Hier findest du auch noch ein paar mehr Tipps online: www.marketing-kickbox.de.)

WORKSHEET „KOMMUNIKATIONSKONZEPT"

Dein Marketing vorbereiten und planen: Ein Kommunikationskonzept hält fest, wie du deine Kommunikation strategisch gestaltest.

Alle Worksheets: www.marketing-kickbox.de

YVONNE SCHÖNAU
Emotional Leadership Trainer & Speaker

Stell dir vor, die Verbindung, die deine Zielgruppe zu dir hat, ist so stark, dass sie dir gerne folgt, dich gerne empfehlen, gerne über dich sprechen und teilen, was du ihr ermöglicht hast. Stell dir vor, Menschen identifizieren sich so sehr mit dir, dass aufgrund des Mehrwerts, den du bietest, sich ihr Leben verändern kann? Von so einer starken Bindung träumen viele Firmen.

Wie kannst du nun eine starke Bindung zu deinen Kunden und deiner Zielgruppe aufbauen? Für dich kann das wahr werden, wenn du dich entscheidest, dich in deinem Business zu zeigen. Das macht dich unersetzbar. Eine starke Verbindung baust du auf, indem du teilst, warum du tust, was du tust. Früher wurden Verträge durch einen Handschlag besiegelt. Damals war das Wort einer Person gleich dem Gesetz im Universum. Heute dominieren Verträge. Doch es gibt charismatische Menschen, denen wir folgen wollen. Menschen, die durch ihre Produkte, Dienstleistungen oder Ansichten die Welt verändern. Was diese Menschen gemeinsam haben, um erfolgreich „Marketing" zu betreiben, ist, dass

„
Schaffe tiefe Bindungen

sie Emotionen nutzen, um Menschen miteinander zu verbinden und zu führen. Das kannst du für dein Business genauso umsetzen. Durch dein Warum.

Nicht das Wozu, also nicht, was du damit erreichen willst, sondern den Auslöser zu teilen, der dich dazu gebracht, dich jetzt genau diesem Thema zu widmen.

Das funktioniert für jedes Business, ob du Trainer bist, in IT unterwegs bist oder Kuchen verkaufst. Es gab einen Moment in deinem Leben, der dich diese Richtung hat einschlagen lassen. Genau dieser Moment fasziniert andere. Durch dein Warum zeigst du, wer hinter dem Business steht. Das macht dich unersetzbar. Kuchen verkaufen könnte jeder. Wenn du teilst, dass dir deine Oma als Kind immer diesen leckeren Apfelkuchen mit Streuseln gemacht hat und dich noch heute jedes Mal der Duft an sie erinnert, dann weiß ich, woher deine Leidenschaft dafür kommt. Durch dein Warum baust du eine emotionale Bindung auf. Diese wird stärker, wenn du genau in den einen Moment reinzoomst, der für dich entscheidend war.

Was hast du gesehen?
Was hast du gehört?
Wo warst du?
Wer war bei dir?
Was hast du gedacht?

Und die wichtigste Zutat: Was hast du in dem Moment gefühlt? Diese letzte Frage teilen die wenigsten Business-Owner. Deine Sicht von der Welt ist einzigartig, deine Geschichte macht einen Unterschied. Damit identifizieren sich andere. Dein ehrlich geteiltes Warum schlägt jedes Marketinginstrument, denn das kann niemand kopieren. Zeig dich. Express yourself.

EXPERTENTIPP

Wie weckst du Begehrlichkeiten? Ich trainiere das mit meinen Unternehmern im Mentoring-Programm (www.felixthoennessen.de/mentoring) oft sehr lange, aber die Arbeit lohnt sich. Probiere das mit Leuten aus, die keine Ahnung von dem haben, was du genau tust. Genau diese Leute werden dir helfen, die unrunden Stellen zu finden.

Wenn du etwas völlig Neues auf den Markt bringen willst, spielt dieser Punkt eine noch größere Rolle. Wir Menschen sind oft erst einmal skeptisch gegenüber Dingen, die wir nicht kennen. Es entsteht eine Barriere. Wir sind froh, wenn das Produkt oder die Dienstleistung erst einmal jemand anderes testet.

Die Anzahl der Verfolger ist höher als die der First Mover.

Räume diese Barrieren aus dem Weg, mache klar, dass dein Produkt einen Nutzen hat und erkläre Einzelheiten detailreich, ohne das große Ganze aus dem Augen zu verlieren.

MEIN TIPP

Da du mit hoher Wahrscheinlichkeit in einem Markt unterwegs bist, der von zahlreichen Konkurrenten bearbeitet wird, musst du wissen, was genau diese anbieten, um dich von ihnen abheben zu können. Schau dir doch mal an, welche Value Propositions die anderen kommunizieren, um deine bewusst mit einem anderen Versprechen zu schnüren. Hast du etwas in petto, was

> kein anderer darlegt, solltest du dich bei deiner Value Proposition darauf konzentrieren.

Consumer Benefits

Wir sind bald durch mit den fremden Begrifflichkeiten – versprochen. Ich verwende hier wieder bewusst den englischen Ausdruck, weil sich „Verbrauchervorteil" einfach zu verschlafen anhört (finde ich). Genau das sollen die Consumer Benefits nämlich nicht sein. Vielmehr sollten sie vor Energie nur so strotzen. Was Consumer Benefits eigentlich sind und wie du ihnen den nötigen Elan verleihst (und wozu sie den eigentlich brauchen), erfährst du jetzt:

Bei Consumer Benefits spreche ich von diesen Feinheiten, die deine Kunden am Ende dazu bewegen, dein Produkt zu kaufen. Du sicherst ihnen zu, dass sie genau das bekommen, was sie wollen: den größtmöglichen Nutzen, die Erfüllung ihrer Bedürfnisse. Während die Value Proposition deinen Kunden einen gewissen Wert verspricht, handelt es sich bei den Consumer Benefits um ein Nutzenversprechen. Es geht also mehr um den Vorteil, den das Produkt generiert, anstatt um den Wert, der aus Kundensicht entsteht. Der Fokus liegt demnach auf der Produktseite.

Diesen Nutzen kommunizierst du wieder über eine differenzierte Positionierung, um dich klar von deinen Wettbewerbern abzuheben. Vielleicht hast du schon einmal vom Grundnutzen und Zusatznutzen eines Produkts gehört. Vor allem in Märkten mit sehr ähnlichen Produkten liegt der Fokus hierbei verstärkt auf dem Zusatznutzen, da hierüber der konkrete Mehrwert für den

II. Such dir ein Plätzchen | B. Dein Branding - einzigartig

Kunden kommuniziert werden kann. Im besten Fall gibt es diesen Zusatznutzen nur bei dir oder zumindest wird er nur von dir hervorgehoben. Es wird immer klarer – im Marketing geht es vor allem darum, anders zu sein. Da kommt mir ein Spruch in den Sinn, den einer meiner ehemaligen Marketingprofessoren auffällig oft zum Besten gegeben hat: „Be different, or die."

Egal, ob du im B2B-Markt, mit einer App, einer Dienstleistung oder einem Handelsprodukt unterwegs bist, eine Frage solltest du mir stets beantworten können:

> **Welchen Mehrwert liefert deine Leistung für mich?**

Kannst du diese Frage beantworten? Damit meine ich keine Aufzählung von Produktmerkmalen, sondern die Nennung der wahren Vorteile. Genau das sind nämlich die Gründe, aus denen ein Kunde deine Produkte kauft oder sie eben links liegen lässt. Das sind die Consumer Benefits. Ich bin ungerne der Spielverderber, aber mal unter uns: Die meisten Produkte stiften wenig bis überhaupt keinen Mehrwert.

Mit der Hervorhebung deines Mehrwerts ist die Arbeit jedoch noch nicht getan. Die Vorteile müssen darüber hinaus relevant für deine Zielgruppe sein. Es ist keinem geholfen (am allerwenigsten dir), wenn du einen Mehrwert identifiziert hast, den keiner haben will. Dann bleibst du auf der Strecke. Genug mit der Panikmache – spätestens nach diesem Kapitel wird Relevanz dein zweiter Vorname sein. Hast du den richtigen Mehrwert für deine Kunden erstmal benannt, musst du ihn nur noch schön verpacken. Dabei gilt: Fokus auf Vorteile, nicht auf Merkmale.

Beispiel? Gerne. Ein Schuh hat eine Fußsohle aus Memoryschaum, was aber eben nur ein Merkmal darstellt. Welcher Vorteil ergibt sich daraus? Richtig, du schonst deinen Rücken. Die Schonung des Rückens führt zu einem gesunden Rücken, der wiederum ein erfülltes Leben begünstigt. Dieser Vorteil spielt für deine Zielgruppe des Schuhherstellers sicher eine Rolle. Wer will schließlich kein erfülltes und gesundes Leben? Dass die Schuhe aus original neapolitanischen Wildschweinleder sind, interessiert viele der Käufer wahrscheinlich herzlich wenig – außer du verkaufst sie auf der Königsallee in Düsseldorf. Unser Learning: Stell' in deinem Marketing die relevanten Consumer Benefits heraus – keine nebensächlichen Merkmale.

> Besonders, wenn die Konkurrenzprodukte denselben Nutzen haben und dasselbe Bedürfnis befriedigen wie du, ist der Consumer Benefit der ausschlaggebende Punkt für die Kaufentscheidung deines Kunden.

So eine Differenzierung über den Consumer Benefit kann man besonders bei Shampoos sehr schön beobachten. Shampoos sind in der Regel keine Produkte, zu denen wir eine große emotionale Bindung aufbauen. (Also, ich kriege das jedenfalls nicht hin.) Vielleicht haben wir eine gewisse Präferenz oder eine Lieblingsmarke, aber allen voran ist es ein Produkt, das ge- und verbraucht wird. Es soll ja Leute geben, die das Shampoo sogar nach jeder Flasche wechseln. Unterschiede sind also gar nicht so gravierend und werden kaum wahrgenommen. Eine Kaufentscheidung geht relativ emotionslos vonstatten. Man steht vor dem Regal und wählt das Shampoo, das am ehesten zum Haartyp passt und den größten Nutzen für einen hat. (Gut, mittlerweile achtet man auch auf die Nachhaltigkeit des Shampoos und die Verpackung. Sprich: Der Consumer Benefit äußert sich nicht mehr ausschließlich durch den Nutzen für sich selbst, sondern eben auch für andere.)

Da haben wir ihn ja, unseren Nutzen, unseren Consumer Benefit. Im Falle unserer Shampoos kann dies beispielsweise die Beseitigung von Schuppen, gesunder Glanz oder die Vorbeugung gegen Spliss (ja, ich weiß was das ist, guckste Frauenwelt) sein. Jetzt bist du an der Reihe: Überlege doch mal, welcher Nutzen für deine Kunden in Hinblick auf dein Produkt besonders relevant ist. Was ist den Kunden wirklich wichtig?

MEIN TIPP

Eine Möglichkeit, einen passenden Consumer Benefit für dein Produkt zu finden, ist, mit einem sogenannten Insight zu arbeiten, der die Basis deiner Überlegungen darstellt. Ein Insight ist eine Erkenntnis oder ein Einblick in das Verhalten und Bedürfnis deiner Kunden. Für das Matratzen-Start-up Casper war dieser Insight, dass Kunden mit dem Kauf einer Matratze vollkommen überfordert sind und gar nicht wissen, worauf sie dabei achten müssen. Also hat Casper diesen Insight für sein Produkt interpretiert. Das Ergebnis war eine Matratze, deren Consumer Benefit die Einfachheit der Kaufentscheidung ist, es gibt nämlich nur eine einzige.

Reason Why

Im Rahmen der Value Proposition und der Consumer Benefits können wir den Kunden viel erzählen, wenn der Tag lang ist. Aber wie beweist du ihnen, dass deine Versprechen mehr sind als nur heiße Luft? Kunden sind schließlich nicht dumm und ich rate dir nicht, sie als solches zu verkaufen. Liefere ihnen lieber Beweise für die Brillanz deines Produkts. Das tust du ganz einfach mit Hilfe des Reason Why – dem Grund, warum der Kunde kaufen soll. Damit begründest du, warum deine Marke das Bedürfnis des Kunden am besten erfüllen kann, und gibst ihm automatisch das Gefühl, das Richtige gekauft zu haben.

Um einen gelungenen Reason Why zu formulieren, kannst du mit Zertifikaten, belegten Zahlen oder Testergebnissen, zum Beispiel von Stiftung Warentest, arbeiten. Aber auch besondere Inhaltsstoffe oder Zutaten eignen sich dafür. Kommen wir nochmal auf das Shampoo-Beispiel zurück. Auf einer Flasche heißt es: „Bändigt das Haar vom Ansatz bis in die Spitzen und erhält seinen natürlichen Schwung – mit Awapuhi-Öl + Keratin." Und darüber hinaus wurde es auch noch mit dem Glamour Beauty Award ausgezeichnet. Du suchst nach einem Shampoo, das dir die Kontrolle über deine Mähne verschafft? Klingt, als wärst du mit diesem Exemplar bestens bedient.
Ich meine – Keratin? Natürliches Öl, das keiner aussprechen kann? Glammy Award? Das hört sich so toll an, da kann man wohl nichts falsch machen. Schon gar nicht, wenn die gesamte Redaktion des Glamour-Lifestyle-Magazins dahinter steht.

II. Such dir ein Plätzchen | B. Dein Branding - einzigartig

LORENZO SCIBETTA

Mentor & Speaker für Emotional Public Speaking

Begeisterung finden

Was begeistert Dich?

Wie lautet Deine Vision?

Was macht Dich glücklich?

Horche in Dich hinein.

Ist es beispielsweise Dein Beruf, Dein Hobby oder eine andere Person? Bereits im Kindesalter zeigen sich Tendenzen zu verschiedenen Interessen, wie zum Beispiel Malen, Sport oder Musik. In der Schule haben wir dann mehrere Fächer, von denen wir welche abwählen können, um somit andere, die unseren Interessen mehr entsprechen, vertiefen zu können. Durch Erfahrungen können wir mit zunehmendem Alter bewusstere Entscheidungen treffen, was uns Freude bereitet und uns ein positives Gefühl verschafft. Mache Dir, unabhängig von äußeren Erwartungen und der

„

Finde deinen BEAT

EXPERTENTIPP

Kenntnis, dass Begeisterung für jeden etwas anderes darstellt, bewusst, was Dich antreibt.

Wofür brennt Dein inneres Ich?

Lass Dich dabei nicht von gesellschaftlichen Normen beeinflussen und öffne Dich Deiner Begeisterung.

Wenn Du noch nicht weißt wofür Du brennst, dann probiere doch einfach mal verschiedene Dinge aus.

Wer nicht wagt, der nicht gewinnt. Es geht letztlich um Dich und Dein Leben. Wenn Du die Antwort gefunden hast, dann geh Deinen Weg und mache dein Leben zu deinem Lieblingssong.

MAX SCHMIETENDORF

Der Warum-Finder

Wenn du Marketing machen möchtest, das Menschen mitreißen kann und authentisch die Herzen berührt, solltest du dir über dein Warum klar werden. Ich stelle immer wieder fest, dass das Warum ein zentraler Marketing-Multiplikator ist.

Zwei Personen können exakt das gleiche Marketing machen. Nur wird die Person, deren Marketing im Einklang mit ihrem Warum steht, einen zwei- bis zehnfach stärkeren Effekt erzielen, weil sie authentischer wirkt.

Ich stelle immer wieder fest, dass die meisten Menschen ihr Warum nicht kennen. Sie denken zwar, ihr Warum zu kennen, kennen es aber nicht. Deshalb gebe ich dir hier 4 Tipps, um Klarheit zu schaffen, was ein echtes Warum ausmacht und was nicht:

1. Jeder hat ein Warum

Jeder Mensch hat ein einziges Warum, dass sich bis zum 20. Lebensjahr fertig ausgeprägt hat. Es ändert sich danach auch nicht mehr. Danach hast du die Wahl damit im Einklang zu leben oder nicht.

„ Wie dein Warum deinen Marketingerfolg verzehnfacht

EXPERTENTIPP

2. Dein Warum findest du nicht alleine

Wir sind zu voreingenommen, um unser Warum zu erkennen. Wir stehen buchstäblich zu tief im Wald, um ihn vor lauter Bäumen zu erkennen. Deshalb ist es wichtig das Warum mit einem neutralen Partner (kein Lebenspartner, Familienmitglied oder bester Freund) zu entdecken.

Vertraue mir, ich habe schon zig Menschen und Firmen dabei geholfen ihr Warum zu finden. Fast alle sind überrascht, wenn sie erkennen, dass ihr wahres Warum nicht das ist, was sie sich selbst vorher ausgemalt haben. Aber alle sind glücklich, weil es sich so echt anfühlt.

3. Dein Warum besteht aus dem Beitrag, den du zum Leben anderer Menschen beiträgst

Dein Warum ist ein kein Selbstzweck. Wir Menschen sind soziale Wesen. Sonst würde es uns heute nicht mehr geben. Unsere Biochemie ist so angelegt, dass wir wirklich tiefe Erfüllung dann erleben, wenn wir anderen Menschen etwas Gutes tun. Klar, ein Porsche macht glücklich. Aber eben nur kurzfristig. Was uns aber nach Jahren die Tränen in die Augen treibt, sind die Momente, in denen Menschen etwas ganz Besonderes für andere getan haben. Denn das ist es, was unserem Warum entspricht.

4. Dein Warum ist weder Familie noch Geld

Viele Menschen denken, dass die eigene Familie ein Warum ist. Dem ist nicht so. Das Warum sagt etwas über dich aus, unabhängig davon, mit wem du dich umgibst. Deine Familie kann ein Wie oder ein Was sein aber nie ein Warum.

Genauso verhält es sich mit Geld. Geld ist ein Ergebnis. Nie eine Ursache. Wofür willst du das Geld haben? Für ein Auto oder einen Urlaub? Oder für deine Familie? Welches höhere Motiv steckt dahinter? Anerkennung, Prestige, Inspiration?

Du merkst, ein bis zwei Seiten in einem Buch können nur Impulse geben. Beschäftige dich mit deinem Warum und mach dich auf eine Entdeckungsreise. Es lohnt sich.

Fassen wir also nochmal zusammen:

> Der Reason Why untermauert die Versprechen, die du deiner Zielgruppe gibst, mit Fakten – wirklichen Fakten.

Besonders im Internetzeitalter tendieren Kunden immer mehr dazu, Verkaufsargumente zu hinterfragen. Präsentiere ihnen den Reason Why darum auf dem Silbertablett, damit sie gar nicht erst fragen müssen. Poche nicht auf die Gutgläubigkeit, sondern auf die Neugierde deiner Kunden. Liefere ihnen stichhaltige Beweise, warum dein Produkt so toll ist – denn das ist es wirklich.

Tonalität

Die Tonalität deines Brandings bestimmt den Ton, den du anschlägst, wenn du mit deinen Kunden kommunizierst. Es geht dabei vor allem um die Atmosphäre, die du damit schaffst. Es ist wichtig, die Sprache deiner Zielgruppe zu sprechen – das betrifft sowohl die Wortwahl als auch die Themen. Ich meine: In „Die Zeit" findest du eine andere Themen- und Wortwahl vor als in „Bravo", oder? In seltensten Fällen mag es vielleicht sogar eine kleine Themenüberschneidung zwischen den zwei Medien geben, aber selbst dann wird sich die Sprache ziemlich unterscheiden. Das ist logisch – schließlich richtet sich die Wochenzeitung an eine komplett andere Zielgruppe als das Jugendmagazin. Jugendliche sprechen eine andere Sprache als Akademiker und Berufstätige, oder nicht? Der halbwüchsige Felix jedenfalls schon. (Wobei ich mir in der Bravo immer nur eine Seite angeschaut habe.)

Um die richtige Tonalität für deine Kunden zu treffen, kannst du dich hervorragend an den Bedürfnissen orientieren, die du definiert hast. Ist beispielsweise das Bedürfnis nach Sicherheit für deine Zielgruppe relevant, solltest du auf dieses Gefühl eingehen und entsprechende Begrifflichkeiten auswählen, damit deine Botschaft den Kunden erreicht. Überlege, welcher Ton bei deiner Zielgruppe am besten ankommt, sodass sie dir Gehör schenkt.

> **MEIN TIPP**
>
> Versuche die Sprache zu verwenden, die möglichst der Sprache deiner Kunden ähnlich ist, damit sie sich mit deiner Botschaft und deinem Unternehmen identifizieren können. Sind deine Kunden eher konservativ und legen Wert auf gehobene Wortwahl? Oder ist deine Zielgruppe jung, modern und bevorzugt Umgangssprache zur Auflockerung? Benutze zusätzlich die richtigen Adjektive, um die gewünschte Atmosphäre zu schaffen. Wunderbar wirken auch Metaphern, die auf Emotionen abzielen. Und darum geht es ja auch, oder nicht?

Den Ton deiner Kommunikation kannst du nicht nur mit der Wortwahl und den vermittelten Gefühlen beeinflussen, sondern auch durch den Stil deiner Texte. Sind deine Sätze kurz formuliert, erhält der Text ein gewisses Tempo, während lange Sätze entschleunigen. Worauf legt deine Zielgruppe in diesem Fall wert? Analysiere die Sprache deiner Kunden auch in den Sozialen Medien. In direkten Nachrichten oder Kommentaren an dich oder an deine Konkurrenten lässt sich die Tonalität deiner Zielgruppe schön beobachten.

Wie jede andere Komponente des Brandings muss auch deine Tonalität Kontinuität aufweisen. IKEA pflegt beispielsweise durchweg einen kumpelhaften, lockeren Umgangston mit seiner Zielgruppe und lässt hier und da mal einen schwedischen Begriff einfließen. Dieser zieht sich durch alle Werbetexte, online sowie offline, und natürlich auch durch den Social-Media-Auftritt. Hast du die richtige Tonalität für deine Zielgruppe also erstmal gefunden, ziehe sie knallhart durch. So wissen deine Kunden direkt, woran sie sind, und können sich darauf konzentrieren, eine emotionale Bindung zu deiner Marke aufzubauen, anstatt aufgrund der wechselnden Ansprache verwirrt zu sein. Beim Branding werden Emotionen schließlich ganz groß geschrieben.

EXPERTENTIPP

MANUEL GONZALEZ

Coaching Business-Experte

Es gibt keine Business-Probleme.

Es gibt nur persönliche Probleme, die sich im Business widerspiegeln.

Eine alte Manager-Weisheit besagt: Wenn du wissen möchtest, wie ordentlich und zuverlässig dein Bewerber ist, schau dir sein Auto von innen an. Denn wie er eine Sache macht, so macht er alles.

Das gleiche gilt im Unternehmertum: Wenn du in einem Lebensbereich unsauber, unzuverlässig oder unbeständig agierst, spiegelt sich das auch in deinem Geschäft wieder.

Man kann dazu auch sagen: Das Business ist der Spiegel deiner Seele.

Was metaphorisch klingt, hat ganz praktische Anwendungsbereiche.

Das fängt bei der Kundengewinnung an. Wenn du dein Leben lang Produkte für 200 Euro gekauft hast, dann wird es dir

> **Es gibt keine Business-Probleme.**

EXPERTENTIPP

sehr schwer fallen, selbst Produkte für 2.000 oder 5.000 Euro zu verkaufen.

Denn selbst wenn du kein Problem darin siehst, wirst du unterbewusst deinen Erfolg sabotieren.

Ganz von allein rutschen dir dann im Verkaufsgespräch Sätze wie: „Ich kann verstehen, dass das viel Geld ist ..." heraus.

Ein weiteres Beispiel sind Entscheidungen: Wie kannst du von deinem Kunden erwarten, dass er schnelle Entscheidungen trifft, wenn du selbst lieber eine Nacht darüber schläfst?

Du siehst, was ich meine. Die Lösung für dieses Problem ist simpel: Sei der Kunde, den du selbst haben möchtest.

Wenn es für dich selbstverständlich ist, hochpreisige Produkte zu kaufen und schnelle Entscheidungen zu treffen, dann wird sich das auch in deinen Kunden widerspiegeln.

Probiere es einfach mal aus und du wirst sehen, wie akkurat der Spruch „Das Business ist der Spiegel deiner Seele" wirklich ist.

Viel Erfolg!

C. MIT DEM RICHTIGEN PREIS UND PRODUKT ÜBERZEUGEN

Fangen wir doch gleich provokant an: Natürlich spielt der Preis eine gewisse Rolle, aber je nachdem was und wem du es anbietest, ist der Preis sekundär und das Erfüllen der jeweiligen Kundenwünsche primär. Warum kaufst du ein Smartphone, wenn du doch weißt, dass es eigentlich viel zu teuer ist? Warum entscheidest du dich für eine Sonnenbrille, obwohl sie das Zehnfache von anderen Modellen kostet? Genau, weil der Preis hier Nebensache ist. Image, Status oder auch die Markenbekanntheit sind entscheidend. Das kannst du auch für dich nutzen. Lade deine Produkte auf, mache sie begehrenswert und als Folge zahlen die Kunden schnell wesentlich mehr, als du vielleicht ursprünglich dachtest. Warum zahle ich meinem Anwalt 400 Euro die Stunde? Ja, er ist gut. Aber bei 400 Euro erwarte ich keine gute, sondern eine exzellente Arbeit. Die musst du dann natürlich auch abliefern.

WORKSHEET „POSITIONIERUNG"

Die 4Ps für deinen Erfolg: Mit den sogenannten 4Ps nach McCarthys Marketing-Mix kannst du all deine Marketing-Entscheidungen übersichtlich abbilden.

Alle Worksheets: www.marketing-kickbox.de

Manchmal kann teuer genau das Richtige sein. Hast du dich schon mal gefragt, warum wir Menschen Produkte kaufen, die eigentlich viel zu teuer sind? Oder warum wir ein Produkt zu einem höheren Preis häufig anziehender finden? Schon faszinierend, oder? Sogar so faszinierend, dass es einen Namen hat: den Veblen-Effekt. Demnach steigt die Nachfrage nach bestimmten Produkten mit dem Preis. Darum:

> Denk darüber nach, ob deine Produkte nicht eine Verteuerung vertragen können.

Natürlich ist das nicht für jeden die beste Strategie. Du kannst auch mit einem deutlich günstigeren Preis im Vergleich zur Konkurrenz einsteigen. Das ist allerdings mit Vorsicht zu genießen. Klar, mit einem günstigen Preis lockst du vielleicht mehr Kunden an, aber funktioniert das auch dauerhaft? Sind alle Preisbestandteile richtig eingerechnet? Sind die Kosten richtig kalkuliert? Prüfe, ob dein Preis aus finanzieller Sicht passt und darüber hinaus auch die richtige Positionierung an deine Kunden kommuniziert. Welchen Stellenwert hat der Preis für deine Kunden? Wollen deine Kunden mit einem Einkauf bei dir Geld sparen, ihr Ansehen stärken oder in Qualität investieren?

> Oft verbindet man mit einem hohen Preis auch eine hohe Qualität.

MARKETING KICKBOX

MEIN TIPP

Jeder bekommt gerne Geschenke, darum lassen sich damit auch Kunden anlocken. Mache dir das bei deiner Preisstrategie zunutze. Stelle einen Teil deines Produkts vergünstigt oder umsonst zur Verfügung und locke deine Kunden somit weiter zu einem Premiumprodukt mit exklusiven Extras.

Wie bereits erwähnt, solltest du dich oder deine Produkte auf keinen Fall unter Wert verkaufen. Hier lohnt sich die Unterscheidung zwischen „preiswert" und „kostengünstig":

> Ein preiswertes Produkt ist tatsächlich noch seinen Preis wert. Ein kostengünstiges Produkt schreit nur danach, endlich einen Käufer zu finden.

(Und mit dem Wort „billig" geben wir uns hier gar nicht erst ab.)

Eine weitere Strategie für deine Preisgestaltung kannst du mit Packages ausarbeiten. Es gibt bei mir in der Stadt zum Beispiel ein wirklich tolles Restaurant. Ein gelungener Restaurantbesuch wird dort gerne mal mit einem Nachtisch abgerundet. So findet man auf der Nachtischkarte einen saftigen Schokoladenkuchen mit hausgemachtem Eis – für 9 Euro. Der Schokoladenkuchen alleine würde circa 5 Euro kosten – glaube ich. Ich betreibe ja schließlich kein Restaurant, um genau zu wissen, für welchen Preis so ein Stück vom

Schokoladenkuchen normalerweise über die Ladentheke geht. Aber wie auch immer – worauf ich hinaus will, ist, dass du den Schokoladenkuchen in diesem Restaurant nicht ohne Eis bekommst. Nein, hier gibt es ihn nur mit – im Package also.

Es geht bei Packages darum, dass der Kunde mehr Leistung bekommt – im besten Fall hat der Kunde das Gefühl, mehr für sein Geld zu erhalten. Aus diesem Grund ist er auch bereit, mehr dafür zu zahlen. Allerdings solltest du Folgendes beachten: Wenn du die Produkte deiner Packages auch einzeln anbietest, muss sich der Paketpreis im Vergleich zu den Einzelpreisen für den Kunden rechnen.

Bei einem Restaurant und auch bei allen anderen Offline-Geschäften sowie Ladenlokalen gestaltet es sich etwas schwieriger, mit dem Preis zu experimentieren, als im Online-Handel. Dort kannst du meist recht einfach drei bis fünf Preise testen und ausprobieren – natürlich unter der Prämisse, dass sich deine Kunden nicht veräppelt vorkommen.

> **So kannst du herausfinden, welcher Preis für dein Produkt am besten geeignet ist und zu welchem Preis es sich am besten verkauft.**

Dieses Vorgehen nennt man Split Testing. Durch das Testen der verschiedenen Preise kannst du genau analysieren, zu welchem Preis du die beste Conversion und den besten Gesamtumsatz erzielst. Ein Gründer aus meiner Beratung hat auf diese Weise beispielsweise herausgefunden, dass er mit einem Preis von 80 Euro zwar weniger am einzelnen Produkt verdient als bei 100 Euro, aber dennoch mehr Gesamtumsatz verbuchen konnte, da deutlich mehr Kunden bei diesem Preis zugeschlagen haben, letztendlich hat er auch mehr Gewinn gemacht.

> **MEIN TIPP**
>
> Deine Preisgestaltung muss natürlich zu deiner Marke und deiner Positionierung passen. Wie bereits erwähnt, kannst du gerne hohe Preise verlangen, aber dann musst du deinen Kunden auch Premiumprodukte liefern und dein Unternehmen entsprechend in einem guten und einheitlichen Branding präsentieren. Sei dir darüber im Klaren, dass der Kunde unbewusst eine Preiserwartung hat, die sich an seinen Qualitäts- und Funktionalitätsansprüchen orientiert. Auch die bisherigen Erfahrungen mit ähnlichen Produkten oder Konkurrenzprodukten spielen eine Rolle, ob der Preis für ihn gerechtfertigt ist und ob er letztendlich bereit ist, das Produkt zu kaufen.

Was ich nicht haben kann, …

Warum campen die Leute vor Apple Stores oder stehen stundenlang vor ihrem Lieblingsrestaurant? Weil es eben Dinge gibt, die wir unbedingt wollen. Und oft wollen wir diese Dinge eben, weil andere sie auch wollen. Und leer ausgehen? Keine Option. Ein Friseursalon, der so gut besucht ist, dass er erst in drei Wochen wieder einen Termin frei hat – würdest du da hingehen? Für manche ist genau das der Grund, gerade zu diesem Friseur zu gehen. So ein Druckaufbau setzt am selben Punkt an wie erhöhte Preise. Sie lassen das Produkt oder die Dienstleistung in einem exklusiveren Licht dastehen, was die Begehrlichkeit für den Kunden ankurbelt. Abhängig von der Positionierung, die du für deine Marke auserkoren hast, kann dir ein solches Vorgehen zu vielen neugierigen Kunden verhelfen.

Gutes Marketing – ein Beispiel:

Du weißt, ich bin ein großer Freund von Beispielen. Schließlich ist die Theorie alleine viel zu langweilig. Daher habe ich dir heute zum Thema Marketing ein großartiges und gleichermaßen spannendes Start-up mitgebracht – sogar „Made in Germany".

Was das Start-up macht? Saft. Pardon, ich meine natürlich Smoothies. Denn Saft ist hier beinahe eine Beleidigung. Sicherlich sind dir auf vielen Saftverpackungen schon einmal Hinweise wie „hergestellt aus 20 % Orangensaftkonzentrat" aufgefallen. Manchmal sind die ganz schön gut versteckt.

Und vielleicht hast du dich danach gefragt, was in den restlichen 80 % versteckt ist. Solche Produkte widersprechen natürlich der eigentlichen Motivation, aus der viele überhaupt Saft trinken wollen. Schließlich entscheidet man sich bewusst gegen die überzuckerte Cola und möchte einen natürlich süßen Drink zu sich nehmen. Genau hier hat das Start-up angesetzt, um das es hier geht. Die Rede ist von true fruits.

2006 in Bonn gegründet, haben sich die drei Gründer der Mission verschrieben, echte Säfte aus echtem Obst auf den Markt zu bringen und damit den bestehenden Markt für Säfte und Smoothies nachhaltig zu verändern. Anhand von true fruits zerlege ich im Folgenden richtig gutes Marketing in seine Einzelteile:

Beginnen wir bei der Marke: Der Name true fruits ist simpel für jeden verständlich – was gerade bei englischen Markennamen in Deutschland nicht immer der Fall ist – und das Wichtigste: Der Name passt zum Produkt. Denn er spiegelt genau das wider, was der Kunde bekommt: echte Früchte. Hinzu kommt, dass dieser Name als unverwechselbarer Schriftzug auf jedem Produkt des Unternehmens prangt.

Womit wir beim zweiten Baustein sind: dem Produkt. Mit der Marke hat sich das Unternehmen gleichzeitig einen Leitfaden für seinen Produktstandard gegeben. Was true fruits anbietet, sind Smoothies aus Früchten und Gemüse. Gemüse und Früchte – nicht mehr und nicht weniger. Das klingt zunächst sehr einfach, doch gerade bei frischen Säften ist das Thema Haltbarkeit eine große Herausforderung, weshalb das Unternehmen hier die Flaschen entsprechend vakuumiert verschließt. Die Qualität der Produkte ist von höchster Güte und platziert die Säfte damit klar im oberen Segment.

Beim nächsten Punkt, der Preisgestaltung, führt true fruits diese Politik konsequent fort. Der hohe Preis war zu Beginn sicherlich den hohen Kosten für die Verpackung der Säfte geschuldet – das ist nämlich nach wie vor die Glasflasche. Doch seit einiger Zeit lassen sich hier sicherlich schon Skaleneffekte erzielen und die Kosten senken, was die Unternehmer allerdings nicht dazu verführt, von ihrer Preispolitik abzurücken.

Doch warum senkt true fruits nicht den Preis, um den Markt weiter zu durchdringen und die Absatzmenge zu erhöhen? Du kannst dir die Antwort vielleicht schon denken: Mit einer kontinuierlichen Preissenkung gäbe true fruits seine Position als Premiumanbieter auf.

> Durch einen hohen Preis wird dem Kunden schließlich eine hohe Qualität signalisiert.

Auch du kannst dir eine solche Preisstrategie zunutze machen. Hüte dich jedoch vor Overpromising – also durch den Preis und deine Kommunikation mehr zu versprechen, als dein Unternehmen und deine Produkte wirklich zu bieten haben. Denn dann kaufen Kunden dein Produkt nur ein einziges Mal und lassen dich danach im Regen stehen.

Auch in der Kommunikation macht true fruits einiges richtig. Anstatt kontinuierlich ihre Seriosität zu betonen und über die Qualität ihrer Produkte zu philosophieren, kann das Kommunikationskonzept von true fruits als „Hauptsache anders" beschrieben werden. Das Trinken von Saft oder Smoothie ist so cool wie nie zuvor. true fruits hat hier eine eindeutige Differenzierung geschaffen. Dass dies auch einmal zu negativen Reaktionen führt, zeigte der Sexismusvorwurf beim Bewerben der Chiasamen-Editionen. Auf Plakaten kann sich dann schon mal ein provokanter Text wie „Bei Samenstau gut schütteln." finden. true fruits lässt sich hiervon jedoch nicht kleinkriegen und verfolgt weiter seinen eigenen Kurs. Auch hieraus kannst du für dein eigenes Marketing eine Lehre ziehen:

MARKETING KICKBOX

> Lass dich nicht von deiner Mission abbringen, nur weil du vielleicht anders oder auf eine neue Art kommunizierst, wenn du gleichzeitig viel Zuspruch aus dem Markt erhältst.

Wie du siehst, ist mit einem unkonventionellen Marketing einiges möglich. Zum Beispiel in knapp zehn Jahren einen Jahresumsatz von knapp 30 Millionen Euro zu generieren – eine herausragende Leistung.

MEIN TIPP

Überprüfe und hinterfrage regelmäßig deine Preise. Sind sie noch angemessen? In welche Richtung haben sich die Wettbewerber entwickelt? Wie hast du dich entwickelt? Kannst du vielleicht aufgrund von Skaleneffekten den Preis reduzieren? Arbeitest du jetzt mit einer neuen Technologie oder bietest deine Produkte in verbesserter Qualität an? Preisveränderungen nach unten werden natürlich gerne und dankend angenommen, während Preiserhöhungen zunächst auf wenig Begeisterung treffen werden. Begründe deine neuen Preise, informiere deinen Kunden rechtzeitig darüber und lass ihn wissen, was er davon hat. Außerdem kannst du eine bevorstehende Preisänderung auch nutzen, um nochmal auf ein besonderes Angebot oder die letzte Chance aufmerksam zu machen, bevor deine Produkte im Preis steigen.

The perfect touch – mach deine Produkte haptisch.

Als erfolgreicher Unternehmer oder Gründer weißt du sicherlich, dass ein Produkt vielmehr ist als nur ein reiner Gebrauchsgegenstand, der aus einer Idee resultiert. Auch die Gestaltung des Produkts gehört zum Gesamtpaket und kann dir entscheidende Wettbewerbsvorteile sowie eine emotionale Bindung seitens der Kunden bringen. Du willst wissen wie? Beginnen wir mal mit einem allseits beliebten Beispiel (ich hoffe, du hast gut gegessen):

Nutella ist mein Start in den Tag. Klingt ungesund? Na, was soll's. Ein regelmäßiges Highlight dabei ist das Öffnen eines neuen Glases. Schon wenn sich das noch verwendete Nutella dem Ende neigt, freue ich mich da darauf. Warum? Weil das Aufmachen dem Auspacken eines Geschenks gleicht. Kennst du dieses typische „Nutella-Glas-Öffnungsgeräusch"? Bestimmt. Nach dieser angenehmen Mischung aus Knacken und Knistern (das offensichtlich Musik in meinen Ohren ist) ist der Deckel entfernt und das braune Gold darunter nur noch von einer Folie geschützt. Diese Folie kann natürlich nur eine Farbe haben – Gold. Alles andere würde Nutella nicht gerecht werden.

Das alles ist natürlich kein Zufall, sondern perfekte Produktgestaltung und ausgeklügeltes Verpackungsdesign. Solltest du jetzt erwidern: „Felix, ich biete eine Dienstleistung an, da funktioniert das nicht." Dann muss ich dir leider sagen, dass das Unsinn ist. Wenn ich an meine eigene Beratung denke, fallen mir 100 Beispiele ein, wie ich das Produkt oder die Dienstleistung anders gestalten kann. Angefangen beim Stuhl, auf dem der potenzielle Kunde sitzt, über den Kaffee, den ich serviere, bis hin zu dem, was ich eigentlich anbiete. Ich liebe es, wenn man Produkte mit allen Sinnen erfassen kann.

Wusstest du, dass manche Airlines den Flugbegleitern ein bestimmtes Parfum vorschreiben? Oder dass Kellogg's Sounddesigner beschäftigt, die das Knacken der Cornflakes optimieren sollen?

Denk also bei deinem eigenen Produkt darüber nach, wie du auch die anderen Sinne des potenziellen Kunden ansprechen kannst.

Warum? Weil du so besser im Kopf bleibst. Warum? Weil wir visuellen Reizen gegenüber oft überdrüssig sind und diese Reizüberflutung zum Abstumpfen führt. Vergiss neben dem Fokus auf das Sichtbare darum nicht die restlichen Sinne. Besonders der Geruchssinn ist allein durch die neuronale Nähe schon mit den Emotionen verbunden und daher wieder bestens geeignet.

Das, was uns Menschen bewegt, was dazu führt, dass wir uns Dinge einprägen, dass uns Emotionen durchströmen und dass wir eine Sache besonders mögen, hat mit unseren Sinnen zu tun. Man spricht im Marketing vom „multisensualen Ansatz".

Firmen wie zum Beispiel Abercrombie & Fitch nutzen diese Sinneseinflüsse für ihre Marke sehr umfassend. Nicht nur, dass die Produkte an sich kuschelweich daherkommen, der „Point of Sale", in diesem Fall die Läden, bietet ein besonderes Sinneserlebnis. Man riecht schon Meter vor dem Eintritt in die Verkaufsräume den Duft, für den die Marke bekannt ist. Jeder Hoodie riecht zu Hause noch tagelang danach. Beim Betreten des Geschäfts fühlt man sich wie in einer anderen Welt. Schon an der Schwelle ins Klamottenparadies erwarten einen weibliche und männliche Engel (es wurde auch Zeit, dass unter Engeln Gleichberechtigung herrscht). Schöne und junge halbnackte Menschen, die einen auf Englisch willkommen heißen. Spätestens da bin ich im wahrsten

II. Such dir ein Plätzchen | C. Mit dem richtigen Preis und Produkt überzeugen

Sinne des Wortes von Sinnen – aber nicht genug. Da geht noch etwas. Ich trete also ein und das, was mich als Erstes umhaut, sind nicht die Styles, sondern eine ohrenbetäubende Musik. Fehlt nur noch ein Wodka oder Bier und schon könnte ich, wie im Club, meine Dance Moves auspacken – mit den weiblichen Engeln natürlich.

Was lernen wir daraus? Das Marketing der Sinne, das Abercrombie & Fitch so einprägsam inszeniert. (Was bitte nicht bedeutet, dass das Unternehmen dauerhaft erfolgreich sein muss.)

> **Kundengewinnung geschieht auf allen Ebenen und wirkt über alle Sinnesreize – ich rieche, höre, fühle, sehe.**

Wenn du also Kunden gewinnen willst, denke nicht nur darüber nach, wie du den visuellen Reiz bespielen kannst. Beziehe so viele Sinne wie möglich mit ein, sodass du ein umfassendes, multisensuales Marketing praktizieren kannst.

Egal, ob berühren, schmecken oder riechen – für gelungenes Marketing solltest du dir über die Bedeutung der Sinne bewusst sein. Freude, Begeisterung, Gänsehautmomente, Manifeste der Erinnerung bilden sich über Emotionen und Emotionen sind eng an unsere Sinneseindrücke gekoppelt.

Ich habe ein Geschenk für dich.

Wenn ich beispielsweise bei Ferrari arbeite, nehme ich die Schönheit der Autos vielleicht irgendwann nicht mehr wahr. Welche anderen Sinne kannst du also mit deiner Idee ansprechen? Kennst du den Ausspruch „Eine tolle Verpackung lässt auf einen tollen Inhalt schließen"? Diesen Ansatz finde ich mehr als passend.

Insbesondere bei haptischen Produkten, die per Post versendet werden, spielt die Verpackung eine ganz große Rolle. Wir Menschen sind eben doch oberflächlich, wir lassen uns von schönen Designs und hochwertigen Kartons beeindrucken. Und auf dieses Pferd solltest du auch setzen.

Wenn ich dir zu Weihnachten ein Geschenk in Zeitungspapier und eines in rotem Geschenkpapier mit goldener Schleife überreiche – welches macht mehr her? Ich behaupte mal das zweite. Sicherlich lässt sich über Geschmack streiten. Damit will ich dir lediglich sagen: Es lohnt sich, deine Produkte aufzuwerten. Mach sie zu etwas Besonderem. Achte nicht nur auf den Inhalt, sondern auch auf die Verpackung. Eine wertige Hülle vermittelt den Eindruck, dass sich dahinter ein ebenso hochwertiges Produkt verbirgt. Mit etwas Seidenpapier und einer Schleife wird aus einem simplen Kauf schnell ein Geschenk. Und mal ehrlich – wer packt nicht gerne Geschenke aus?

Mach dein Produkt zu einem Geschenk und die Kunden werden es lieben.

Ein ansprechendes Verpackungsdesign muss auch gar nicht viel kosten. Du fällst mit deinem Produkt sofort ins Auge, wenn der Versandkarton statt in einem traurigen Braun in einem knalligen Rot gehalten ist – vorausgesetzt, Rot passt in dein Corporate Design. Darüber hinaus sind Postkarten, mit denen du dich für die Bestellung bedankst, ein effektiver und kostengünstiger Ansatz. Die kannst du übrigens auch bei Produkten versenden, die rein digital sind. Wenn der Kunde gar nicht damit rechnet, etwas von dir per Post zu erhalten, ist der hinterlassene positive Eindruck noch viel größer – dann hast du den Überraschungseffekt auf deiner Seite.

JULIA SCHÜMANN

Cheffotografin und Teilhaberin der Fotoagentur Wolf

Das äußere Erscheinungsbild einer Personen-, Produkt- oder Unternehmensmarke findet mit dem Corporate Design seinen festen Platz in jeder Gründungsphase. Es reicht vom spannenden Prozess der Logoentwicklung über Farbdefinitionen bis hin zur Festlegung einer Hausschrift. Hierauf basierend werden sämtliche Online- und Printprodukte erstellt um Einheitlichkeit, ein in sich geschlossenes, optisches Erscheinungsbild zu kreieren. Und dann, wenn alles fertig ist, müssen ja auch nochmal eben Fotos gemacht werden.

Mein Tipp:

Geh kurz in dich und überlege, wie stark dich selbst Bilder beeinflussen, wie sie dich berühren, welche Macht Bilder über dich haben. Investiere Zeit in die Konzeption deiner ganz individuellen Bildsprache, die dein Innerstes, deine Identität, nach außen trägt, und implementiere die Festlegungen in dein CD. Schenke hierbei

Schaffe deine individuelle Corporate Visuality

EXPERTENTIPP

nicht nur dem kommunikativen Aspekt deine Aufmerksamkeit, sondern bezeichne zudem deine eigene Stilistik basierend auf deiner CI.

Bist du geradlinig und strukturiert? Zeichnet dich eine transparente Klarheit aus? Liegt dein Fokus auf Nahbarkeit? Oder hat dein Produkt eine unschlagbare Power? Seziere deine Marke und vertiefe dich abgeschirmt von allen externen Erwartungen erneut in die Reflexion, denn nur wenn du dich immer wieder fundierst, empfindest und verkörperst du eine wirkungsvolle Stabilität. Nutze deine dir bewusst gewordene Einzigartigkeit als Ausgangspunkt der Stilformulierung und schaffe eine starke visuelle Außenwirkung, die deiner Zielgruppe das Tor des Vertrauens zu deiner Marke öffnet. Für deine potenziellen Kunden erreichst du durch deine von uns als „Corporate Visuality" definierte konsequente, medienübergreifende Einheitlichkeit maximale Sichtbarkeit – und zwar auf den ersten Blick! Und wie wir alle wissen, gibt es für den ersten Eindruck keine zweite Chance!

Noch ein kleiner Tipp:
Erstelle einen Bildeinsatz-Rahmenplan für alle von dir genutzten Medien. Denn sobald du dich in der medienübergreifenden Verwendung deiner Bildsprache / deines Bildstils sicher fühlst, kannst du dir mit gutem Gefühl gezielte Ausbrüche erlauben, ohne die Stringenz zu verlieren.

Praxisbeispiel
Nehmen wir hier ein aktuelles Projekt: Kevin Rasche betreibt seit 2005 mit vollster Leidenschaft seine Firma „Der Holzdoktor". Bereits als Kind streichelte er über jede Tischkante und freute sich über die Unterschiede jeder Maserung und der Haptik des Holzes. Seine Firma erhielt den

EU-Umweltpreis und steht für exklusive Produkte, die mit spür- und sichtbarer Liebe zum Detail hergestellt werden.

In der Personendarstellung seines Unternehmensportraits fokussieren wir die Emotionalität, die Verbindung zum Naturprodukt und die perfektionistische Konzentration auf die Optimierung bis ins kleinste Produktdetail. Warum wir uns nicht nur die klassische Gesichtsabbildung vornehmen? Um es mit ehrlichen Worten zu sagen: Die wenigsten Kunden interessiert ausschließlich, wie dein Gesicht anatomisch proportioniert ist oder welche Haarfarbe du hast. Sie wollen wissen, wer du bist, sie wollen sehen, dass du für dein (in diesem Fall) Produkt brennst. Deine eigene, authentische Ausstrahlung wird mithilfe der fotografischen Abbildung, die hier als Emotionsträger fungiert, an den Kunden transportiert und im besten Fall auf diesen übertragen. Und: DAS VERKAUFT!

Kevin Rasche, Inhaber

EXPERTENTIPP

Letzter Tipp:
Mach regelmäßig eine rein visuell fokussierte Customer Journey: Wie willst du abgeholt werden? Wie willst du gesehen werden?

Was berührt dich in deinem eigenen Unternehmen? Bist DU wirklich sichtbar? Wenn dieser Kurzausflug mit dem Tatsächlichen übereinstimmt, gratuliere! Wenn nicht, ändere etwas! Denn unser ganzes System ist nicht in Stein gemeißelt, sondern eher fluid und in Bewegung, daher lass deiner Entwicklung freien Lauf, verändere dich und dein Produkt/Unternehmen. ABER sei dir dessen bewusst und pass wenn nötig ein paar Details an, damit DU immer sichtbar bleibst und sich deine Corporate Visuality, deine einheitliche Außendarstellung, immer im Einklang mit deiner Identität befindet.

3 AB GEHT DIE POST: UMSETZEN UND KONTROLLIEREN

Kommen wir in die Umsetzung, meine Freunde. Zum Thema Marketing wird mir keine Frage häufiger gestellt als „Felix, wir brauchen Kunden. Was können wir tun?". Und keine beantworte ich lieber. Aber: Du musst dich da ein wenig ins Zeug legen, es gibt hier keine Zwei-Minuten-Anleitung.

VIDEOKURS

In der Marketing Kickbox findest du passend zu diesem Kapitel einen umfangreichen Videokurs. Hier gehen wir mit Deiner Message raus und gewinnen Reichweite und Neukunden. Du erhältst Praxis-Anleitungen für Dein Unternehmen.

Videokurs zu diesem Kapitel in der Marketing Kickbox:
www.marketing-kickbox.de

A. KLASSISCHE WERBUNG MIT ERFOLGSGARANTIE

Ich habe eine Liste, die nenne ich „Die glorreichen 100". Das ist vielleicht ein bisschen unsinnig, aber der Name ist auch nicht so wichtig. Ich habe mir über die Jahre eine Liste angelegt mit den 100 wichtigsten Kontakten – und diese Kontakte versuche ich zu pflegen. Jeder dieser Kontakte bekommt alle drei bis vier Monate Post von mir und damit meine ich keinen Newsletter und auch keinen Umschlag mit Geld, sondern kreative Post – wie ich das nenne.

Das lässt sich im Marketing wunderbar umsetzen. Bau dir langsam so eine Liste auf. Ich verschicke mal Karten, aber auch Glücksbringer, Anhänger oder witzige Büroaccessoires. Das ist oft schnell gemacht und die Kontakte bleiben bestehen. Ob das Kunden, Kooperationspartner oder andere wichtige Kontakte sind, das entscheidest du selber. Also wirklich was, was du einfach machen kannst. Natürlich reagieren die Empfänger nicht sofort darauf, aber du bleibst im Kopf – dauerhaft.

> **MEIN TIPP**
>
> Vergiss bei all deinen Marketingmaßnahmen nicht, auf welche Unternehmensziele du hinarbeiten willst. Führe stets einen Abgleich durch, ob hier kompatible Ansprüche vorliegen und wo du gegebenenfalls Änderungen vornehmen musst, um nicht von deiner Spur abzuweichen. Wenn dein Ziel etwa die Positionierung als kreativer Keynote Speaker ist, dann sollten deine Marketingmaßnahmen auch dazu passen und eben kreativ sein.

i. Presse

Medienwirksam agieren ist kein Hexenwerk, eher eine Frage von Kreativität, Qualität und der Kombination aus Reaktion und Aktion: Reaktion auf potenzielle Anfragen und aktuelle Ereignisse, Aktion durch eigenes Handeln und bewusste Vorarbeit. (Wobei bei dir wahrscheinlich vor allem das Zweite auftritt.) Natürlich sind Glückstreffer möglich, sich darauf zu verlassen wäre jedoch fahrlässig. Angenommen ein Redakteur des Lonely Planet entdeckt dein Lokal – Bingo: Um die Reservierungen der nächsten Jahre musst du dir erstmal keine Sorgen mehr machen. Doch wie oft passiert genau das? Wie also wird die Presse auf dich aufmerksam und verschafft dir eine medialen Schub, der sich gewaschen hat?

Um es kurz zu sagen:

> Willst du Aufmerksamkeit, dann schaffe Aufmerksamkeit: Für dich als Person, für dein Produkt oder jedes andere Vorhaben, das dir am Herzen liegt.

WORKSHEET „PRESSEARBEIT"

Gezielt Aufmerksamkeit erhalten: Du willst die Aufmerksamkeit der Presse für dich gewinnen? Mit dieser Checkliste weißt du genau, worauf es ankommt, damit einer Berichterstattung nichts mehr im Wege steht.

Alle Worksheets: www.marketing-kickbox.de

Beachtung finden heißt „Achtung haben" und vor allem „achtsam sein". Kenne dein Gegenüber, wisse um seine Bedürfnisse und sei auf der Hut, um dich im entscheidenden Moment ins Spiel zu bringen. Journalisten suchen stets nach neuen Themen, sind diese nun unbewusst oder ganz direkt platziert auf ihrem Tisch gelandet.

Der richtige Ansprechpartner ist oft die wichtige Eintrittskarte. Menschen machen mit Menschen Business, hier ist es nicht anders. Nicht die Zeitung selbst ist dein Ziel, sondern die Person, die deine Infos erhält und die Chance erkennen soll. Informiere dich vorher (zum Beispiel telefonisch), an wen du dich mit deinem Anliegen wenden kannst. Das spart oft Zeit und schafft eine erste Bindung.

MEIN TIPP

Verschicke keine standardisierten E-Mails, suche den direkt Kontakt und bau damit erstes Vertrauen auf. Kenne deine Stärken und setze sie bewusst ein: Bist du ein guter Redner, ist mit einem ersten Telefongespräch schon viel gewonnen. Überzeugst du eher schriftlich, nutze diesen Kanal für dich und versende E-Mails, die Journalisten vom Hocker hauen.

Lokalität vor übertriebenem Größenwahn:
Kleinvieh macht auch Mist und riecht oft penetranter. Unterschätze niemals die Kraft kleiner Medienanstalten. Lokale Moderatoren genießen nicht selten ein hohes Vertrauen, ihr Wort hat Gewicht – eine bessere Publicity für dich kann es kaum geben. Die Wahrscheinlichkeit, Gehör zu finden, ist zudem um ein Vielfaches höher. Stell dir selbst die Frage: Braucht es die bundesweite Aufmerksamkeit oder ist es ausreichend, in deiner Stadt oder einer bestimmten Gegend bekannt zu werden?

Dennoch solltest du große Pressevertreter keinesfalls auslassen, auch sie suchen nach besonderen Inhalten, und wenn du herausstichst, wirst du Gehör finden. „Da hab ich ja eh keine Chance ..." – im Gegenteil. Mut und eine gesunde Portion Frechheit haben schon oft Großes zum Laufen gebracht. Halte dir etwas Wesentliches vor Augen: Überregional agierende Medien haben für sich den Anspruch, all ihre Konsumenten wertzuschätzen und für passende Inhalte zu sorgen. Ein bayerischer Radiosender wird nicht nur München, sondern selbst kleineren Orten wie Schnaittach oder Neumarkt Beachtung schenken. Der Dorfverein mit eigenem Panini-Album hat oftmals mehr Wirkung, als die neueste Taktikanweisung beim FC Bayern. Mach deine Nadel bunt, häng eine Schleife dran und die große Presse wird dich im schier unendlich großen Heuhaufen finden. Sei dir im Klaren – auch die Presse kocht nur mit Wasser.

EXPERTENTIPP

NATALIE MÜLLER
Werbetexterin

Im Marketing geht nichts ohne wirkungsvolle Werbetexte. Dabei ist ein Werbetext alles, was du veröffentlichst. Egal ob auf deiner Website, in deinen Social-Media-Kanälen oder klassisch auf der Landingpage zu deinen Produkten. Dein Ziel ist immer das Gleiche: Menschen darüber zu informieren, dass es dich gibt und dass sie bei dir genau das finden, was sie suchen. Deine Texte müssen also jederzeit genau das widerspiegeln. Damit dir das gelingt, ist es wichtig, dass du deine Leser direkt ansprichst. Vermeide es, allgemein zu bleiben. Formuliere genaue Beispiele und stelle immer den konkreten Nutzen für deinen Leser dar. Das macht deine Texte unwiderstehlich und lesenswert. Sprich zudem deinen Leser direkt an und vermeide die Mehrzahl. Also „Du" oder „Sie" ist besser, als mit „Ihr" all deine Leser über einen Kamm zu scheren. Das Wort „man" streichst du am besten ganz aus deinem Schreibwortschatz.

> **Schreib wirkungsvolle Werbetexte**

III. Ab geht die Post | A. Klassische Werbung mit Erfolgsgarantie

Ein Fünfzeiler in der SZ oder ein Drei-Minuten-Bericht im Lokalradio oder Lokalfernsehen – beides kann eine Welle auslösen. Recherchiere genau, was der Markt hergibt, welche Medien für dich geeignet sind: Radiosender, TV-Anstalten, Online-Formate, Magazine, Zeitschriften, Wochenzeitungen, Verteilerdienste (Agenturen, Nachrichtendienste, Audiozulieferer). Nutze bewusst solche Medien, die zu dir und deinem Produkt passen. Wo sitzt das gewünschte Publikum, wer ist ein sinnvoller Multiplikator? Wer ist in deinem direkten Umfeld ein potenzieller Ansprechpartner? Mach dir hier eine Liste und beginne diese zu füllen. Vorarbeit ist alles, denn Medien erkennen Massenmails und ihr Interesse ist entsprechend gering. Eine Story, die jeder haben kann, verliert schnell an Wirkung. Zeige jedem Ansprechpartner, warum du dich für ihn und sein Medium entschieden hast: **Wertschätzung erzeugt Wert.**

Erfolgreiche Jobbewerbungen beginnen bei einem herausragenden Anschreiben. Stell dir demnach die Frage, wie du dich ganz individuell in Szene setzen kannst. Setze dich mit jeder Medienanstalt auseinander: Welches Publikum sprechen sie an, was benötigen sie ganz individuell, um für alle Seiten den größtmöglichen Nutzen erzielen zu können? Dabei gibt es kein falsches Thema, lediglich eine unpassende Herangehensweise. Politik in der Bravo oder Schminkprodukte in der Tagesschau – möglich ist alles. Passe dein Thema individuell an, nicht erst bei den Kunden, direkt beim Multiplikator.

Kenne dein Gegenüber und setze dich intensiv mit den einzelnen Protagonisten auseinander. Wer ist der Radiomann, der über dein Produkt reden soll? Der fahrradfahrende vegane hipster Typ oder der zweifache Familienvater mit Oldtimerfaible? Welche Themen werden aktuell besprochen, welche Rubriken gibt es, wie sind sie im Social Web vernetzt? Kenne ihre persönlichen und auch medial gelebten Themen, um sie möglichst schnell für dich zu gewinnen.

Betrachte sie als Influencer, die dir oder deiner Marke optimal zu Gesicht stehen sollen. Wenn deine vegane Bulette hingegen alle überzeugen soll, dann sei mutig und greif dir bewusst den männlichen Fleischmacho, der am pflanzlichen Lifestyle eigentlich kein gutes Haar verliert.

> **Liefere das All-Inclusive-Paket für Journalisten.**

Nicht jeder Journalist kann oder möchte in jedes seiner Projekte viel Zeit investieren. Mach es ihnen daher so einfach wie möglich und nimm ihnen Arbeit ab. „Ein leckeres Buffet voller Content, sie müssen nur noch zugreifen." Ermögliche ihnen einen schnellen Zugang zu deinem Thema. Das fängt bei deiner Kontaktaufnahme bzw. deiner Pressemitteilung an. Sie sollte umfassende Infos liefern, jedoch niemals in einem Roman enden. Zeit ist Geld und von beidem will die Presse möglichst wenig ausgeben. Schaffe einen kurzen Überblick mit allen relevanten Fakten (Antwort auf alle W-Fragen) und sorge für Interesse. Auch hier gilt: Der Journalist sollte mit all dem wenig Arbeit haben. Umständliche Recherche nach wichtigen Infos, Telefonnummern oder Namen ermüden.

Geht es um dich als Person, dann mach ihnen klar, wer du bist und warum sie in dich Vertrauen haben können. Du bist kein Wichtigtuer, sondern ein ernstzunehmender Experte (professionelles Auftreten, Abschlüsse, Website, Publikationen ...) – das dürfen sie gerne auf den ersten Blick erkennen. Deine Pressemitteilungen sollen neugierig machen, erste Fakten liefern und in allen Inhalten höchste Qualität bieten: Sind alle (für den Journalisten) notwendigen Infos und gute Fotos vorhanden, ist das Ganze übersichtlich gestaltet und zeigst du klar und deutlich, welche Ziele verfolgt werden?

III. Ab geht die Post | A. Klassische Werbung mit Erfolgsgarantie

> Dein Thema sollte für deine Zielgruppe verständlich sein, also reduziere die Fachsprache (Fachmagazine natürlich ausgenommen).

Achte auf Kleinigkeiten wie Bildunterschriften, genaue Personenangaben oder wichtige Hinweise wie „Bilder dürfen mit Vermerk xy oder Verlinkungen frei verwendet werden", „Person xy steht Ihnen unter dieser Nummer jederzeit für Interviews und Nachfragen bereit".

Wenn es dir bereits möglich ist, pack noch ein leckeres Dessert mit dazu. Extras, die helfen, um die Wirkung deiner Message noch deutlicher hervorzuheben oder gewähre ihnen Exklusivität: Tests, Vorabbesichtigungen, Tickets für eine Preview etc. Journalisten entdecken gerne, genießen eine gewisse „Sonderbehandlung" – wenn er oder sie also darf oder bekommt, was der Masse (noch) verwehrt bleibt, hast du ihn oder sie nicht selten am Haken. Ein süßes Extra kann auch im Detail deines Pressetermins stecken: Kannst du eine gute Kulisse für Filmaufnahmen bieten, sind spezielle Aktionen geplant, die auf Fotos und Videos perfekt zur Geltung kommen? Biete individuelle Slots für Einzelgespräche an, die jedem Pressevertreter eine Form von Exklusivität ermöglichen – nicht jeder will am Ende das Gleiche bringen. Sei offen für Ideen und Vorschläge seitens der Medien. Nicht immer verfolgen sie auch deine Ziele. Sie suchen nach möglichst kreativen und spannenden Inhalten, die Mehrwert schaffen, und sind weniger daran interessiert, dich möglichst groß zu machen.

MEIN TIPP

Investiere unbedingt einige extra Minuten für deine E-Mail-Betreffzeile. Sie entscheidet nicht selten, ob dein Geschriebenes nicht direkt ungelesen im Papierkorb landet. Bau Spannung auf und setze ein unübersehbares Statement. Nimm dir die Zeitungskästen als Vorbild – wie würde deine Message in einem Satz lauten? Provokant, auffallend, kreativ, ehrlich ... Was ist passend? Die Terminlisten sind voll, dazu täglich überquellende Posteingänge – also verpasse nicht den so wichtigen Einstieg.

Jede Zeitung hat unzählige Seiten, 24-Stunden-Radioprogramme und abendliche Rundschauen füllen sich nicht von selbst. Du kannst warten, bis du entdeckt wirst, oder aktiv für Inhalte sorgen. Sei vorbereitet und sei in der Lage, alle möglichen Anforderungen zu erfüllen: Pressetexte, Audiomaterial, gute Bilder etc. – alles stets griffbereit in der Schublade. Es gibt viele Möglichkeiten und unzählige Themen, um sich selbst für die Presse interessant zu gestalten.

Du als Experte

Experten sind immer gefragt, besonders mit praktischem Bezug. Die Landwirtschaftsministerin ist ganz nett, aber viel spannender sind Personen, die wirklich am Thema dran sind, wie ein junger Ökobauer mit mietbaren Hühnern für Großstädter. Die Presse sucht echte Geschichten, Hintergrundinfos, die Vertrauen schaffen und ein authentisches Bild zeigen. Am Ende ein Nutzen für dich und deine Branche, aber auch für das Medienunternehmen. Worin also bist du Experte?

(Vor-)Recherche

Du kannst zu einem bestimmten Thema etwas beitragen, dann lass es die Presse erfahren. Du bist Steuerberater und bringst jene Top-5-Spartipps auf den Punkt, die jedem Arbeitnehmer x Euro sparen. Schicke die Info kreativ verpackt an Medienvertreter. (Gerne auch mit dem Hinweis, auch für Töne oder Interviews zur Verfügung zu stehen.) Vielleicht werden sie es einfach nur nutzen oder aber es entsteht mehr daraus, möglicherweise eine langfristige Zusammenarbeit.

Qualitative Vorarbeit leisten

Journalisten recherchieren zu aktuellen Themen. Sorge dafür, genau für diese Themen gefunden zu werden. Ein guter Blog mit relevanten Inhalten, eine schicke und aussagekräftige Homepage – was zählt, ist der erste Eindruck. Positioniere dich auf den ersten Google-Seiten, bring deine Themen in Umlauf und hab aktuelle Entwicklungen im Blick. Bereite dich umfangreich vor und hinterlasse auf allen Plattformen einen professionellen Eindruck.

Schaffe neue Themen

Kreiere Umfragen, Studien oder bringe Aspekte in Umlauf, die Neues aufwerfen, Altes hinterfragen oder schlicht Spaß machen und unterhaltende Elemente darstellen. Nutze deine Community und entwickle mit ihnen gemeinsam einen ganz eigenen Themenpool: Kondomhersteller fragen nach dem Sexverhalten ihrer Kunden. Die Ergebnisse können nicht nur dir als Unternehmer helfen, sondern schaffen garantiert auch Schlagzeilen. Die Kölner mögen's lang und intensiv, der Bayer steht auf die schnelle Nummer. (Das ist jetzt bitte frei erfunden – nicht das mir hier jemand auf's Dach steigt.) Auch hier spielt die Regionalität eine bedeutende Rolle. Wie Deutschland im Bett tickt – nett zu wissen. Aber wie meine Region abschneidet, besonders im Vergleich zu anderen, sind besonders heiße News. Das geht auch mit weniger brisanten Themen/Branchen: Ein Zahnarzt klärt endlich auf, welche Zahnpasta passend ist und wie uns die Werbung belügt, als Fotograf hast du die ultimativen Tipps für das perfekte Urlaubsbild (gerade vor Urlaubsphasen), als Metzger weißt du genau, wie uns das perfekte Sommersteak gelingt ... Hinter allem steckt Spannendes – nutze es.

Dafür kannst du auch selbst Studien anfertigen und Themen kreieren. Stelle regionale Unterschiede fest (zum Beispiel auch in deinen Bestell- und Kundenlisten erkennst du Gemeinsamkeiten und baust daraus ein Thema, das nach Inhalt und nicht nach reiner Werbung klingt: nicht „meine Kunden im Süden bestellen xy", sondern „Berliner zieht's auf die Balearen, im Osten steht Frankreich hoch im Trend und der sparende Schwabe macht zu Hause Urlaub").

> **MEIN TIPP**
>
> Welche Fragen werden dir ständig gestellt – privat oder von Kunden? Welche Klischees oder Missverständnisse kannst du nicht mehr hören, wo werden Kunden möglicherweise veräppelt, was tut sich in der Entwicklung einzelner Bereiche? All das bietet genug spannenden Stoff, der neben aktuellen Entwicklungen in den Medien Material für unzählige Berichte liefern sollte. Bist du dir selbst nicht sicher, ob das Thema wirklich relevant ist? Diskutiere es mit Freunden oder der Familie (möglichst themenfremde Personen), oder stelle dir zehn Menschen vor. Würde es davon sieben betreffen oder interessieren – dann dürfte es ausreichend Gesprächsstoff liefern. Bei allen Themen solltest

du die Regionalität im Blick haben. Insbesondere lokale Presse steht auf regionale Helden, liefere sie ihnen.

Lege für dich selbst (langfristige) Redaktionspläne an, die dir in der Medienarbeit hilfreich sein können. Unterteile deinen Plan in „eigene Themen" (zum Beispiel Veröffentlichung neuer Produktlinien), „Ereignisse und Events" (Weltmeisterschaften) und „wiederkehrende Themen" (Jahreszeiten, Feste wie Weihnachten, Steuerabgabe ...).

MEIN TIPP

Es gibt für nahezu jeden Bereich einen eigenen Thementag. Suche dir die heraus, die für dich relevant sind und liefere entsprechend vorher Inhalte (www.kleinerkalender.de).

Für Medien ist es eher lästig, zu stets wiederkehrenden Themen immer neue spannende Ansätze zu finden. Und täglich grüßt das langweilige Murmeltier – ein großer Teil im Journalismus ist absehbarer Alltag. Hier kommst du ins Spiel, weil du dich viel intensiver mit jenen Aspekten befasst und tolle Anreize schaffen kannst. Recherchearbeit lohnt sich und schafft viele sonst kaum genutzte Werbemöglichkeiten. Kenne deine Themen, deine Stärken und habe sie im Blick: Gedenktage, Kinofilme, politische Entwicklungen, Großevents etc. – zu welchen Bereichen kannst du einen Mehrwert liefern? Wer Themen über den Tellerrand hinweg betrachtet, kann sich vor Angeboten kaum retten:

Ein Friseur ... zur Fußball-WM und den neuesten Haartrends der Profis
Ein Paartherapeut ... weil sich Heidi Klum mit 'nem deutlich Jüngeren einlässt
Ein Reiseblogger ... zu den Trendurlaubsländern des Jahres
Ein Sexshop ... nach den Büchern und Filmen „Shades of Grey"
Ein Mechaniker ... mit Spritfahrtipps bei hohen Benzinpreisen

Richte dir für besonders relevante Begriffe Google Alerts ein und habe die Geschehnisse im Blick. So ist es dir möglich, spontan und sehr schnell auf Tagesaktuelles zu reagieren. Bringe dich schon vorab ins Spiel, wenn bestimmte Inhalte frisch auf dem Tisch liegen. Gehe bewusst auf die Presse zu, wenn es die Aktualität ermöglicht. Medien sind stets auf der Suche nach neuen Experten und freuen sich über Insider: ein Imker zum Volksbegehren Bienen, ein Tanzstudio zur aktuellen „Let's-Dance"-Staffel, ein Paarpsychologe zum neuen Netflix-Serienerfolg „Date mit dem Ex", eine australische Bar zum Dschungelcamp.

MEIN TIPP

Richte dich mit Themenideen an Presseverteiler und gewinne unzählige Anbieter auf einen Schlag (zum Beispiel www.blr.de – beliefert rund 50 lokale Radiostationen, dpa als deutsche Presseagentur, Reuters etc.). Entwickle eine Rechercheroutine, um in regelmäßigen Abständen bestimmte Bereiche zu durchforsten: Podcasts, Netflix, Fernsehen, Zeitschriften, Musikcharts, YouTube-Trends uvm.

III. Ab geht die Post | A. Klassische Werbung mit Erfolgsgarantie

Bei geplanten Medientermine und Pressekonferenzen spielt nicht zuletzt der Termin eine maßgebliche Rolle. Nur anwesende Journalisten schaffen Aufmerksamkeit. Wochenend- und Abendtermine sind ungern gesehen, auch ein Journalist macht gerne pünktlich Feierabend. Vormittags ist eine gute Zeit, steht allerdings auch in Konkurrenz zu vielen anderen Terminen. Das TV will es idealerweise am Abend drin haben, entsprechend braucht es für sie einen sinnvollen Vorlauf. Pressetermine sollten auf die Bedürfnisse der jeweiligen Vertreter abgestimmt sein – technisch, logistisch und organisatorisch.

Bemühe dich rechtzeitig um Kontakt und bleibe entspannt, wenn die Rückmeldungen zunächst ausbleiben. Termine werden meist sehr kurzfristig, nicht selten am Tag vorher entschieden. Schicke zwei Tage vor dem Termin eine kurze E-Mail, um dich noch einmal ins Gedächtnis zu rufen. Ein Veranstaltungshinweis fürs Wochenende sollte rechtzeitig eingehen, am Tag davor ist das definitiv zu spät. Bereits Monate im Voraus sorgt eher für Verwirrung oder droht in Vergessenheit zu geraten. Du eröffnest im Februar einen Laden und verschickst im Dezember eine Pressemeldung. Die Wahrscheinlichkeit ist groß, dass du im zimtig-bunten Weihnachtstrubel untergehst. Auch Medien wollen planen – wenn es Teil eines planbaren Großen ist. Stelle dir selbst die Frage: Welcher Vorlauf ist wirklich angemessen?

MEIN TIPP

Nutze die tote Zeit. Besonders in den Ferien herrscht echte Flaute. Warum sonst dominiert seit Jahren ein entlaufenes Tier nach dem anderen die Titelseiten. Die Terminlisten gleichen einer trockene Wüste, Ansprechpartner entschuldigen sich und trinken Cocktails am Strand. Natürlich sind in dieser Phase auch

> weniger Konsumenten erreichbar, doch nicht ganz Deutschland reist gleichzeitig in die Ferien. Jetzt ist jeder gute Inhalt willkommen.

Klinge nicht wie eine Werbetafel, der Content sollte immer im Vordergrund stehen. Dein Thema mag gut sein, wird jedoch als getarnte Werbung eher außen vor bleiben. In Interviews für Radiostationen oder TV-Sender klingt es nicht gut, in jedem Satz dreimal deinen Firmennamen mit einzubauen. Was ist dein eigentliches Thema, um was geht's für die Presse und ihre Kunden? Verpacke deinen Inhalt wertvoll. Gekaufte Presseaufmerksamkeit ist natürlich jederzeit möglich und sicherlich eine sehr sinnvolle Marketingmaßnahme. Manchmal muss man Geld in die Hand nehmen – auch für redaktionellen Inhalt, um medial wahrgenommen zu werden. Es gibt unzählige Werbeformen, lass dich aber keinesfalls mit einfachen und langweiligen Spots im langen Werbeblock abspeisen. Die Palette ist breit gefächert: Von Kompensationen, über Präsentationen, gemeinsamen Events oder gekauften redaktionellen Minuten. Der vermeintlich einfachste Weg führt nicht automatisch zum Erfolg.

MEIN TIPP

> Betreibe Medientraining. Ein starkes Auftreten, eine sichere Sprechweise – das macht so viel aus. Deine Antworten sollten überzeugen: Kurz, prägnant, überlege und übe einprägsame Statements, die deine Erzählungen besonders machen. Eine Geschichte alleine reicht oft nicht aus, wenn sie von dir nicht effektvoll erzählt werden kann. Trete im Zweifel als Chef zurück und lass Mitarbeiter ran. Kenne deine Stärken und Schwächen.

Trau dich und sei verrückt

Es wird deinen Kunden und der Presse ins Auge stechen. Ungewöhnliches Marketing fällt auf und ruft die Medien auf den Plan. Verschenke als Florist ausschließlich Kakteen am Valentinstag, lass in deinem Restaurant „Harry und Sally" nachspielen oder lass Menschen mit Scheidungspapieren zum Tätowierer kommen und schenke ihnen Prozente für etwas „wirklich Dauerhaftes". Etwas provokant zu formulieren, bringt oft frischen Wind rein. Mach Dinge anders und trau dich aus der Reihe zu tanzen. Social-Media-Kampagnen sind davon keinesfalls ausgeschlossen – auch hier zählt Kreativität (siehe ALS Ice Bucket Challenge). Und nichts spricht gegen persönlichen Kontakt. Trete mutig auf und schau direkt in den Redaktionen vorbei. Mach dich sichtbar und sei anders als der Rest. Manchmal hilft auch die einfachste Art der Kommunikation – zu fragen, wie und ob man ihnen behilflich sein kann.

> **Manchmal ist nicht der Erstkontakt gleich ein Glückstreffer, aber Redaktionen merken sich deinen Namen und halten Kontakt.**

Wie also schaffst du nun relevante Inhalte? (Mal eine kleine Liste.)

- Regionalität
- Aktualität
- Exklusivität
- Neue Ansätze und eigene Themen kreieren
- Redaktionsplan/Recherche
- Als Experte anbieten
- Nicht die Werbung, sondern den Content in den Mittelpunkt stellen
- Verrückte und ausgefallene Aktionen (Es muss gar nicht die Aktion selbst sein, vielmehr kann auch ein provokant formulierter Werbespot Wirkung zeigen)

Wie kontaktierst du Redakteure?

- Passenden Ansprechpartner finden
- Macher und Sender kennenlernen
- Knackige E-Mails/Pressemeldungen schreiben
- Richtigen Zeitpunkt wählen (Wann kontaktiere ich?)
- Journalisten alle möglichen/nervigen Arbeiten abnehmen
- Herausstechen (kreativ sein, Bedürfnisse kennen, Understatement zeigen – nicht prahlen, eher durch Taten überzeugen)
- Aktionsideen vorschlagen (Vegetarier im Bratwursthotel, Speedtest für neue Rutsche, Anti-Kater-Drink testen)
- Gefühl geben „die Ersten, die darüber reden"

Liefere Ihnen eine Story, die sie nicht ablehnen können: Keine Werbung, dafür guten Inhalt und eine echte Geschichte. Aufmerksamkeit in der Presse hat viele Gesichter, nicht alle sind stets mit deinem Logo versehen. Mach dir einen Namen, sei offen, finde kreative Wege und neue Ansätze – Journalisten hassen Langeweile und die täglich selben Geschichten. Eine Frage sollte im Mittelpunkt stehen:

> **Was hat die Presse davon? Pressearbeit ist schlussendlich nichts anders als qualitative Kundenkommunikation.**

Im Mittelpunkt deiner Arbeit stehen die gleichen Aspekte: Löse Probleme, kenne die Bedürfnisse, mache und zeige dich einzigartig, sei wertschätzend. Vielleicht ist es am einfachsten, die Presse als einen von so vielen wertvollen

III. Ab geht die Post | A. Klassische Werbung mit Erfolgsgarantie

Kunden zu betrachten und ihr entsprechend gegenüberzutreten. (Das würde ich jetzt gerne alles fett machen.)

ii. Radio – TV – Messe

Auch wenn die Nutzungszahlen sowie die Glaubwürdigkeit von Fernsehen und Radio zugunsten der Sozialen Medien sinken, zählen diese immer noch zu den Massenmedien. Die nachhaltige Wirksamkeit von klassischen Werbespots kann mittlerweile vielleicht infrage gestellt werden, aber die Radio- und Fernsehsendungen selbst schneiden hier mit Sicherheit besser ab. Nicht zuletzt auch deshalb, weil diese oft in den Online-Mediatheken der Sender zur Verfügung gestellt werden und so zu beliebigen Zeiten angeschaut oder -gehört werden können. Doch wie kommt man da hinein? Einen Werbespot kann man mit den nötigen finanziellen Mitteln einfach buchen, aber wie wird man Gast in einer Sendung?

Einige Tipps kannst du dir aus dem Presse-Kapitel abschauen. Das Kontaktieren von Redakteuren, das Schaffen einzigartiger Themen, das Verdienen von Presseaufmerksamkeit – all das lässt sich eins zu eins auf Radio und TV übertragen. In diesem Punkt soll es allerdings noch mehr darum gehen, wie du denn jetzt endlich ins Fernsehen oder Radio kommst. Das kann nämlich ordentlich Reichweite bringen. Vielleicht hast du dir schon einmal „Die Höhle der Löwen" angesehen – eine Sendung, in der Gründer vor namenhaften Investoren pitchen können und, mit etwas Glück und Können, einen guten Deal abschließen wollen. (Ich hatte die Ehre, vier Jahre lang die Kandidaten der Sendung zu beraten.) Doch auch, wenn dieser Deal am Ende nicht über die Bühne geht, bekommt das jeweilige Unternehmen durch die Sendung enorme Aufmerksamkeit und somit auch den ein oder anderen neuen Kunden. Nun ist dies eine relativ bekannte Sendung, die auf einem größeren Sender zu einer recht guten Zeit ausgestrahlt wird. Du kannst natürlich auch kleiner ansetzen. Wie im vorherigen Kapitel bereits erwähnt, können regionale Sender genau so effektiv sein.

Schau dich einfach mal um, welche regionalen Radio- oder TV-Sender gibt es in deiner Umgebung? Welche regionalen Radio- oder TV-Sender gibt es in anderen Bundesländern? Haben diese Sender für dich relevante Formate? Gibt es Formate größerer Sender, die du vielleicht schon kennst? Die Liste deiner Möglichkeiten ist viel länger, als du vielleicht annimmst.

Besonders in Bezug auf Radiosender ist es wichtig auf die Regionalität zu achten. Aber nur weil du und dein Unternehmen in Berlin ansässig seid, heißt das nicht, dass ihr für einen bayerischen Radiosender nichts zu bieten habt. Viele Radiosender haben Interviewformate für die immer wieder Geschichten gesucht werden. Du weißt schon, das sind diese Gespräche, die im Radio

III. Ab geht die Post | A. Klassische Werbung mit Erfolgsgarantie

immer über zwei Stunden lang laufen, weil zwischendurch immer Musik läuft. Insgesamt hat das Interview aber vielleicht nur eine halbe Stunde gedauert und dennoch beschäftigt sich der Hörer, wenn auch nur nebenbei, ziemlich lange mit dir. Besuche einfach mal den Internetauftritt verschiedenster Sender. Oft wird hier schon explizit um die Einsendung deiner Story gebeten. Selbst auf der Website von Galileo – dem Wissensmagazin von Pro7 – hat man die Möglichkeit, Themen vorzuschlagen.

Oben habe ich ja bereits ein TV-Format erwähnt, das sich auf Geschäftsideen konzentriert. Sicherlich gibt es auch noch ähnliche Sendungen, die den Gründer- und Ideengeist der Zuschauer ansprechen wollen. Doch selbst Formate, die mit derartigen Themen nichts am Hut haben, könnten interessant für dich sein. Wie gesagt, auch in der Tagesschau kann mal der Punk abgehen.

Unterschätze nicht die Macht deines Expertenwissens.

Auf dem Gebiet deines Unternehmens hast du schließlich einiges an Wissen angesammelt. Und da Content King ist, sind Radio- sowie TV-Sender dankbar für Know-how, das sie in ihr Magazin, den Blog, die Sendungen und die Talkshows etc. einbinden können. Das Frühstücksfernsehen ist beispielsweise auch so ein Format, das immer wieder auf der Suche nach Experten ist.

In manchen Fällen wirst du gar keine Antwort erhalten, in manchen lohnt es sich, hartnäckig zu bleiben. Streue deine Botschaft so weit wie möglich, aber achte stets darauf, jeden Kontakt individuell anzusprechen. Du kannst einfach damit beginnen, alle TV- und Radiosender abzuklappern, die du so kennst. Im nächsten Schritt wendest du dich an die, die du noch nicht kennst, weil sie zum Beispiel in einer anderen Region beheimatet sind. Hab keine Scheu davor, dich auch bei sehr kleinen Sendern vorzustellen, aber glaube auch nicht, dass du bei den großen sowieso keine Chance hast.

> **MEIN TIPP**
>
> Gehe die Themen Radio und Fernsehen nicht mit dem Gedanken an, dein Unternehmen darin zu pitchen oder gar eine Verkaufsshow daraus zu machen. Die entsprechenden Zuhörer bzw. Zuschauer nutzen diese Medien, um unterhalten zu werden, und nicht, um einen Werbebeitrag nach dem anderen über sich ergehen zu lassen. Darum lege deinen Fokus lieber auf ehrliche Unterhaltung und Mehrwert.

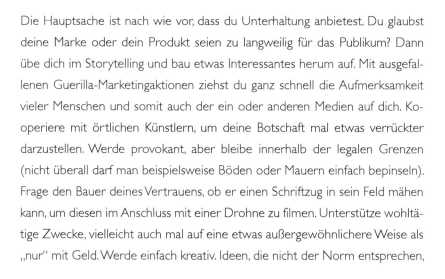

Die Hauptsache ist nach wie vor, dass du Unterhaltung anbietest. Du glaubst deine Marke oder dein Produkt seien zu langweilig für das Publikum? Dann übe dich im Storytelling und bau etwas Interessantes herum auf. Mit ausgefallenen Guerilla-Marketingaktionen ziehst du ganz schnell die Aufmerksamkeit vieler Menschen und somit auch der ein oder anderen Medien auf dich. Kooperiere mit örtlichen Künstlern, um deine Botschaft mal etwas verrückter darzustellen. Werde provokant, aber bleibe innerhalb der legalen Grenzen (nicht überall darf man beispielsweise Böden oder Mauern einfach bepinseln). Frage den Bauer deines Vertrauens, ob er einen Schriftzug in sein Feld mähen kann, um diesen im Anschluss mit einer Drohne zu filmen. Unterstütze wohltätige Zwecke, vielleicht auch mal auf eine etwas außergewöhnlichere Weise als „nur" mit Geld. Werde einfach kreativ. Ideen, die nicht der Norm entsprechen, ziehen das Interesse der Allgemeinheit auf sich. Und was die Allgemeinheit interessiert, interessiert auch die Medien.

Diese Geschichten müssen dabei nicht unbedingt im direkten Zusammenhang mit deinem Unternehmen stehen. Besonders beim Radio spielt das Thema Lokalpatriotismus eine große Rolle. Hast du vielleicht etwas Besonderes für die Region gemacht, worüber berichtet werden könnte? Es sind nicht immer unternehmerische Dinge berichtenswert, sondern vor allem soziale Aktionen und Dinge, die die Region betreffen.

Wenn du die Punkte aus Presse, TV und Radio beherzigst und mit genug Willen und Motivation an die Punkte gehst, kannst du dich vielleicht bald schon selber bestaunen. Aber jetzt auf zum nächsten Thema:

Ich liebe Messen.

Denn nirgendwo anders triffst du so viele Fachleute und Spezialisten zu einem Thema auf einem Fleck. Nicht nur, weil dort all diese gleichgesinnten Leute zusammenkommen, sondern auch, weil du dich dort hervorragend über die neuesten Branchenentwicklungen informieren kannst, sind Messen einen Besuch wert. Was passiert aktuell in deinem Markt? Welche neuen Techniken und Innovationen sind gerade im Kommen? Was treiben die Konkurrenten so?

Zudem kannst du andere über deine eigenen Neuigkeiten informieren. Messen bieten eine super Chance, dich zu präsentieren, auf dich aufmerksam zu machen und auf diese Weise zu wachsen. Denn du kannst eine Messe nicht

nur dazu nutzen, um Neukunden zu gewinnen, sondern auch dazu, mögliche Geschäftspartner kennenzulernen und bestehende Partner wiederzutreffen sowie den Kontakt mit ihnen aufrechtzuerhalten.

Eine Messe ist dabei mit einer der teuersten Marketingmaßnahmen. Deswegen empfehle ich dir, deinen Messeauftritt sehr genau zu planen und zu kalkulieren. Setze dir genaue Ziele, die du mit der Messe erreichen möchtest, damit sich dieses Investment auch auszahlt.

MEIN TIPP

Damit eine Messe ein voller Erfolg wird, musst du nicht unbedingt Aussteller sein. Du kannst natürlich dort auch als Fachbesucher erscheinen und unabhängig von einem Stand netzwerken, Kontakte knüpfen und Recherchen anstellen.

Bevor du jetzt einfach drauf los rennst und alle möglichen Messen abklapperst, solltest du dir natürlich Gedanken machen, welche Messen für dich überhaupt sinnvoll sind und dir einen Mehrwert bieten können. Wen willst du mit deinem Messebesuch ansprechen? Deine Kunden oder Geschäftspartner? Und warum? Was ist das Ziel deines Messebesuchs? Wähle deine Messe entsprechend deines Ziels aus. Auf welcher Messe triffst du mit hoher Wahrscheinlichkeit auf deine Zielgruppe? Überlege dabei auch schon, welche Messen du als Aussteller besuchen möchtest (und dir auch finanziell leisten kannst) und welche als Besucher eventuell mehr Sinn ergeben.

Nutze im Vorfeld der Messe deine Möglichkeiten, um darauf aufmerksam zu machen, dass man dich auf der Messe antreffen kann. Im besten Fall vereinbarst du direkt Gesprächstermine, um so den maximalen Erfolg aus deinem Messebesuch zu generieren. Natürlich willst du auch, dass die Leute während der Messe auf dich aufmerksam werden, dich in Erinnerung behalten und du nicht in der Menge der Aussteller oder Besucher untergehst. Mache dir also Gedanken darüber, wie du auffallen kannst. Gewinnspiele, die offensichtlich nur dazu dienen, persönliche Daten einzusammeln, oder Kugelschreiber reizen kaum noch jemanden, um an deinem Stand stehen zu bleiben und mit dir ins Gespräch zu kommen. (Außer du sammelst Kugelschreiber – aber das wäre ein trauriges Hobby.) Achte bei Goodies darauf, dass sie cool und außergewöhnlich, aber auch nützlich sind. Dann nimmt der Messebesucher dein Werbegeschenk gerne mit und es kann die gewünschte Wirkung entfalten.

MEIN TIPP

Nicht nur bei deinen Gewinnspielen, Goodies und deiner Standgestaltung solltest du auf Einzigartigkeit setzen, sondern auch bei Visitenkarten. Das gilt sowohl, wenn du als Aussteller unterwegs bist, als auch als Besucher. Ein Nudelhersteller könnte beispielsweise extra für die Messe die Umverpackung für seine Nudeln mit den Kontaktdaten des Teams vor Ort bedrucken lassen. So hat man ein außergewöhnliches Goodie und eine Visitenkarte, die bestimmt nicht verloren geht, in einem.

Nutze die Messe sowie ihr Publikum, um eine Sonderedition vorzustellen, die es nur im Rahmen dieser Messe gibt, oder, um Neuigkeiten zu deinem

Unternehmen anzukündigen. Die meisten Besucher kommen schließlich auf eine Messe, um abzuchecken, was es so Neues gibt. So hast du auch immer direkt etwas Interessantes, über das du dich mit deinem Standbesucher unterhalten kannst.

Damit dein Messebesuch auch nachhaltigen Erfolg verbuchen kann, solltest du möglichst bald die gesammelten Kontaktinformationen ausschöpfen und dich mit den Leuten in Verbindung setzen, die du auf der Messe kennengelernt hast. Achte bei der Nachbereitung auf personalisierte Nachrichten, um den neuen Kontakt zu festigen und um Überlegungen zur konkreten Zusammenarbeit direkt in die Tat umsetzen zu können. Ergänze das Dankeschön für den Besuch an deinem Messestand um Details, die Bezug auf euer Gespräch nehmen. (Ich schreibe mir zum Beispiel auf einer Messe hinten auf die erhaltenen Visitenkarten immer, wer die Person war und worüber wir gesprochen haben. Neumodisch kannst du natürlich auch dein Smartphone nutzen.)

> **Personalisierte Nachrichten vermitteln deinem Empfänger das Gefühl, wichtig zu sein, und er wird dir und einer möglichen Kooperation gegenüber positiver eingestellt sein.**

Also meine Freunde, sucht euch die relevanten Messen und werdet sowohl als Besucher als auch als Aussteller aktiv.

iii. Außenwerbung

Werbeanzeigen müssen nicht immer online geschaltet werden, sondern bieten auch als riesige Plakate unendliche Potenziale. Besonders Personen, die nicht so viel online unterwegs sind, kannst du durch gute Außenwerbung, oder auch Out of Home wie man inzwischen in Denglisch sagt, hervorragend erreichen. (Und das kann auch ein Ansatz sein, um die Presse auf dich aufmerksam zu machen.)

Außenwerbung fällt in der Regel besonders durch ihre Größe ins Auge. Ist dir mal aufgefallen, dass du meist mehrere Plakate eines bestimmten Unternehmens in deiner Nähe findest bzw. siehst? Das ist natürlich Absicht. Ein Mensch braucht bis zu zehn Kontakte, bis er eine Information bewusst wahrnimmt und abspeichert. Da man Außenwerbung vermehrt in einem Umkreis positioniert, sie nicht abgeschaltet, weggeklickt oder überlesen werden kann, brennt sich die Marke unbewusst in dein Gedächtnis ein. Und das ist gar nicht so teuer, wie man im ersten Moment meinen würde. Ganz im Gegenteil, je nach Ort kannst du eine sehr große Zielgruppe zu einem wirklich guten Preis ansprechen. Besonders bei Kampagnen mit geografischem Bezug kannst du mit guter Außenwerbung das volle Potenzial ausschöpfen. Außenwerbung kann dabei ein klassisches Plakat auf Straßen oder öffentlichen Plätzen sein, aber auch ein digital bespielbarer Bildschirm.

Damit deine Außenwerbung richtig auffällt und die gewünschte Werbewirkung entfaltet, solltest du insbesondere darauf achten, dass sie sofort das Interesse von vorbeilaufenden Passanten weckt: Schließlich lassen viele oftmals ihren Blick nur Millisekunden beim Vorbeigehen darüber schweifen oder sehen es sogar nur aus dem Augenwinkel. Hierbei muss deine Out-of-Home-Maßnahme richtig ins Auge stechen und Emotionen beim Betrachter wecken. So bleiben sie im besten Fall stehen und schauen sich dein Plakat genauer an.

Eine besondere Kunst der Außenwerbung ist, dass sie darüber hinaus auch direkt verstanden werden muss. Während ein Radiospot oder ein Promovideo auf Social Media mehr Möglichkeiten hat, dem Empfänger zu erklären, was es damit auf sich hat und was die Werbebotschaft ist, muss Außenwerbung unmissverständlich sein. Das und die Tatsache, dass du nicht so viel Platz hast, um große Texte abzudrucken, sind die großen Herausforderungen bei der Außenwerbung. Bei einer guten Plakatwerbung sind die Texte riesengroß abgedruckt, weil der Text in maximal zwei Sekunden lesbar sein muss.

> **Deine Botschaft muss eindeutig und mit wenigen Worten messerscharf formuliert sein.**

Achte darauf, dass die Anzahl der Wörter auf deinem Plakat gering gehalten wird. Gute Plakate arbeiten mit maximal sieben Wörtern in maximal zwei Zeilen.

MEIN TIPP

Ganz egal, ob Website, Telefonnummer, Adresse oder sonstige Kontaktinformationen – druckst du irgendwelche Infos zu deinem Unternehmen auf das Plakat, sollten sie extrem leicht zu merken sein, um ihre Werbewirkung nicht zu verfehlen. Außerdem müssen sie auffällig sein, damit der Betrachter sie auch

> wahrnimmt und abspeichern kann. Lauf doch mal schnell an deinem Plakatentwurf vorbei und schau dir an, was du dir wirklich merken konntest.

Grundsätzlich sagt man, dass du maximal fünf Elemente auf dem Plakat abbilden solltest, um den vorbeigehenden Betrachter nicht zu überfordern und seine Aufmerksamkeit zu gewinnen. Zudem ist es bei mehr als fünf Elementen oft nicht möglich, alle groß genug abzubilden. Man spricht hier von dem

KISS-Ansatz: Keep it short and simple.

Deine fünf Elemente könnten beispielsweise Hintergrund, Firmenlogo, Produktbild, Überschrift und Text sein. Du merkst – fünf Elemente sind nicht viel und es gilt die besten für dich und dein Kampagnenziel auszuwählen. (Du kannst natürlich auch die fünf hier durchstreichen, zehn hinschreiben und das Problem ist gelöst – aber das wäre dann wohl pfuschen.)

Ein Bildmotiv sollte fast immer dabei sein. Bilder sagen einfach mehr als tausend Worte und brennen sich viel leichter in unser Gedächtnis, weil die emotionale Aktivierung meist besser funktioniert. Verwende also visuelle Elemente, die deine Zielgruppe genau ansprechen, und achte darauf, dass dein Bildmotiv groß und eindeutig ist. Da bei Plakaten die Aufnahmezeit sehr gering ist, kannst du an dieser Stelle auch mit Motiven arbeiten, die bereits bei deinen Kunden positiv besetzt sind. Welche Motive haben positive Assoziationen, die du für dich nutzen könntest?

Arbeite mit Kontrasten, damit das Motiv hervorsticht, und überlege dir, wie unterschiedlich groß die Elemente im Verhältnis sein sollen.

> **MEIN TIPP**
>
> Arbeite mit Farben und Motiven, die deinem Corporate Design entsprechen, aber trotzdem auffällig sind. So kannst du die gewünschte Wirkung der Einheitlichkeit direkt ausbauen und dafür sorgen, dass der Kunde direkt weiß, dass er es mit deinem Unternehmen zu tun hat. Um das zu erreichen, sollte auch dein Logo entsprechend groß dargestellt werden. So kann man direkt erkennen, wer der Absender des Plakats ist.

Zusätzlich solltest du dir Gedanken darüber machen, in welcher Reihenfolge der Betrachter die einzelnen Elemente des Plakats wahrnehmen soll – daran machst du fest, wie und ob du jeweils dein Motiv und deinen Text positionierst. Der Blickverlauf des Menschen ist quasi die Sequenzabfolge in einem Spot. Was soll der Betrachter wann sehen und verarbeiten? Um diesen Verlauf besser auf dem Plakat umzusetzen, solltest du darauf verzichten, dass sich Elemente überschneiden. Ist der Blickverlauf deines Betrachters zweitrangig, weil es einzig und alleine um das Bildmotiv geht, solltest du es in der Mitte oder nahe zur Mitte positionieren. (Übrigens, alles was ich dir bisher erzählt habe, kannst du eins zu eins auf Flyer oder andere Druckerzeugnisse anwenden.)

> **MEIN TIPP**
>
> Gesichter haben eine besondere Wirkung auf uns. Ist ein Gesicht auf einem Plakat abgedruckt, sind wir besonders aufmerksam und emotional eingebunden. Setze das für dein Plakat ein und suche dir ein freundlich und ansprechendes Testimonial, das den Betrachter direkt anschaut. Oder du machst dir die Tatsache zunutze, dass wir immer dem Blick von anderen folgen und lässt das Plakatmodel gezielt in eine bestimmte Richtung schauen, um den Blick des Betrachters entsprechend zu lenken. So kann das Testimonial beispielsweise das Produkt anschauen.

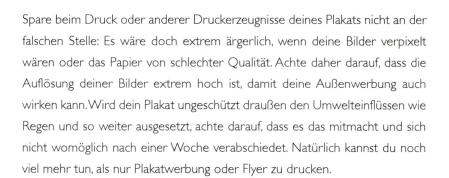

Spare beim Druck oder anderer Druckerzeugnisse deines Plakats nicht an der falschen Stelle: Es wäre doch extrem ärgerlich, wenn deine Bilder verpixelt wären oder das Papier von schlechter Qualität. Achte daher darauf, dass die Auflösung deiner Bilder extrem hoch ist, damit deine Außenwerbung auch wirken kann. Wird dein Plakat ungeschützt draußen den Umwelteinflüssen wie Regen und so weiter ausgesetzt, achte darauf, dass es das mitmacht und sich nicht womöglich nach einer Woche verabschiedet. Natürlich kannst du noch viel mehr tun, als nur Plakatwerbung oder Flyer zu drucken.

Sprichst du eine extrem spitze Zielgruppe an, weil du zum Beispiel eine Nische anvisierst, kannst du diese durch eine Anzeige gezielt erreichen. Im Rahmen der Auswahl deiner Marketingmaßnahmen überlegst du, über welches Medium du deine Zielgruppe am besten abholen kannst. Das kann durchaus mit einer Anzeige sein.

Sind deine Kunden eher im Printbereich oder digital unterwegs? Und auf welchen Formaten da genau? Bei einer spitzen Zielgruppe bietet es sich sehr an, auf Fachmedien zurückgreifen. Zudem sollte dein Medium im besten Fall eine hohe Reichweite bei deiner Zielgruppe haben.

Damit deine Anzeige auch die gewünschte Aufmerksamkeit erhält, muss sie so gestaltet sein, dass sie auffällt und ins Auge springt. Zudem müssen sich deine Kunden angesprochen fühlen. Überlege doch mal, was du bei deiner Anzeige anders machen kannst. Wäre ein witziger Spruch vielleicht der richtige Einstieg? Oder lieber mit harten Fakten arbeiten?

Wie auch bei einem Plakat, sollte die Anzeige nicht überladen sein. Halte den Text kurz und packe nicht zu viele gestalterische Elemente rein, um den Betrachter visuell nicht zu überfordern. Du kannst auch bewusst ein paar Informationen vorenthalten. Diese werden erst rausgerückt, wenn sich die interessierten Kunden dann mit dir in Verbindung setzen. So hast du nicht nur einen Lead generiert, sondern kannst auch direkt mit der Kontaktaufnahme abchecken, wer wirklich interessiert ist (Lead = ein konkreter Kontakt). Im besten Fall kannst du dann direkt mit einem Kauf abschließen.

MEIN TIPP

Auch Medienhäuser wollen etwas verkaufen: und zwar Anzeigen. Nutze dieses Wissen, um eine gewisse Verhandlungsposition einnehmen zu können und vielleicht besondere Konditionen aushandeln zu können. Vielleicht bekommst du zu deiner Anzeigenschaltung auch noch einen kleinen redaktionellen Beitrag on top.

B. SPONSORING UND EVENTS NUTZEN, UM DURCHZUSTARTEN

Ich finde Events sind eine unglaubliche Gelegenheit, um Gleichgesinnte zu treffen und sich mit ihnen auszutauschen. Viele unterschätzen, wie inspirierend es sein kann, neue Einblicke in sein Thema zu erhalten und wie motiviert man danach ist. Immer, wenn ich auf einem coolen Event war, bin ich danach voller Tatendrang. (Schon währenddessen hocke ich oft auf heißen Kohlen.)

Für dich als Unternehmer oder Gründer sind Events zudem eine ausgezeichnete Möglichkeit, um deine Produkte und deine Marke in Szene zu setzen. Richtig gute Events präsentieren nicht nur das Unternehmen und schaffen Reichweite, sondern haben darüber hinaus noch eine emotionale Wirkung auf die Teilnehmer, die nicht zu unterschätzen ist, denn sie stellen einen direkten und persönlichen Kontakt zwischen Unternehmen und Zielgruppe her. Zudem wird über gute Events sowohl im Vorfeld als auch danach ausführlich gesprochen und geschwärmt – und dank Social Media inzwischen auch währenddessen.

WORKSHEET „EVENT-ORGANISATION"

Veranstaltungen mit Erfolg planen: Diese Checkliste hilft dir dabei, erfolgreich Veranstaltungen zu organisieren und zielführend als Marketingmaßnahme einzusetzen.

Alle Worksheets: www.marketing-kickbox.de

i. Eigene Events

Vielleicht denkst du dir jetzt: „Felix warum soll ich ein Event machen und wer soll da bitte hinkommen?" Genau, das beantworte ich dir hier.

Damit deine Veranstaltung zum großen Erfolg und somit zu einem hilfreichen Marketingtool für dich wird, gibt es einige Dinge, die du beachten solltest. Zunächst solltest du dir Gedanken bezüglich deines Budgets machen. Denn dieser Faktor bestimmt die Größe und Qualität deines Events – und die wiederum den Erfolg deiner Veranstaltung. Es müssen nicht 10.000 Leute an deinem Event teilnehmen, aber es sollten natürlich so viele wie möglich darauf aufmerksam werden und im besten Fall daran teilnehmen. Überlege dir, welche Location und welche Anzahl an Gästen du dir leisten kannst, ohne dass die Qualität deiner Veranstaltung darunter leiden muss. Diese ist nämlich sehr entscheidend.

> Bei einem guten Event kommt es auf eine ausgezeichnete Organisation und liebevolle Details an.

Du hast sicher von dem Fyre-Festival gehört – das Musikfestival sollte das größte und luxuriöseste überhaupt werden und ist dank seines schlechten Managements so grandios gescheitert, dass es inzwischen sogar Dokumentationen über das Fiasko gibt. Aber keine Sorge: Mit meinen Tipps wird deine Veranstaltung ein voller Erfolg.

TOMAS HERZBERGER

Coach, Speaker, Autor

Bestimmt kennst du die Aussage „it's a people's business". Die Teilnehmer an einem Markt kennen sich. Unternehmen und Positionen mögen wechseln, aber die Menschen bleiben. Mit ihnen machen wir Geschäfte, sie fragen wir um Rat in schwierigen Situationen, sie unterstützen uns in wirtschaftlich unruhigen Zeiten.

Die meisten erfolgreichen Unternehmer sind deswegen erfolgreiche Unternehmer, weil sie über ein Netzwerk aus Partnern, Kunden, Lieferanten und Vertrauten verfügen. Menschen machen Menschen erfolgreich – Technologie kann dabei unterstützen.

Ein hervorragendes Beispiel dafür ist Meetup. Die Gründer Scott Heiferman, Matt Meeker und Peter Kamali wollten eine Plattform schaffen, mit deren Hilfe sich Menschen mit gleichen Interessen leichter finden und treffen können. Sei es, um Yoga zu üben, über Kryptowährungen zu fachsimpeln oder sich einfach auf einen guten Kaffee zu verabreden.

Du willst deine Idee validieren? Dich als Experte profilieren? Nutze Meetup.

EXPERTENTIPP

Entstanden ist mittlerweile eine Plattform, die im wahrsten Sinne des Wortes „Social" ist. Ohne fancy Technologie und mit einer mittelprächtigen Usability bringt Meetup jeden Tag tausende von Menschen zusammen. Darunter auch deine potenziellen Lieferanten, Kunden und Partner.

In Deutschland gibt es derzeit 9.400 Gruppen und 600.000 registrierte Nutzer, davon sind 35 Meetups mit knapp 9.000 Teilnehmern gelistet, die sich alleine mit B2B-Networking beschäftigen. Mehrere davon haben über 1.000 Mitglieder. Wie kannst du Meetup für dich nutzen?

Jeder kann ein Meetup zu jedem beliebigen Thema an jedem beliebigen Ort erstellen. Ob es ein einmaliges Event oder eine regelmäßige Reihe wird, ob es für fünf oder fünfzig Menschen organisiert wird, ist vollkommen dir überlassen. Nehmen wir an, du möchtest ein Event für deine potenziellen Kunden erstellen. Erstelle ein passendes Meetup mit einem aussagekräftigen Titel und Beschreibung. Vielleicht ein Expertentreff mit Panel? Oder ein Vortrag?

Du wirst schnell ein Gespür dafür bekommen, was die Teilnehmer erwarten und womit du ihnen eine Freude machen kannst. Auch wenn die Anzahl der Teilnehmer zunächst überschaubar ist: Verliere nicht den Mut und bleib dran. Denke daran, dass ein intensiver Austausch mit 30 Menschen mehr Wert ist als ein oberflächliches, anonymes Event mit 300.

Wenn du am Ball bleibst und regelmäßig Meetups veranstaltest, wird es sich rumsprechen, sowohl on- als auch offline. Auch der Meetup-Algorithmus wird dich dabei unterstützen und dein Event bei den Mitgliedern aktiv pushen. Ein Meetup eignet sich somit hervorragend, um sich selbst und sein Unternehmen zu positionieren und ein Thema zu besetzen. So kannst du lokale Verbindungen zwischen Menschen schaffen. Darüber hinaus Kunden, Partner, Lieferanten, Mitarbeiter oder Mentoren finden, um sich mit Gleichgesinnten auszutauschen.

Ein weiterer wichtiger Punkt, den ich dir vorab mitgeben werde, betrifft dein persönliches Zeitmanagement. Der Planungsbeginn für deine Veranstaltung verschiebt sich selbstverständlich umso weiter nach vorne, je mehr Menschen daran teilnehmen werden. Daher verschaffe dir vor der eigentlichen Eventplanung einen groben Überblick über die Personenanzahl. Ich teile das immer in drei Phasen, wenn ich meine Events plane:

VOR DEM EVENT   WÄHREND DEM EVENT   NACH DEM EVENT

Vor deinem Event

1. Intention
Zunächst solltest du ein Thema für deine Veranstaltung festlegen, da sich dieses über die gesamte weitere Planung erstrecken wird. Das Thema soll Interesse wecken und so klar definiert sein, dass sich deine Zielgruppe auch davon angesprochen fühlt.

2. Termin und Örtlichkeit
Das Nächste, an das du denken solltest, ist ein geeigneter Veranstaltungstermin. Im Idealfall achtest du darauf, dass keine anderen wichtigen Events am gleichen Tag stattfinden. Natürlich finden jeden Tag hunderte Veranstaltungen statt, aber zumindest die für deine Zielgruppe relevanten Veranstaltung solltest du im Blick haben. Dazu zählen Veranstaltungen in der gleichen Stadt, Messen und Geschichten wie Champions League oder das Finale von einer Castingshow. Des Weiteren ist es ratsam, dass du dir darüber Gedanken machst, ob deine Veranstaltung an einem Wochentag oder lieber am Wochenende stattfinden sollte. Ähnliches gilt für die Tageszeit: Ist dein Event vom Sonnenlicht abhängig oder passt dein Thema besser zu einer Abendveranstaltung?

Termin und Örtlichkeit können gut aufeinander abgestimmt werden. Wenn du vorhast, eine Veranstaltung im Hochsommer zu planen, dann kann es auch in den Abendstunden noch angenehm sein, sich unter freiem Himmel aufzuhalten. Versuche dein Event dennoch vom Wetter unabhängig zu planen, sodass du im Notfall auch immer noch Ausweichmöglichkeiten in Zelte etc. hast. Gute Locations und Veranstaltungsräumlichkeiten kosten Geld und sind oft ausgebucht, deswegen solltest du dein Event rechtzeitig planen und die Location entsprechend früh anfragen. Die Location kann übrigens auch eine Grund sein, eine Veranstaltung zu besuchen – beispielsweise wenn sie auf einer tollen Dachterrasse stattfindet. Wenn deine Besucher von außerhalb anreisen müssen, ist es auch ratsam, sich über die Parkmöglichkeiten am Veranstaltungsort zu informieren.

3. Der Besucher

Auch wenn du dir (sofern du meine Liste bisher schrittweise verfolgt hast) nun darüber im Klaren bist, mit wie vielen Teilnehmern du planst, ist es überaus wichtig, zu wissen, mit welcher Klientel du es zu tun hast. Deine Veranstaltung richtet sich nach den teilnehmenden Personen und nicht umgekehrt. Daher solltest du das Veranstaltungsprogramm immer im Hinblick auf deine potenziellen Gäste organisieren.

> Wie auch im Marketing ist einer der wichtigsten Punkte bei einer guten Eventplanung die Zielgruppenanalyse.

Nur wenn du genau weißt, wer kommen soll, kannst du deine Planung darauf ausrichten. Dabei reicht es nicht mit generalisierenden Begriffen wie „Unternehmer", „Männer" oder „Gründer" um sich zu werfen – werde konkret. Versuche etwas über die Bedürfnisse deiner Zielgruppe zu erfahren und plane dein Event so, dass genau diese Bedürfnisse gedeckt bzw. behandelt werden. So triffst du bei deinem Publikum ins Schwarze und sorgst dafür, dass sich deine Zielgruppe auch für deine Veranstaltung interessiert.

OLIVER GEISSELHART

„Deutschlands Gedächtnis- und Mentaltrainer Nr. 1" (ZDF)

Du schlägst nun gleich zwei Fliegen mit einer Klatsche: Du lernst, wie du einen professionellen Vortrag aufbaust und wie du dir deine Vortragsinhalte so merkst, dass du souverän und frei sprechen kannst und überzeugend ankommst.

Da dein Gedächtnis Bilder und Gefühle leichter behält als alles andere, benutzen wir meine Zahlensymbole. Damit merkst du dir Vortragsstichpunkte leicht und sicher.

Und so erklären sich die Symbole:
- Die Eins sieht aus wie eine Kerze
- Der Schwan erinnert uns an die Zwei.
- Der Dreizack hat drei Zacken,
- das Kleeblatt vier Blätter und
- die Hand fünf Finger.
- Der Rüssel des Elefanten sieht aus wie die Sechs und
- die Fahne erinnert uns von der Form her an eine Sieben.

„

Der 1-Million-Euro-Vortrag – So kommt deine Botschaft mitreißend und begeisternd beim Publikum an

- Die Acht erkennen wir in der Sanduhr wieder,
- Die Schlange kringelt sich zur Neun.

Die wichtigsten neun Punkte für einen überzeugenden Vortrag

1. Du solltest frei ohne Spickzettel sprechen, dies wirkt deutlich souveräner.
   Stell dir bitte so deutlich wie du kannst vor deinem inneren Auge vor, wie du deinen Spickzettel über der Kerzenflamme verbrennst. Damit hast du den ersten Stichpunkt schon gespeichert.

2. Sei authentisch auf der Bühne – niemand will einen sich verstellenden Redner.
   Stell dir ganz deutlich einen Schwan auf der Bühne vor. Wenn er wirklich echt, also authentisch ist, dann kackt er auch einfach so überall hin.

3. Beginne deinen Vortrag mit einem „Wow-Effekt" – so bekommst du Aufmerksamkeit. Schleudere bitte nur in Gedanken den Dreizack ins Publikum.

4. Dein Vortrag sollte interaktiv sein. Mache dabei immer alles vor, was dein Publikum nachmachen soll. Stell dir vor, wie du vierblättrige Kleeblätter im Publikum verteilst und diese dann gemeinsam mit allen Teilnehmern schön faltest

5. Hilf deinem Publikum wirklich und gib echtes Wissen weiter – dein Publikum sollte spüren können, dass du wirklich geholfen hast. Reiche jedem die Hand und hilf wirklich. Stell dir vor, wie du dein Wissen mit beiden Händen ins Publikum wirfst.

6. Erzähle Geschichten und Metaphern – diese bleiben besser im Gedächtnis und machen Fachliches leicht verständlich.

EXPERTENTIPP

Stell dir einen am Lagerfeuer sitzenden Elefanten vor, der dort die besten Geschichten erzählt.

7. Mache bei jedem Vortrag ein Angebot – nutze diese Möglichkeit um vertiefendes Wissen anzubieten, egal in welcher Form.
Sieh bitte auf dem Fähnchen vor deinem geistigen Auge lauter Prozentzeichen. So wie beim Schlussverkauf: Überall stecken die Angebotsfähnchen drauf.

8. Bewege dich auf der Bühne – du bist dadurch näher am Publikum und transportierst mehr Energie. Nimm dazu die „Bewegungs-Sanduhr": Sie zieht dich auf der Bühne ständig von der einen auf die andere Seite.

9. Beende deinen Vortrag mit einem „Wow-Ausstieg" – die letzte Botschaft deines Vortrags bleibt beim Publikum am längsten im Gedächtnis.

Schleudere in Gedanken die Schlange ins Publikum, das wäre sicherlich ein im Gedächtnis der Teilnehmer bleibendes Ende.

10. Wenn du dir die neun kleinen Szenen tatsächlich jedes Mal in deinem Kopfkino vorgestellt hast, müsstest du auch alle neun Punkte drauf haben. Teste dich doch einfach einmal. Schaue dazu auf die Zahlensymbole und frage dich einfach: Was hab ich mit der Kerze gemacht? Was machte der Schwan usw.? Du müsstest dann ganz einfach, zumindest sinngemäß, auf alle neun Punkte kommen. Sollte es mit einem nicht so gut geklappt haben, stell dir die Geschichte dazu einfach nochmal deutlich vor.

Übung macht den Meister: Je öfter du diese Technik anwendest, desto schneller und sicherer wirst du auch. Viel Erfolg und Spaß dabei!

> **MEIN TIPP**
>
> Hast du passende Redner oder Akteure für das Event eingeplant? Unter Umständen kann nur durch Redner und interessante Programmpunkte ein Mehrwert geliefert werden, der deine Besucher anlockt. Wenn ein Redner auftritt, der zur Zielgruppe passt und eine Sogkraft hat, ist die Vermarktung von deinem Event einfacher. Viele besuchen oftmals ein Event nur wegen eines Redners und der Impulse, die er mitgibt. Bevor du einen Speaker buchst, frage dich aber, welche Art von Vorträgen ins Veranstaltungskonzept passen.

4. Das Programm

Kannst du bieten, wofür die Besucher ein Ticket kaufen? Biete eigene Mehrwerte, die es nur auf deiner Veranstaltung gibt und die dich von der Konkurrenz abheben. Welche Mehrwerte sind für deine Besucher als Programmpunkte relevant und wie kannst du diese kommunizieren? Hinsichtlich des Rahmenprogramms solltest du dir überlegen, welche Punkte es braucht, um erfolgreich Teilnehmer zu gewinnen. Machen musikalische Einlagen Sinn? Wer macht die Eröffnung? Bedarf es einer Moderation, um die Stimmung innerhalb der Veranstaltung aufzulockern? Frage dich, welche Art von Event du selber interessant finden würdest, und plane deine Veranstaltung dementsprechend.

> **MEIN TIPP**
>
> Machst du die gleichen Fehler wie der Wettbewerb? Besuche vorher ähnliche Events wie das, was du ausrichten möchtest, und achte darauf, welche Fehler sie machen und versuche sie dann zu vermeiden. Das gilt nicht nur in Hinblick auf die Organisation oder Vermarktung, sondern auch auf das Programm.

5. Dein Budget

Gerade bei größeren Veranstaltungen bleiben dir im Grunde nur zwei Möglichkeiten: Entweder du greifst tief in die Tasche und finanzierst das gesamte Event selbst oder du informierst dich frühzeitig über etwaige Fördergelder. Plane genau, wie viel Kapital du brauchst, um dein Event zu einem Erfolg zu machen.

6. Die Organisation

Je nach Größe deiner Veranstaltung solltest du dich auch unbedingt über den notwendigen Versicherungsschutz informieren und die wichtigsten steuerrechtlichen Fragestellungen abklären. Hierzu solltest du dir im Vorfeld noch einmal eine separate Liste erstellen, auf der du die wichtigsten Kontaktpersonen und Ansprechpartner festhältst. Damit du dich nicht bereits mit der Planung übernimmst, solltest du dir also rechtzeitig Hilfe holen und die anfallenden Aufgaben in kompetente Hände geben.

> **MEIN TIPP**
>
> Möchtest du äußerst wichtige und persönlich ausgewählte Gäste für dein Event gewinnen (wie beispielsweise B2B-Kontakte oder Investoren), musst du dir darüber bewusst sein, dass diese Personen wahrscheinlich sehr beliebt sind und deine Einladung mit zig anderen konkurriert. Es findet schließlich jeden Tag irgendwas statt. Um einer Zusage näherzukommen, setze bei der Einladung auf Personalisierung. Gehe auf die Interessen deiner Zielperson ein, wähle eine personalisierte Ansprache und mache die Person auf die für sie wirklich interessanten Veranstaltungshighlights aufmerksam.

7. Speis und Trank

Ob und in welchem Umfang du eine Verpflegung anbietest, hängt eng mit der Länge der Veranstaltung zusammen. Die Gäste sollen schließlich nicht verhungern. Überlege dir aber, wie du die anfallenden Kosten stemmst. Werden sie in die Ticketpreise einkalkuliert, können die Gäste sich etwas kaufen oder bietet sich vielleicht ein Caterer als Sponsor an? Übrigens kann die Wahl der Verpflegung schon beim Veranstaltungsmarketing wichtig sein. Wenn das Essen ein Grund sein könnte, warum jemand eine Veranstaltung besucht, beispielsweise weil die schärfste Currywurst der Welt serviert wird, solltest du entsprechend darauf aufmerksam machen.

8. Die Ankündigung und das Eventmarketing

Der Erfolg einer Veranstaltung hängt davon ab, wie gut sie besucht wird. Daher gilt, dein Event so anzukündigen, dass es auch entsprechend Aufmerksamkeit und Beachtung erhält. Um den Saal zu füllen, gibt es zahlreiche und günstige Möglichkeiten, wenn du die richtigen Kanäle für die Zielgruppe auswählst und die Größe deiner Veranstaltung berücksichtigst. Sofern du über 800 Gäste geladen hast, stellt sich die Frage, ob Einladungskarten oder -flyer noch sinnvoll sind. Auch bei einer offenen Veranstaltung bieten sich andere Verbreitungsmöglichkeiten wie beispielsweise die Presse oder das Internet eher an, um damit einen größeren Kreis anzusprechen. Nutze verschiedene Marketingtools, um das Event bekannt zu machen und Tickets zu verkaufen.

Eine empfehlenswerte Plattform, um Events zu organisieren, Tickets zu verkaufen und dein Event gleichzeitig bekannt zu machen, ist Eventbrite (www.eventbrite.de). Die Plattform ist leicht zu bedienen und bietet vielfältige Anpassungsmöglichkeiten. Und sie ist kostenlos, sofern du für dein Event kostenlose Tickets anbietest. Mache dir beim Ticketverkauf das Prinzip der Verknappung zunutze. Die Kapazität deiner Räumlichkeit sowie die angepeilte Besucherzahl sind die Grundlage für dein Ticketkontingent. Überlege, ob du bewusst diese Kapazitätsgrenzen einsetzt, um die Begehrlichkeiten bei deinem Publikum zu wecken. „Nur 300 Tickets verfügbar", kann ein Verkaufsargument sein. Weiterhin könntest du sogar den Zugang zu den Tickets zeitlich limitieren. Wie wäre es etwa, wenn deine Gäste nur freitags Karten erwerben könnten?

Aber du musst dein Event gar nicht alleine vermarkten und dir alleine ausgefallene Maßnahmen einfallen lassen. Dafür besteht kein Grund. Es gibt eine Menge anderer Institutionen, Unternehmen oder Sponsoren, die froh sind, wenn sie sich an deine Veranstaltung dranhängen können.

Nutze das Netzwerk deiner Partner und bitte diese explizit, ihre Kontakte ebenfalls einzuladen.

MEIN TIPP

Besteht der Name deiner Veranstaltung den Zwei-Sekunden-Test? „Willkommen beim 14. Augsburger Gründerforum." Würde dich dieser Titel hinterm Ofen hervorlocken? Eventuell nicht. Ein gutes Produkt braucht einen guten Namen, insbesondere bei Veranstaltungen. Der Name ist oft das Erste, was dein Publikum von dir hört. Der Name sollte das Konzept deiner Veranstaltung erfüllen sowie unverwechselbar, aussprechbar und wiedererkennbar sein. Zudem sollte der Name in maximal zwei Sekunden ausgesprochen und in maximal zwei Sekunden verstanden werden.

Stelle deinen Besuchern ausreichend Informationen zu deiner Veranstaltung bereit. Die Leute wissen gerne, was sie erwartet, bevor sie sich die Zeit nehmen und das Event besuchen. Je nach Veranstaltungsart kannst du die Vorfreude steigern und die Bedürfnisse deiner Besucher besser treffen, indem du sie aktiv in die Planung einbindest. Abstimmungstools über Social Media sind beispielsweise Möglichkeiten, die du dafür einsetzen kannst. Über Social Media kannst du aber nicht nur die Verbindung zwischen deinen Besuchern und dir sowie deinem Event stärken, sondern auch den Besuchern untereinander.

Nutze die sozialen Netzwerke, um das Networking und den Austausch zwischen deinen Besuchern anzuregen.

Während des Events

9. Dein Zeitmanagement

Plane am Veranstaltungstag genügend Zeit dafür ein, noch einmal alle Punkte in Ruhe durchzugehen und einige Sachen mit den verantwortlichen Personen durchzusprechen. Je länger die Planung im Vorfeld gedauert hat und je wichtiger die Veranstaltung ist, desto nervöser wirst du sein. Versuche daher dein eigenes Lampenfieber einzukalkulieren und dir auch die entsprechende Zeit zu nehmen, tief durchzuatmen.

> **MEIN TIPP**
>
> Hast du einen Notfallplan parat? Es geht immer etwas schief, egal wie gut man etwas plant. Der Erfolg oder das Erfüllen von Abmachungen hängt schließlich nicht nur von dir ab. Deshalb empfehle ich dir immer einen Plan B zu haben. Was tun, wenn ein Keynote Speaker kurzfristig absagt? Wie gehst du vor, wenn die Zufahrtsstraße vorher gesperrt wird? Oder was passiert, wenn die Technik im Saal nicht richtig funktioniert? Natürlich kannst du nicht jede Eventualität doppelt absichern, aber zumindest für einen Teil der Dinge sollte es einen Plan B geben. Man kann als Veranstalter nicht immer überall sein und bis ein Mitarbeiter oder Mitveranstalter den Kontakt aufgebaut hat, um

nachzufragen, kann wertvolle Zeit verloren gehen. Also: Verantwortung übertragen.

10. Die Dekoration

Auch wenn du das meiste von der Dekoration und der Gestaltung des Veranstaltungsortes schon hinter dich gebracht haben solltest, könntest du dein Auge noch ein letztes Mal über das Gesamtbild und die Details schweifen lassen. Ist alles zu deiner Zufriedenheit? Sitzt alles? Dabei darf es sich aber lediglich um Kleinigkeiten handeln, die dich kurz vor der Veranstaltung nicht mehr unnötig stressen. Jetzt wäre zum Beispiel ein guter Zeitpunkt, die Tisch- oder Menükarten zurechtzurücken.

11. Alle wissen Bescheid

In den letzten Stunden vorher geht es darum, alle für die Veranstaltung wichtigen Personen auf den aktuellen Stand zu bringen und eine kleine motivierende Ansprache zu halten. Vergiss nicht, ihnen für die viele Arbeit zu danken, die sie in die Eventplanung gesteckt haben. Schließlich geht es darum, dass ihr alle zusammen als Team arbeitet, damit der Abend erfolgreich über die Bühne geht. Es geht darum, einen Abend, in den gefühlt 100 Arbeitsstunden investiert wurden, für die Gäste so aussehen zu lassen, als sei er mit Leichtigkeit geplant und organisiert worden.

> **MEIN TIPP**
>
> Auch die Gäste sollen alle Bescheid wissen – zumindest wenn es um den Weg zur Location geht. Nicht jede Location liegt auf einem hohen Berg und kann bereits von 100 km Entfernung gesichtet werden. Eine Wegbeschreibung oder die richtige Adresse für das Navigationssystem können schon hilfreich sein. Aber damit ist es noch nicht getan: Vor Ort sollten Parkplätze ausgeschildert und der Eingang zu deiner Veranstaltung leicht zu finden sein. Glaub mir, das ist nicht immer der Fall.

Nach dem Event

12. … ist vor dem Event
Wenn du mehr als eine Veranstaltung pro Jahr abhältst, nutze die stärkste Marketingplattform, um die nächste zu bewerben – nämlich deine jetzige Veranstaltung. Diese ist die beste Vermarktungsplattform für das nächste Event – so fällt dir die Planung im Nachgang leichter. Das wird leider viel zu selten genutzt. Damit meine ich nicht ein Roll-up im Ausgangsbereich. Biete bereits auf der laufenden Veranstaltung eine Registrierung für die nächste Veranstaltung an. Oder kündige die neue Veranstaltung gleich auf der Bühne an – dann aber bitte mit einem ganz besonderen Angebot.

13. Erinnerungsstück
Auch dieser Punkt ist von der Größe deiner Veranstaltung abhängig und variiert abhängig vom anwesenden Publikum. Oftmals kann es aber sehr schön

sein, von einem Event, das man in positiver Erinnerung behalten soll, ein kleines Andenken mitzunehmen. Du kannst aber auch exklusiven Zugang zu Informationen als Erinnerungsstück mitgeben oder eine richtige Goodie Bag - je nachdem wie groß und exklusiv deine Veranstaltung ist. Vielleicht lässt sich das Erinnerungsstück in werblicher Hinsicht gut mit Sponsoren- und Fördergeldern verknüpfen?

14. Die Finanzen

Gerade nach der Veranstaltung ist es wichtig, dass du daran denkst, die letzten offenen Rechnungen zu begleichen und dein gesamtes Budget mit deinen entstandenen Ausgaben gegenzurechnen. Schließlich sollte nicht nur eine erfolgreiche Veranstaltung, sondern auch ein Plus in den Finanzen am Ende herauskommen – außer natürlich du zielst darauf ab, deine Produkte auf der Veranstaltung zu verkaufen.

15. Ein Feedback

Frag nicht nur nach Feedback zu deiner Veranstaltung, sondern gib auch selbst eines. Was war positiv? Was hätte besser laufen können? Welche Fehler sind aufgetreten und wie können diese in Zukunft vermieden werden? Die Beantwortung dieser Fragen ist elementar, damit du aus dieser Veranstaltung für weitere einen Nutzen ziehen kannst, denn: Nach dem Event ist vor dem Event.

16. Mediale Nachbereitung

Durch eine Nachbereitung, kannst du möglichst lange und nachhaltig von der Wirkung deines Events profitieren. Verfasse dafür Beiträge, die du auf deiner Website und auf Social Media veröffentlichen kannst. Zudem kannst du in einer nachträglichen Dankes-E-Mail an deine Besucher auf diese Beiträge verweisen. Da bietet es sich an, auch die Gäste dazu anzuregen, ihre Bilder und

Inhalte zu deinem Event zu teilen und dich entsprechend zu verlinken oder zu markieren.

Natürlich musst du noch 100 andere Dinge berücksichtigen, aber wenn du mit den Punkten arbeitest, bist du auf dem richtigen Weg.

ii. Sponsoring

Die meisten denken bei Sponsoring erstmal an Sport. An der Bande, auf den Trikots, auf der Zeituhr, ja sogar mit dem Namen des Stadions wird Werbung gemacht. Allianz-Arena, Mercedes-Benz-Arena, Veltins-Arena und wie sie nicht alle heißen. Nicht umsonst – Sponsoring ist ein tolles Mittel, um die Markenbekanntheit zu erhöhen, auf diese Weise neue Kunden zu generieren und gleichzeitig das Image ein wenig aufzupolieren. Hierzu hast du außerdem weit mehr Möglichkeiten als nur das Sportsponsoring. Du kennst bestimmt auch diese Spots, die häufig vor bestimmten Sendungen oder Programmpunkten im TV oder Radio kommen: „Das Wetter wird ihnen präsentiert von …" (von manchen kannst du bestimmt schon ein Lied singen). Das nennt man beispielsweise Mediensponsoring. Du musst aber nicht gleich die Wettervorhersage eines Fernsehsenders unterstützen. Ferner muss es auch nicht mit finanziellen Mitteln über die Bühne gehen. Abhängig von deinen Stärken kannst du deinem Sponsoringpartner verschiedenste Gegenleistungen anbieten, beispielsweise deine Arbeitskraft, Expertise, Reichweite oder ganz einfach dein Produkt.

Hier ein paar Ideen, auf welche Weise du erfolgreiches Sponsoring betreiben kannst:

Sportsponsoring

Die Dassler-Brüder, Gründer von Adidas und Puma, wollten Geld eigentlich aus dem Sport raushalten. Dieses Vorhaben ist wohl gehörig in die Hose gegangen, denn selbst der kleinste Sportverein wird heute von der ortsansässigen Metzgerei gesponsert. Kein Wunder – Sport ist einfach ein riesiges Thema und dementsprechend hast du hier auch wieder viele Möglichkeiten.

Das Sponsoring eines Wettbewerbs wäre eine davon. Da das Preismodell der FIFA womöglich nicht erschwinglich für dich ist, begnügen wir uns mit örtlichen Events, bevor wir uns an die nächste Fußball-WM herantrauen. Mittlerweile gibt es die verrücktesten Sportveranstaltungen. Vom Colour Run bis hin zu allen möglichen Spaßturnieren. Höre dich einfach um und überlege, welche Sportarten für deine Zielgruppe von Interesse sein könnten. Events sind ohnehin eine riesen Chance im Sponsoring, darum gibt es dazu gleich noch mehr unter dem Punkt „Eventsponsoring".

Ein einzelner Termin ist dir nicht genug? Dann könnte das Unterstützen einer ganzen Sportmannschaft bzw. eines Vereins vielleicht für dich infrage kommen. Solche Sponsoren erspäht man oft auf der Kleidung, auf Bandenwerbung, aber auch auf den Vereinsfahrzeugen. Auf der Brusthöhe eines Trikots hockt oft der Hauptsponsor. (Da können schon mal lustige Kombinationen rauskommen, sag ich dir.) Handelt es sich um eine etwas bekanntere Mannschaft in der Region, sind die einzelnen Mannschaftsmitglieder womöglich sogar örtliche Influencer und zeigen sich und ihr Sportoutfit nicht selten auf Instagram & Co. So kann jeder Spieler zum Multiplikator für dich werden.

Kultursponsoring
Gerade das Kultursponsoring ist eine optimale Herangehensweise, die emotionale Bindung zu einer bestimmten Region oder Personengruppe zu stärken. Vielleicht liegen dir bestimmte Bauwerke deiner Heimatstadt besonders am Herzen oder du hast eine Schwäche für zeitgenössische Kunst? Fördere Projekte zum Erhalt des kulturellen Erbes, unterstütze weltweite Kunstprojekte oder den Malwettbewerb der örtlichen Volksschule. (Da ist auch für Kulturbanausen was dabei.) Selbst kleinere Projekte können dir eine große Aufmerksamkeit und gute Publicity bescheren. Hört sich immer etwas kaltherzig an, wenn ich so etwas sage, natürlich sollte die gute Sache im Vordergrund stehen. Aber Sponsoring würde es wohl nicht geben, wenn nicht auch für den Sponsor etwas dabei rausspringen würde. (Win-Win-Situationen lassen mein Herz höherschlagen.)

Eventsponsoring
Auch ein Klassiker: Der große Bereich des Eventsponsorings. Veranstaltungen gibt es zu den unterschiedlichsten Anlässen und die wenigsten davon kommen ohne Sponsoring aus. Das ist auch gar nicht gewünscht, denn so ein Event zieht

III. Ab geht die Post | B. Sponsoring und Events nutzen, um durchzustarten

im Normalfall Menschenmassen an und erhält mediale Aufmerksamkeit. Wäre doch schade, wenn die Veranstalter diese Reichweite nicht nutzen würden, oder?

Auch hier ist die Vielseitigkeit nahezu grenzenlos. Wettbewerbe, Konzerte, Festivals, Volksfeste und Konferenzen sind nur der Anfang von dem, was möglich ist. Und falls die Partywütigen unter euch schon enttäuscht waren: Partys gehören natürlich auch dazu.

Bevor du ein Sponsoring allerdings zusagst, solltest du dir vom Veranstalter detaillierte Infos zum Event zuschicken lassen. (Wir kaufen die Katze wie immer nicht im Sack). Wann und wo findet der ganze Spaß statt? Was wird den Gästen geboten? Welche Redner und Akteure werden dabei sein? Was ist das Thema des Events? Passt es überhaupt zu dir und deinem Unternehmen? Was wird von dir als Sponsor verlangt? Und ganz besonders wichtig: Was hast du davon? Wird deine Zielgruppe auf der Veranstaltung vertreten sein? Wenn ja, in welchem Ausmaß? Im Idealfall ist es eine sich wiederholende Veranstaltung und du kannst nach Reportings des letzten Jahres fragen.

MEIN TIPP

Wenn du Sponsor bei einer Veranstaltung bist, ist es wichtig, zu klären, welchen Status du beim gesponserten Event hast. Die Tatsache, ob du Haupt- oder Nebensponsor bist, wirkt sich nämlich auch darauf aus, in welcher Form du beworben wirst. Insbesondere als Hauptsponsor solltest du versuchen, eine Branchenexklusivität auszuhandeln. Kläre darüber hinaus ab, wie der

> Erfolg der Veranstaltung gemessen wird und wie verfahren wird, wenn die Zahlen keinen zufriedenstellenden Erfolg ausweisen.

In Hinblick auf die Umsetzung des Sponsorings gehen die Möglichkeiten weit über die Nennung deines Namens auf der Sponsoringwand hinaus. Lasse dich beispielsweise auf den Social-Media-Kanälen deines Partners vorstellen. Macht es vielleicht Sinn, dass du mit dem Veranstalter zusammen bei Instagram live gehst, um ein kleines Interview zu führen, das thematisch zum Event passt? Wird es einen runden Tisch oder eine Diskussionsrunde geben, an der du dich beteiligen kannst? Oder du hältst einfach direkt einen Expertenvortrag. Vielleicht kann als weitere Idee, eine Lounge oder ein VIP-Parkplatz nach deinem Unternehmen benannt werden? (Die „Felix-Chillout-Lounge" hört sich doch ganz nett an.) Welche coolen Werbegeschenke kannst du verteilen, um so auf dein Unternehmen aufmerksam zu machen? (Nein, Kulis lasse ich nicht mehr zählen.) Kannst du vielleicht nützliche Gadgets zu einer Veranstaltung oder einer Location beitragen? Da fällt mir das Beispiel einer Bank ein, die auf einem Musikfestival abschließbare Schließfächer mit integrierter Handyladestation aufgestellt hat. (Gibt heutzutage nur wenig Schlimmeres als einen leeren Handyakku.) Mittlerweile weißt du ja, dass ich ein großer Freund davon bin, Dinge anders zu machen.

Diese genannten Maßnahmen sind eher für die breite Masse. Da du durch ein Sponsoring auch anstreben könntest, möglichst tiefgründigen Kontakt mit deiner Zielgruppe zu erhalten, solltest du vorher mit dem Veranstalter klären, wie du dies anstellen kannst. Was bekommst du für dein Sponsoring geboten? Die gängigen Praktiken, um Beziehungen mit den Veranstaltungsgästen aufzubauen, sind beispielsweise ein Messestand (je nach Größe der Veranstaltung mit vorher terminierten Einzelgesprächen), ein Wettbewerb oder exklusive Mittag- bzw. Abendessen, um sich auszutauschen. (Aus Erfahrung kann ich sagen, dass Pizza und Pasta gute Gespräche hervorbringen.)

Die intensiven Unterhaltungen mit deiner Zielgruppe bieten natürlich auch eine hervorragende Gelegenheit, um den Verkaufsprozess anzukurbeln. Pass aber auf, dass dies nicht direkt in ein Verkaufsgespräch abrutscht. Der Grat dazwischen ist sehr schmal und macht besonders bei hochpreisigen oder beratungsintensiven Produkten in so einem intimen Umfeld des Einzelgesprächs einen eher negativen Eindruck. Daher solltest du genau wissen, wie du diesen Touchpoint mit einem möglichen Kunden nutzen kannst. Vielleicht kannst du dein Gegenüber auch ganz unbefangen fragen, ob er auf dem Event schon eine andere Sponsoringmaßnahme von dir gesehen hat, sofern es noch eine andere gibt. So lenkst du, raffinierter Schlingel, das Gespräch unauffällig in die Richtung deines Unternehmens.

Egal um welche Art von Sponsoring es sich handelt – in allen Fällen gilt, dass du dich im Vorhinein damit auseinandersetzt, welche Ziele du erreichen möchtest. Willst du mehr Aufmerksamkeit von Neukunden gewinnen? Ist es dir wichtig, deine Beziehung zu den bestehenden Kunden zu stärken und erlebbar zu machen? Bewerte jede Möglichkeit dahingehend, inwiefern sie dich weiterbringt und wie viele Personen aus deiner Zielgruppe du erreichen kannst. Das gibt dir eine gute Basis, um einschätzen zu können, wie viel du für dein Sponsoring finanziell kalkulieren solltest. Teste das Eventsponsoring doch einfach mal an einer Veranstaltung aus und schau, ob du mit dieser Disziplin warm wirst. Hast du daran erstmal Gefallen gefunden, kannst du deinen Charme auf einem Event nach dem anderen versprühen.

C. WERBEN OHNE ZU WERBEN – MIT CONTENT & CO

Ich liebe Marketing und ganz besonders kreative Werbung. Begib dich selbst auf die Suche nach neuen Möglichkeiten, abseits der Wege, die jeder schon kennt. (Habe ich das nicht schon mal gesagt?) Wenn ich mich für deine Leistung interessieren soll, solltest du dir Mühe geben. Es gibt ungefähr eine Millionen Wege, Werbung zu machen. Es geht darum, den Weg zu finden, der zu deiner Leistung, dir und deinem Budget passt und vor allem die Zielgruppe dort trifft, wo du sie treffen willst. Du kannst als Einhorn verkleidet durch Berlin laufen, ein Gewinnspiel organisieren, bei dem man ein 10 Kilogramm Nutella Glas gewinnt oder alle Nachbarn deines Büros zu einer Schnitzeljagd einladen. Ich habe 500 Anwälte in Düsseldorf mit einer Postkarte angeschrieben, auf der stand „Anwälte sind langweilig". Hinten auf der Postkarte stand handgeschrieben: „Gehören Sie auch zu diesen langweiligen Anwälten oder sollen wir daran arbeiten, dass Sie mehr als nur auffallen." Natürlich fand das nicht jeder toll, aber:

> Du willst auch nicht jeden als Kunden.

ROBERT GLADITZ

Coach für authentische Experten-Businesses

Viel zu viele Unternehmer jagen dem schnellen Geld hinterher und nehmen dabei jeden Kunden mit, der nicht bei drei auf den Bäumen ist. Kurzfristig funktioniert das auch, aber langfristig lässt sowohl unsere Begeisterung für unser Business nach als auch unser Erfolg – weil wir uns für Menschen, die uns nicht wirklich am Herzen liegen, verstellen. Nur um den schnellen Sale zu machen.

Was wäre, wenn wir nur mit Menschen arbeiten würden, auf die wir richtig Bock haben? Menschen, die uns wirklich wichtig sind, mit denen wir uns verbunden fühlen und deren Leben wir aus tiefstem Herzen verbessern wollen. Und nein, das ist kein Feel-Good-Hokuspokus, sondern knallharte Business-Strategie. Denn das legt den Grundstein für wirkliche Kundenzufriedenheit und Weiterempfehlungen!

Und ganz nebenbei erfüllt uns als Unternehmer die ganze Nummer auch viel mehr, als wenn wir nur blanken

„ Wer ist dein Lieblingskunde?

EXPERTENTIPP

Zahlen nachjagen. Schließlich wollen wir doch alle am Ende unseres Lebens einen echten Impact kreiert haben – und das doch am liebsten für Menschen, die uns was bedeuten. Unsere Lieblingskunden eben!

Und alles beginnt mit einem glasklaren Bild in unserem Kopf: Wer ist dieser Lieblingskunde? In welcher Lebenssituation ist er gerade? Was beschäftigt ihn? Welche Probleme hat er? Und welche Bedürfnisse?

Und dann schneidern wir unser Produkt maßgenau auf ihn und genau diese Bedürfnisse zu – mit der Folge, dass es langfristig immer mehr und mehr Lieblingskunden werden, weil sich rumgesprochen hat, dass wir das perfekte Produkt für sie kreiert haben.

Im Prinzip ganz einfach, oder? Ja, einfach. Aber nicht leicht. Denn es erfordert eine Menge Liebe, emotionalen Invest und den Willen zur Extrameile. Aber genau so entstehen Unternehmen, die die Welt ein Stückchen besser machen! Bist du ready?

III. Ab geht die Post | C. Werben ohne zu Werben - mit Content & Co

Doch wie kommst du genau an die Kunden, die du willst? „Einmal Kunden, die meine Produkte lieben werden, meine Botschaft verstehen und meine Sprache sprechen, zum Mitnehmen bitte, danke" – so einfach ist es leider nicht. Aber, und das ist die gute Nachricht, ein Hexenwerk ist es auch nicht. Darum stelle ich dir in diesem Kapitel ein paar meiner Lieblingstechniken vor, wie du deine Kunden, und die, die es gerne werden wollen, gekonnt um den Finger wickeln kannst.

Content – ist was Feines
Eine simple Lösung ist, nicht mehr nach den richtigen Kunden zu suchen, sondern dich von ihnen finden zu lassen. („Klingt ja erstmal ziemlich unrealistisch, Felix.") Das nennt man auch „Inbound-Marketing". Dabei geht's darum, gut auffindbar für deine Zielgruppe zu sein, um sie, nachdem sie dich gefunden hat, willkommen zu heißen. Klassische Werbung, wie beispielsweise Plakate oder Anzeigen, gehören hingegen zum Outbound-Marketing und werden den Kunden oft ungefragt vor die Nase gehalten, weshalb sie in den letzten Jahren auch stark an Wirkung verloren hat.

Der große Star im Inbound-Marketing ist klar das Content-Marketing. Keiner möchte heutzutage nur noch von Werbebotschaften zugeschüttet werden. Den Kunden ist es wichtig, Mehrwert zu erhalten. Als Unternehmer oder Gründer solltest du dieses Wissen nutzen, um Content-Marketing zu betreiben und aufzufallen. (Ich glaube „Mehrwert" ist das meistgenutzte Wort in diesem Buch.) Hochwertigen Content zu veröffentlichen, ist und bleibt eine der besten und nachhaltigsten Wege, um Marketing zu betreiben. Auf diese Weise werden nicht nur neue Kunden auf dich aufmerksam, sondern bestehende Kunden bleiben auch länger. (Logisch, da gibt's was umsonst, da bleibt man gerne.)

Ich habe es dir schon häufiger in diesem Buch genannt: Mehrwert, Mehrwert, Mehrwert. Biete deinen Interessenten Content, mit dem sie etwas anfangen können und der sie weiterbringt. Dabei kannst du auch weit über die bloße Vermittlung von Wissen hinausgehen. Im Content-Marketing gibt es nichts, was es nicht gibt – Hauptsache:

Inhalt mit Gehalt.

Dabei kannst du deinen potenziellen Kunden natürlich mit Rat und Tat zur Seite stehen, aber auch einfach mal unterhalten oder den Witzbold in dir auspacken. Ganz wichtig: Dein Angebot steht hierbei im Hintergrund.

Vielmehr ist deine Kreativität gefragt. Jedes Format, das in der Lage ist, Inhalte zu vermitteln, steht dir zur Auswahl. Natürlich ist es sinnvoll, wenn du dich auf wenige, aber dafür in deinem Fall effektive Content-Formen festlegst. Werde also kreativ: Der klassische Blog, eine Videoreihe, ein kostenloses Webinar, eine anschauliche Infografik oder gar einen Podcast zu deiner Nische – die Liste der Möglichkeiten ist endlos, ebenso wie die Themenvielfalt. Supermärkte packen schmackhafte Rezepte in Smartphone-Apps und stellen diese kostenlos zur Verfügung. Ein Baumarkt zeigt Kunden sowie Nicht-Kunden, wie Mann sich ein „Herrenzimmer" baut. (Welcher Mann braucht das nicht?) Und auf der Website einer Unternehmenssoftware kann man sich ein E-Book zum Thema Mitarbeiterführung downloaden.

Kreiere hochwertigen Content und platziere ihn dort, wo deine Kunden ihn finden. Das zahlt sich auf lange Sicht aus. Gute Inhalte verleihen dir nicht nur den Status als Experte, du baust darüber auch eine nachhaltige Kundenbindung auf. Zudem lassen sich besonders Online-Inhalte leicht teilen. Wenn jemand einen interessanten Blogpost von dir teilt, empfiehlt er dich gewissermaßen weiter. Gute Inhalte sind somit auch eine Form von Empfehlung. Du siehst schon, im Marketing geht vieles Hand in Hand.

> Dinge, die viral geteilt werden und somit als Empfehlung fungieren, sind außergewöhnliche Dinge – Dinge, die auffallen.

Empfehlungsmarketing – Nutze deine Kunden als Vertriebler

Apropos Empfehlungsmarketing – das ist die zweite Marketingmethode, die ich dir ans Herz legen will. Menschen aus unserem Umfeld vertrauen wir. Denke an die Restaurants, die du besucht hast, und an die Filme, für die du ins Kino gegangen bist, weil sie dir vorher jemand empfohlen hatte. Doch wie bringst du deine Kunden dazu, dich und dein Produkt weiterzuempfehlen? Das Zauberwort heißt: Begeisterung.

> Um in den Kopf des Kunden zu gelangen und vor allem zu bleiben, musst du mit Lösungen überzeugen und seine Erwartungen übertreffen.

Dazu berate ich Unternehmer und Gründer besonders gerne, denn Kundenzufriedenheit ist die Essenz einer beliebten Marke und ein sicherer Weg zu stabilem Umsatz. Ich hatte vor einiger Zeit einen Unternehmer in meinem Mentoring-Programm (www.felixthoennessen.de/mentoring), wo es genau darum ging, die Empfehlungsrate seiner bestehenden Kunden zu erhöhen. So machst du Kunden zu Vertrieblern.

Um deine Kunden restlos zu begeistern und sie langfristig als Stammkunden zu gewinnen, solltest du aber wichtige Regeln einhalten, um dir und deinen Kunden Enttäuschungen zu ersparen. Allerdings gibt es auch Tipps, wie du der Konkurrenz einen Schritt voraus sein kannst.

Dafür gilt es nicht nur die erwähnten Bedürfnisse deines Kunden abzudecken, sondern auch echte Wünsche zu erfüllen – Wünsche, die du erst noch in ihm wecken wirst. Indem du seine Bedürfnisse erfüllst und Erwartungen übertriffst, sorgst du auf einer emotionalen Ebene für echte Kundenzufriedenheit. Dies ist der Ausgangspunkt für aktive Kundenbindung.

> **Langfristig zufriedene Kunden werden zu verlässlichen Stammkunden.**

Vom Bedürfnis zum Stammkunden – los geht's. (Und kurzfristig unzufriedene Kunden können, wenn das Problem zu ihrer Zufriedenheit bewältigt wurde, zu noch treueren Stammkunden werden als Kunden, die von Anfang an zufrieden waren.)

Aber sind Bedürfnis und Wunsch nicht das Gleiche? Na, wenn ich schon so frage, kannst du dir die Antwort wohl zusammenreimen. Wenn es darum geht, dein Produkt oder deine Dienstleistung an den Kunden zu bringen, musst du dich natürlich zunächst fragen: „Welches Bedürfnis möchte ich mit meinem Angebot abdecken?"

Nehmen wir mal an, du bringst einen neuen Wasserkocher auf den Markt. Das Bedürfnis des Kunden wäre an dieser Stelle heißes Wasser, mit dem er zum Beispiel seinen Durst nach Tee stillen kann.

Und der Wunsch? Den gilt es als Unternehmen, aus dem Unterbewusstsein des Kunden hervorzuzaubern. Wenn man ihm die Möglichkeit gibt, möchte der Kunde mehr als nur einen Wasserkocher, denn jeder Mensch hungert nach Werten. Daher sind manche Wasserkocher aus hübschem Glas statt aus schnödem Plastik. Rational verkauft man dem Kunden ein leichteres Entkalken, damit er den Kauf besser rechtfertigen kann. Emotional wird aber die Sehnsucht nach schönen Dingen in seinem Leben angesprochen. Oder er drückt mit dem Designergerät insgeheim seinen Anspruch an einen gehobenen Lebensstil aus, um seinen beruflichen Erfolg auch seiner Familie sichtbar machen zu können. Das sind die wahren Wünsche deiner Kunden.

Bei den Wünschen geht es also nicht um heißes Wasser, sondern um Anerkennung, Ästhetik oder Ausdruck. Als Alleinstellungsmerkmal nennen viele Unternehmer „beste Qualität". Doch nicht die Geschwindigkeit, mit der das Wasser kocht, schließt am Ende den Deal ab, sondern die verborgenen Gefühle und Wünsche deiner Kunden. Du brauchst dazu keine teuren Marktforschungsberichte.

> Höre deinen Kunden zu und blicke tief in sie hinein.

Denn wenn du es einmal schaffst, über das Bedürfnis deines Kunden hinaus auch seinen Wunsch zu erfüllen, hast du einen zufriedenen Kunden – und damit die riesige Chance, ihn langfristig an dein Unternehmen zu binden. Und schon sind wir bei der nächsten Station angekommen: dem zufriedenen Kunden. (Ich zum Beispiel habe einen Wasserkocher gesucht, bei dem ich die Temperatur einstellen kann, damit ich nicht jedes Mal 100 Jahre warten muss, bevor ich den Tee trinken kann.)

Was ein zufriedener Kunde bedeutet, wissen wir alle: Umsatz und gesteigerte Reputation. Er liefert dir allerdings mehr, als du vielleicht glaubst. Ein zufriedener Kunde, dessen Bedürfnisse erfüllt und Wünsche erfüllt wurden, kann dir die Arbeit der Neukundengewinnung abnehmen, indem er dein Unternehmen weiterempfiehlt und so zu einem wirklichen Vertriebsmitarbeiter wird. Schaffe Anreize für Bestandskunden, damit sie dich weiterempfehlen. Mach aus deinem Kunden quasi einen eigenen Influencer und profitiere nicht nur von kostenloser Werbung. Die folgende Abbildung zeigt dir, wie positiv sich deine eigenen Influencer auf die Anzahl deiner Verkäufe auswirken können.

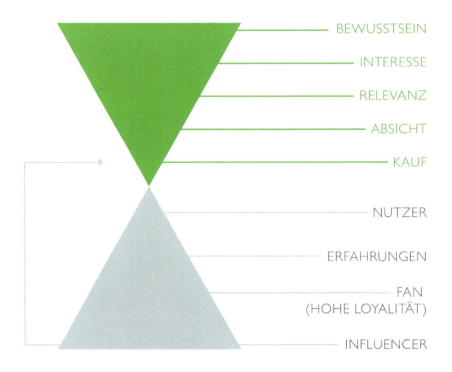

Die Stadien vom Bewusstsein bis zum Kauf sind dem klassischen AIDA-Modell nachempfunden und spiegeln den gewöhnlichen Kaufprozess eines Neukunden wider. Ist er aber nach dem Kauf überzeugt, hast du gute Karten, dass er Stammkunde wird. Er kauft dann immer wieder gerne dein Produkt, weil seine Bedürfnisse erfüllt und seine Erwartungen übertroffen wurden. Das heißt, du kannst dir die Schritte von Bewusstsein bis Absicht fast schon sparen. Zudem teilt er seine Begeisterung mit anderen und wird so für dich zum Influencer. Leute, denen er von seiner tollen Produkterfahrung erzählt, vertrauen ihm und durchleben die Stufen bis zum Kauf viel schneller, wenn es nicht sogar direkt zum Kauf kommt. (Das Ganze ist zum Beispiel der Hauptgrund, warum mein Instagram-Kanal wächst und wächst: instagram.com/felixthoennessen – weil ich Inhalte teile und produziere, die es wert sind geteilt zu werden. Eigenlob Ende.)

DAN BERLIN

Der Transfomations-Magier

Die eine Sache, die mich sehr weit vorangebracht hat, ist die Gründung einer eigenen Mastermind-Gruppe. Ich fand es schon immer spannend, andere Unternehmerpersönlichkeiten kennenzulernen, sich gegenseitig auszutauschen und voneinander zu lernen. Natürlich kostet dies immer Zeit und mit mehreren Leuten gleichzeitig Kontakt zu halten, kann ganz schön schwierig werden. Daher kommt hier die Lösung: Du suchst dir einen schönen Raum aus in einem Restaurant oder Coworking Space und lädst 20 spannende Menschen ein, die von ihrem Interessengebiet und ihrer Persönlichkeit zusammenpassen. Wenn dir keine 20 Personen einfallen, frag in deinem Umfeld, wer passen würde.

Dann gehst du folgendermaßen vor: Jede Person stellt sich einmal vor die Gruppe und hat eine Minute Zeit, ihr aktuell größtes Problem oder ihre größte Herausforderung kurz und knapp zu schildern. Danach gibt es fünf Minuten knackige Antworten

„ Gründe eine eigene Mastermind-Gruppe

EXPERTENTIPP

von allen anderen im Raum. Dies soll wie eine Art Brainstorming erfolgen, ohne Wertung und auf den Punkt gebracht, sodass sich viele Personen mitteilen können. Somit lernst du nicht nur von deiner eigenen Fragestellung, sondern auch von den Fragen und Antworten anderer. Außerdem lernst du neue Leute kennen, vernetzt dich und bringst auch neue Leute zusammen. Somit gibst du den anderen einen großen Mehrwert, was in irgendeiner Form wieder zu dir zurückkommen wird.

Während die Werbung, die von Unternehmen ausgespielt wird, heutzutage kaum noch Aufmerksamkeit von Kunden erhält, vertrauen wir anderen Menschen nach wie vor. Nicht umsonst erfährt das Influencer-Marketing, bei dem mehr oder weniger prominente Personen über ihre sozialen Kanäle für Produkte werben, einen so großen Hype.

Diese Empfehlung eines Freundes, Bekannten oder Influencers hat gleich mehrere Vorteile:
- Der Empfehlende trifft in seiner Empfehlung automatisch den richtigen Ton, auch ohne definierte Zielgruppenansprache.
- Ein Bekannter hat eine höhere Glaubwürdigkeit als jede Werbung.
- Je begeisterter der Kunde, desto überzeugender die Weiterempfehlung.
- Leute neigen dazu, Sachen nachzumachen – auch ohne eine direkte Empfehlung kann die Begeisterung des Kunden für dein Produkt auf andere Menschen überspringen.
- Und zu guter Letzt: Empfehlungsmarketing ist die günstigste und effektivste Marketingform überhaupt.

Influencer und Weiterempfehlungen spielen also eine große Rolle, um Kaufprozesse zu beschleunigen. Wer einen reichweitenstarken Partner sucht, muss dafür inzwischen allerdings tief in die Tasche greifen: Viele Influencer nehmen teils horrende Preise dafür, dass sie kurz ein Shampoo oder eine Markentasche in die Hand nehmen, davon ein Foto machen und es mit ihren Followern teilen. Für Unternehmen sind viele solcher Kooperationen also kaum noch rentabel. (Mir kannst du dein Produkt kostenlos schicken. Am besten etwas zu essen.)

Wer authentische und günstige Wege sucht, seine Produkte über Empfehlungen Dritter bewerben zu lassen, sollte sich deshalb die Mühe machen, etwas tiefer zu graben. Es lohnt beispielsweise einen Blick auf die Leute zu werfen, die sowieso schon Fans der eigenen Produkte sind. Ich beispielsweise nutze seit Jahren ein bestimmtes Haarpuder für meine Frisur, auf die ich bei fast jedem Vortrag angesprochen werde. (Das klingt als wäre ich ein Haar-Influencer.) Klar, dass ich dieses Produkt gerne weiterempfehle, weil ich selbst an seine Wirkung glaube und meine Erfahrungen gern teile. (Ob das wirklich gut aussieht, liegt wohl im Auge des Betrachters.) Das wirkt erstens authentischer und spart zweitens viel Geld für teure Influencer, die damit ihr Geld verdienen.

> Scanne deine glücklichen Kunden und mach sie zu Influencern.

Damit du aus deinem Kunden einen Influencer machst, kannst du ihn beim Kauf am allerbesten mit kundenbindenden Maßnahmen abholen. Er hat emotional den ersten Schritt auf dein Unternehmen zugemacht und den Grundstein für eine Beziehung gelegt. Jetzt solltest du etwas dafür tun, um diese gegenseitige Beziehung zu stärken. Gib deinem Kunden das Gefühl, dass dir seine positive Erfahrung etwas bedeutet und du ihn wertschätzt. Glaub mir, die Leute wissen so etwas zu würdigen – die technischen Möglichkeiten dazu sind außerdem da und Geld kostet es auch nicht viel. (Hier findest du auch noch ein paar mehr Tipps online: www.marketing-kickbox.de.)

Dein Ziel ist es, den Kunden langfristig glücklich zu machen. Wenn aus deinem Kunden ein Stammkunde werden soll, muss er zufrieden sein und das nicht nur für den Moment. Kundenbindende Maßnahmen dazu gibt es viele: In einem

Newsletter zum Beispiel erfährt dein Kunde etwas über aktuelle Angebote, das Unternehmen und bevorstehende Aktionen, Abonnements bieten beispielsweise Vergünstigungen, Clubs locken mit exklusiven Vorteilen und Kaffeetrinker freuen sich über ein Freigetränk, wenn ihre Stempelkarte voll ist.

> Lass deinen Kunden die Anerkennung spüren.

Natürlich sollst du weiterhin die Bedürfnisse deiner Kunden im Auge behalten. Und verschiedene Kunden haben nicht nur unterschiedliche Bedürfnisse – sie ändern sich auch von Zeit zu Zeit. Wäre es da nicht schlau, diese regelmäßig zu hinterfragen und neue Erkenntnisse zu gewinnen? Das funktioniert, wie am Anfang erklärt, nur im Dialog. Daher sollte auch deine Kundenbindung modernen Ansprüchen genügen und keine Chance auf einen Dialog ungenutzt bleiben. Sprich mit deinen Kunden und sie werden dir verraten, was sie glücklich macht.

Du fragst dich gerade vielleicht, wie du das am besten in die Tat umsetzen kannst. Hier ist eine einfache Möglichkeit, zwei Fliegen mit einer Klappe zu schlagen: Nach dem Verkauf kannst du dir das Feedback des Kunden einholen und ihm als Belohnung dafür eine Vergünstigung für seinen nächsten Kauf anbieten – kommunikativ auf Augenhöhe und mit ehrlichem Interesse an seiner Erfahrung mit deinem Unternehmen. Du hast etwas zur Kundenbindung beigetragen und gleichzeitig mit dem Kunden direkt interagiert. Was für dich aber besonders zählt, ist seine ehrliche Meinung. Nur so kannst du neue Wünsche erkennen – also Zusatznutzen deines Produkts aufdecken – die deinen Kunden besonders wichtig sind, um deinen Customer-Lifetime-Value zu erhöhen.

(Ich zeige bei meinen Keynotes immer eine Folie zum Thema Google-Bewertungen und verweise die Leute auf www.felixthoennessen.de/google und bitte sie eine Bewertung abzugeben.)

MEIN TIPP

Hole dir das Feedback deiner Kunden zusätzlich über Plattformen wie Google oder Proven Expert ein. Das bietet dir die Möglichkeit, Bewertungen und Empfehlungen zu sammeln, die allgemein zugänglich und somit für mögliche Neukunden einsehbar sind. So schaffst du Vertrauen und Glaubwürdigkeit, denn extrem viele Kunden begegnen Online-Bewertungen mit gleicher Überzeugung wie persönlichen Empfehlungen. Nimm dir die Zeit, deine Kunden wirklich kennenzulernen. Probiere es direkt aus, hol dir ihr Feedback ein und mach etwas daraus. Ich empfehle dir da insbesondere Proven Expert. Denn dort bekommst du die kostenlose Möglichkeit, dich differenziert in verschiedenen Disziplinen bewerten zu lassen, wie beispielsweise Beratung oder Professionalität. Finde ich extrem hilfreich. Mehr Infos zu Proven Expert findest du unter: www.felixthoennessen.de/provenexpert.

Um es noch einmal zusammenzufassen: Bedürfnisse sind nicht gleich Wünsche. Jemand braucht neue Socken, die seine Füße warm halten. Er wird aber die Socken einer bestimmten Marke kaufen, denn seine Kaufentscheidung trifft er über den Zusatznutzen. Die eine Marke steht für beruflichen Erfolg (Geltungsnutzen), die andere bietet witzige Designs (Erbauungsnutzen).

Egal, wie er sich entscheidet. In dem Moment, in dem seine Emotionen mitentscheiden, öffnet er sich und ist empfänglich für kundenbindende Maßnahmen. Erfülle Wünsche, um aus einem befriedigten Kunden einen zufriedenen Kunden zu machen und einen festen Platz in seinem Kopf zu erhalten. Sorge dafür, dass dein zufriedener Kunde auch langfristig glücklich ist, und du wirst einen Stammkunden gewinnen.

> Mit Angeboten und exklusiven Vorteilen erinnerst du deine treue Käuferschaft immer wieder daran, wer ihre Wünsche am besten erfüllt. (Das klingt aber gewaltvoll.)

Forderst du regelmäßiges Feedback deiner Kunden ein, wirst du immer neue Wünsche erkennen und du kannst die Lösungen, die dein Unternehmen bietet, nach und nach perfektionieren. Am Ende hebst du dich von deiner Konkurrenz ab, weil du im Kopf deines Kunden angekommen bist. Und das bedeutet, Bedürfnisse zu erfüllen und schlussendlich zu begeistern.

MEIN TIPP

Nutze Empfehlungsmarketing doch mal nach dem Zwei-für-eins-Prinzip. Anstatt einem Kunden nur einen Flyer mit einem ansprechenden Angebot zu senden, schicke ihm gleich zwei. Bitte den Empfänger den zusätzlichen an eine Person weiterzuleiten, die das auch interessieren könnte. Am besten wird das beworbene Angebot auf dem Flyer durch ein besonders attraktives übertroffen, das speziell für zwei ausgerichtet ist und somit den Empfänger und den Beworbenen anspricht. Das Zwei-für-eins-Prinzip kannst du auch auf Gutscheine und weitere Werbeträger anwenden.

Keiner möchte heutzutage nur noch von Werbebotschaften zugeschüttet werden. Den Kunden ist es wichtig, Mehrwert zu erhalten. Als Unternehmer oder Gründer solltest du dieses Wissen nutzen, um Content-Marketing zu betreiben und aufzufallen.

Guerilla-Marketing – traust du dich?
Beim sogenannten Guerilla-Marketing geht es darum, Werbung ganz anders zu machen, um die Aufmerksamkeit der Zielgruppe zu erhalten. Ja, Aufmerksamkeit ist heutzutage ein wertvolles Gut. Das kann etwas total Lustiges und Abgefahrenes sein oder auch etwas, womit keiner gerechnet hätte. Beim Guerilla-Marketing sind deiner Fantasie keine Grenzen gesetzt. Außer die Grenzen des Gesetzes, aber selbst die werden hier manchmal etwas zurechtgelegt. (Ich will dich hier keinesfalls zu illegalen Machenschaften animieren.) Informiere dich vorab immer, ob dein Vorhaben überhaupt erlaubt ist und wie du verfährst, wenn Ärger auftaucht.

Aber nun wieder zu den fröhlichen Seiten des Guerilla-Marketings: Der Vorteil hierbei ist nicht nur, dass du allein durch deine außergewöhnliche Maßnahme Aufmerksamkeit erhältst, sondern dass solche Inhalte auch gerne geteilt werden, viral gehen und somit eine enorme Reichweite generieren können.
Das Start-up Einhorn stellt beispielsweise Kondome her. Zu Beginn ihrer unternehmerischen Tätigkeit haben sie dann auf die Verpackung ihrer Kondome geschrieben: „7 Kondome – für bis zu 21 Orgasmen". Jetzt weiß jeder

aufgeklärte Mensch, dass man(n) mit einem einzelnen Kondom nur einen Orgasmus haben darf, kann, soll – wie auch immer. Ein Kondom, ein Orgasmus. Punkt. Dieses unrealistische Versprechen hat insbesondere einen großen Konkurrenten sehr verärgert. Denn Kondome sind ja medizinische Produkte – da musst du genau das machen, was auf der Packung steht. Und dass auf der Packung schon mal was Falsches draufsteht, ist ein absolutes No-Go. Also hat der Konkurrent Einhorn erstmal schön verklagt.

Einhorn hat dagegen argumentiert und darauf hingewiesen, dass dort „bis zu 21 Orgasmen" steht und nicht explizit genannt wird, wer diese 21 Orgasmen hat. Frauen können schließlich multiple Orgasmen bekommen. Vor der Klage hat sie dieses Argument zwar nicht bewahren können, aber sie haben den Termin vor Gericht perfekt dafür genutzt, um Guerilla-Marketing zu betreiben. Sie haben den Spieß nämlich umgedreht und den Gerichtstermin als Anlass genommen, um eine Demo für das weibliche Recht auf multiple Orgasmen zu veranstalten. Die ganze Nummer war ein voller Erfolg sowohl vor Ort als auch online. Es wurde viral ausgeschlachtet und abertausende Male geteilt – perfektes Empfehlungsmarketing für Einhorn.

Solche faszinierenden Beispiele für Guerilla-Marketing gibt es einige. Der amerikanische Fernsehsender TNT hatte beispielsweise mal einen Button in einer Innenstadtzone aufgestellt. Mit dem Schriftzug „Press the button for drama" wurden Passanten dazu animiert, auf diesen Auslöser zu drücken, um zu gucken, was dieses Drama denn sein wird. Kaum gedrückt, wurde eine Kettenreaktion an Ereignissen ausgelöst: ein Krankenwagen, eine Leiche, eine Schlägerei, eine Football-Mannschaft – alles vor den Passanten als Publikum. Aber Guerilla-Marketing kann auch ganz simpel und vor allem preiswert sein, wie aufgesprayte Werbebotschaften auf Bürgersteigen beweisen. Aktionen, bei denen die Menschen nicht nur Betrachter, sondern aktiver Teilnehmer sind, kommen ebenso gut an. So hatte Volkswagen neben der Rolltreppe einer U-Bahn-Station einfach mal eine Rutsche aufgebaut. Guerilla-Marketing kann Spaß machen oder gar erschrecken, aber es ist immer auffällig. Welche Möglichkeiten findest du für dein Business?

DIREKTMARKETING

In der Marketing Kickbox findest du ein umfangreiches Video (Laufzeit über 1 Stunde) zum Thema Direktmarketing. Ich zeige dir, welche kreativen Aktionen du konkret machen kannst, um Kunden zu gewinnen.

Umfangreiches Video zu diesem Thema in der Marketing Kickbox:
www.marketing-kickbox.de

D. SOCIAL MEDIA – EINFACHER GEHT'S NICHT

Wie findest du eigentlich Facebook? Ach was, war das noch cool, als jeder deiner Freunde dort Dinge aus dem täglichen Leben geteilt hat und du selbst fleißig geliked und kommentiert hast. Und? Was ist jetzt daraus geworden? In meinen Augen ist es zu einem großen Haufen Werbung und mäßig lustiger Filmchen sowie zu einem Second-Hand-Marktplatz verkommen. Zumindest sieht es so aus, wenn ich mich einlogge. Zwischen all diesem Datenmüll ein gutes Image von sich selbst abzugeben, ist gar nicht einfach. Natürlich pflege ich auch meine eigene Seite und natürlich erziele ich dort auch Interaktion, aber das Wahre ist es irgendwie nicht mehr. (Mein Gott, Felix, du alter Miesepeter.)

Ich stelle mir meine Social-Media-Ziele immer nach dem folgenden Diagramm vor.

Ein Like ist klasse, ein Kommentar noch besser und das Teilen deiner Inhalte die Oberklasse.

EXPERTENTIPP

KYNAM TRUONG
KYNG & Co-Founder von AVONEMEDIA

Nimm endlich deine Maske ab und sei du selbst. Mit all deinen Stärken und vor allem auch Schwächen. Die Zeiten von Social Media bringen uns in Versuchung, eine perfekte Version unserer selbst zu kreieren – ein Bild, das nicht haltbar ist. Beziehungen und Bindungen entstehen durch Gemeinsamkeiten und die Identifikation der Menschen mit deiner eigenen Person. Doch das ist nicht möglich, wenn du ein aufgeblasenes Selbstbild kreierst, das nicht von dieser Welt ist. Sei du selbst – mit all deinen Facetten. Das ist das, was dich am Ende ausmacht.

Perfekt sein? Das kann heutzutage jeder.

„
Maske abnehmen

MARKETING KICKBOX

Deswegen rate ich dir, nutze andere Kanäle – zielgerichtet auf deine Kundenklientel. Du hast viel mit der jüngeren Generation am Hut? Du solltest zielstrebig einen Instagram-Account mit vielen Followern aufbauen. Das einzige, was du brauchst: coole Bilder. Du bist verstärkt auf der Suche nach Frauen, die sich für Inneneinrichtung interessieren? Vielleicht wäre Pinterest etwas für dich. Die einzige Bedingung hier: coole Bilder. (Du merkst, coole Bilder sind immer gut). Oder du willst Mehrwert in Videos transportieren? Wie wäre es als YouTube-Star?

Technik ist A, Marketing ist B–Z. Jeder macht online Werbung. Bespiele die Kanäle intelligent, vernetze sie und stell den Mehrwert in den Vordergrund. Wenn ich deine Werbung betrachten soll, dann musst du mir etwas dafür bieten.

LEA ERNST

Powerfrau, CEO Tobias Beck University

Instagram. Beauty, Fashion & Travel? Die neue Welt des übermäßigen Konsums und des Scheins? Erfolgreich durch das Halten von Gesichtsmasken in die Kamera und durch Jet-Skifahren in Dubai oder doch durch eine Vegan-Fruit-Bowl? Ein simpler, visueller Kanal für den leichten Konsum. Simpel ist leider nicht gleich einfach, denn eine große Anzahl an Spam-Profilen und ein hoher Wettbewerb erschweren es, herauszustechen. Es scheint also ein Kampf um Aufmerksamkeit zu sein.

Was darfst du also tun, um dich abzuheben? Die Antwort lautet: scharfe Positionierung und Mehrwert. Verzaubern wir das Push- in ein Pull-Marketing. Ziehe die Follower und somit potenzielle Kunden an, die du verdienst. Es geht niemals um die Anzahl deiner Follower. Höher, schneller, weiter lässt dich hier genau ins Gegenteil kippen.

„
Einzigartige Chancen der neuen Social-Media-Plattform Nr. 1

Fall sind es Inhalte, die die Leute zum Lachen oder Nachdenken anregen, zum Austausch einladen und teilbar sind. Überlege einfach, was andere so machen oder welche Inhalte du selbst gerne mit anderen teilst, und nimm diese Anregungen als Maßstab.

> Mehrwert ist mehr wert.

Ein weiterer, ganz wichtiger Punkt zum Thema Social-Media-Marketing ist auch hier Mehrwert. (Sollte dir das Ohr schon bluten von dem Begriff – nimm ein Taschentuch.) Du solltest bei all deinen Beiträgen Mehrwert für die Nutzer schaffen. Das sorgt langfristig dafür, dass du deine Followerzahlen aufbaust und deine Follower auch mit dir interagieren. Aus der Interaktion wird dann eine Markenbindung und letztendlich hoffentlich ein Kauf. Poste keine Werbung, sondern konkrete Inhalte, die deine Anhänger interessieren.

Sorge für ausreichend Kontinuität deiner Beiträge. Damit meine ich nicht nur die zeitliche Kontinuität, dass du anhaltend und regelmäßig Content postest. Sondern auch die gestalterische und organisatorische Kontinuität. Das heißt, dass beispielsweise deine Social-Media-Aktivitäten auf allen Kanälen unter dem gleichen Usernamen laufen sollten. Ich heiße auf allen Plattformen „felixthoennessen" (Werbung Ende) und kann dementsprechend bei Facebook, Instagram, YouTube etc. schnell gefunden werden. Im Rahmen deiner gestalterischen Kontinuität ist es wichtig, dass deine Posts alle einheitlich hinsichtlich Bildqualität und Design sind – Stichwort: Wiedererkennung.

Betrachte jeden Post als Puzzleteil, das zu deinem Profil gehört.

MEIN TIPP

Social Media lässt sich hervorragend mit einem Business vergleichen. Genau wie der Aufbau eines erfolgreichen Unternehmens ist eine Social-Media-Präsenz zunächst sehr mühselig aufzubauen und alles wächst erstmal nur langsam. Auch hier heißt es dann, Durchhaltevermögen und Einsatzbereitschaft zu zeigen, um herauszufinden, an welchen Stellen du noch etwas verbessern kannst, um noch größer zu werden.

Es gibt eine Menge Social-Media-Plattformen und weil ich das so wichtig finde, bekommst du von mir und der Expertenbande noch eine Menge Input.

i. Facebook

Jetzt habe ich eben über Facebook geschimpft und darüber, dass es kaum noch einer nutzt und muss jetzt die Kurve kriegen. Das soziale Netzwerk bietet dir wahnsinnig viele Chancen, die du nutzen solltest und kannst, um dort erfolgreiches Marketing zu betreiben. Facebook ist ein super Tool, um im ersten Schritt Reichweite bei deiner Zielgruppe aufzubauen – vor allem wenn du die Werbemöglichkeiten nutzt, die Facebook dir bietet. Du kannst jedes noch so kleine Detail über die gewünschten Empfänger deiner Werbung festlegen:

MARKETING KICKBOX

sei es Geschlecht, Alter, Wohnort, Interessen oder Endgeräte. (Fehlt nur noch, dass du einstellen kannst, welche Farbe ihre Unterhose haben soll.)

Viele Unternehmen haben Facebook aber nicht nur in ihrer Trickkiste, um Reichweite aufzubauen, sondern auch, um ihre Marke zu promoten, Kunden zu binden oder um ihre Reputation zu steigern. Denn der wahre Trick an dem sozialen Netzwerk von Herrn Zuckerberg ist, dass du deiner Zielgruppe die Beiträge und Anzeigen nicht nur auf Facebook, sondern auch gleichzeitig auf Instagram präsentieren kannst. Die beiden sozialen Netzwerke gehören schließlich zusammen und profitieren voneinander.

EXPERTENTIPP

NICK GERINGER
Social-Media-Experte

Fülle deine Freundschaftsliste jeden Tag, bis diese voll ist. Anschließend „likest" du den Beitrag von zehn Freunden, mit denen du noch nicht interagiert hast, und fügst zwei Kommentare untereinander unter den „gelikten" Beitrag. Am nächsten Tag machst du das bei den zehn Freunden vom Vortag und zehn neuen. Am darauffolgenden Tag machst du das bei den zwanzig vom Vortag und zehn neuen. Das machst du an zehn aufeinanderfolgenden Tagen. Damit wirst du garantiert deine Reichweite steigern und neue Anfragen erhalten.

„

Die Zehn-mal-zehn-Strategie

Das Social-Media-Marketing lebt von emotionalen Inhalten, die qualitativ hochwertig sind – das habe ich dir eingangs schon gesagt. Facebook ist für viele Unternehmer einer der bevorzugten Kontaktkanäle. Der große Vorteil an Facebook ist, dass es dein Unternehmen direkt mit den Fans, Kunden und potenziellen Neukunden verbindet.

> **MEIN TIPP**
>
> Die höchste Auszeichnung einer Facebook-Seite ist „Antwortet in der Regel sofort". Achte also auch auf Anfragen, die über Facebook reinkommen. Als Unternehmer und Gründer sollte außer Frage stehen, dass du die Nachricht dann auch direkt über Facebook beantwortest. So wissen potenzielle Kunden, dass du erreichbar bist.

Ein weiterer Grund, warum Facebook mehr für Unternehmer und Gründer bietet, ist die Funktion der automatisierten Nachrichten. Du kannst für verschiedene Aktionen, die im Zusammenhang mit deiner Facebook-Seite stehen, vorgefertigte Nachrichten anlegen, zum Beispiel für den Fall, dass jemand deine Seite empfiehlt oder sich für einen Job bewirbt. Diese Funktion stellst du über dein Postfach ein. Und wenn dir jemand außerhalb der Öffnungszeiten schreibt, kann er eine vorgefertigte Antwort erhalten, dass du gerade nicht verfügbar bist und du dich bald meldest – vielleicht wartet er dann.

Du kennst das Phänomen doch sicher auch: Sobald man sich an einen gewissen Standard gewöhnt hat, ist es extrem schwierig, etwas weniger Hochwertiges zu akzeptieren, da man im ersten Augenblick dem „Schlechteren" gegenüber negativ eingestellt ist. Das trifft insbesondere auf den digitalen Bereich zu. Daher solltest du dich darum bemühen, deine Facebook-Seite mindestens genauso professionell und hochwertig zu gestalten, wie es der Beste in deiner Branche macht. (Hier betreiben wir also wieder Benchmarking.) Gib auf deiner Facebook-Seite vollständige Informationen zu deinem Unternehmen an. Darüber hinaus natürlich hochwertige Bilder mit hoher Auflösung. Damit dein Profilbild sowie dein Titelbild am besten wirken, achte auf die entsprechenden Abmessungen.

Nutze deine Seite nicht nur, um Neuigkeiten anzukündigen oder den Vertrieb anzukurbeln, sondern biete Inhalte, mit denen man als Nutzer Spaß hat, zu interagieren.

> Sorge dafür, dass die Leute sich gerne mit deiner Facebook-Seite auseinandersetzen.

So steigerst du nicht nur die Kundenbindung zu deiner Marke und kannst höhere Erfolge mit deinem Facebook-Marketing verbuchen, sondern sorgst auch dafür, dass der Facebook-Algorithmus durch die hohe Interaktion der Nutzer, deine Seite als für sie besonders relevant einstuft und du ihnen in Zukunft automatisch weiter oben angezeigt wirst. Das gilt übrigens auch für Instagram. Um das zu erreichen, kannst du beispielsweise die Nutzer aktiv in gewisse Entscheidungsprozesse einbinden. Wie wäre es mit einem Designwettbewerb für die neue Verpackung, einer Umfrage oder einem Gewinnspiel? Achte aber auch darauf, die Kommentare dann entsprechend zu beantworten. Bei Facebook steht der Nutzer im Vordergrund. Ja, das ist Arbeit, aber bei mir wirst du wenige im Idealfall keine Kommentare finden, die nicht kommentiert sind. (www.facebook.com/felixthoennessen)

JOHANNES LINK

Facebook-Marketing-Experte

Das Problem im Online-Marketing heutzutage ist, dass Menschen selten beim ersten Kontakt einkaufen und mehrere Kontaktpunkte brauchen, um das nötige Vertrauen und die Überzeugung aufzubringen, den Einkauf abzuschließen oder den Deal zu machen. Die Lösung dafür ist Re-Targeting, denn hier können wir die Menschen immer und immer wieder für sehr kleines Geld erreichen. Was genau ist Re-Targeting?

Re-Targeting heißt, wir schalten Werbung ganz gezielt auf eine bestimmte Zielgruppe, die uns bereits einmal gesehen hat und uns kennt. Das klassische Beispiel dafür ist, dass wir Besucher unserer eigenen Website im Internet verfolgen. Du kennst das sicherlich, wenn du dir zum Beispiel auf Amazon ein Produkt anschaust und die Seite schließt, ohne einen Kauf getätigt zu haben. Du wirst im Verlauf der nächsten Tage auf anderen Websites immer wieder das Produkt angezeigt bekommen – das nennt man Re-Targeting.

Diese Möglichkeit ist deswegen so mächtig, weil wir hier Werbung schalten für Personen, die sich

,,
Facebook-Re-Targeting

EXPERTENTIPP

offensichtlich für dieses Produkt oder die Dienstleistung interessieren, denn sie haben sich schon einmal auf der Website informiert. Manchmal wurde der Kaufprozess einfach abgebrochen, obwohl starkes Interesse besteht. Da wir mit dieser Werbung hier verhältnismäßig wenige Menschen (nur die, die schon mal auf der Website waren) ansprechen, sind die Werbekosten auch sehr niedrig. Daher ist Facebook-Re-Targeting auch die Maßnahme, die ich meinen Kunden als Allererstes empfehle. Denn sie kostet nicht viel, bringt aber direkt Umsatz. Das Gute ist: Mittlerweile kann jeder die Macht von Re-Targeting nutzen, nicht nur große Unternehmen.

Facebook zum Beispiel bietet allen Werbetreibenden einen Pixel an, den wir auf unserer Website installieren können, und der dann zuordnen kann, welcher Nutzer sich auf deiner Website aufhält. Das heißt, du kannst dadurch eine eigene Zielgruppe erstellen auf Facebook mit Menschen, die auf deiner Website eh schon unterwegs sind, aber noch nicht gekauft haben, die du dann wieder mit Werbung erreichen kannst. Jetzt musst du nicht der beste Werbetexter sein, um hier eine gute Anzeige zu platzieren. Ganz häufig reicht eine einfache: „Hey, du hast vergessen, hier deine Bestellung abzuschließen"-Anzeige mit einem Link zu der Website, auf der sie sich vorher aufgehalten haben.

Und schon hast du einen Kunden, den du sonst nicht gehabt hättest.

Eine weitere Funktion von Facebook, die besonders für Unternehmer und Gründer mit eigenen Produkten interessant ist, ist der Facebook-Shop. Sobald du ihn eingerichtet hast, kannst du die Produkte nicht nur anlegen und direkt über Facebook zum Verkauf anbieten, du kannst sie auch in Bildbeiträgen markieren. Man verlinkt quasi das Produkt auf der entsprechenden Stelle im Bild. Legst du ein Produkt für deinen Facebook-Shop an, gilt es, wie bei jedem anderen Online-Shop, erstmal Produkttitel, Produktbeschreibung und Preis anzugeben.

Last but not least zum Thema Facebook: Facebook-Ads. Um eine Werbeanzeige zu erstellen, musst du zunächst den sogenannten Werbeanzeigen-Manager aktivieren. Das machst du, indem du Zahlungsart und -daten eingibst. Facebook muss schließlich wissen, woher sie ihr Geld nehmen sollen.

Ist das abgeschlossen, kann's also losgehen. Überlege dir zunächst, was das Ziel deiner Facebook-Werbekampagne sein soll. Möchtest du deine Facebook-Seite bekannter machen, bestimmte Beiträge pushen, Menschen auf deine Website leiten oder Menschen in unmittelbarer Nähe deines Ladengeschäftes erreichen? Das Ziel deiner Facebook-Kampagne bestimmt den Kampagnentyp, den du im ersten Schritt auswählen musst. (Eine sehr wichtige und weitreichende Entscheidung.)

Sobald du dich für einen Kampagnentyp entschieden hast, definierst du die Zielgruppe der Anzeige. Du willst ja schließlich auch ganz bestimmte Leute erreichen, die zu deiner Zielgruppe und deinem Unternehmen passen, damit du nicht Geld für Werbung verpulverst, die den komplett falschen Leuten angezeigt wird. (Darum haben wir uns in Kapitel I auch so intensiv damit beschäftigt.) Du kannst deine Zielgruppe durch individuelle Einstellungen bestimmen

(Custom Audience) oder mithilfe von Facebook eine Zielgruppe festlegen. Die individuellen Einstellungen kannst du insbesondere dann nutzen, wenn du bereits Kundendaten hast und Facebook anhand dieser die entsprechenden Nutzer sucht und anvisiert – das geschieht entweder durch den Upload von E-Mail-Adressen oder Telefonnummern oder durch Daten, die du über deine Website erhältst. Das letztere ist natürlich super, um gezielt Leute anzusprechen, die sich sowieso schon für dein Unternehmen interessieren.

Wenn du mit Facebook eine Zielgruppe definieren möchtest, gibt es dafür auch zwei Optionen. Das Erste wäre eine Lookalike Audience – eine Zielgruppe, die deiner vorher definierten Custom Audience und somit deinen bisherigen Kunden möglichst ähnelt. Das kann bezüglich demografischer Informationen wie Geschlecht, Alter oder Standort sein, insbesondere aber auch hinsichtlich der Interessen. Die zweite Möglichkeit ist insbesondere für Unternehmer und Gründer, die noch nicht so viele Kundendaten vorliegen haben, relevant. Über Facebook selbst kannst du Kriterien für deine Zielgruppe einstellen, die angesprochen werden sollen. Du kannst beispielsweise einstellen, welchem Standort, welchem Umkreis oder welcher Altersklasse der Nutzer entstammen soll, dem du deine Werbung anzeigen lassen möchtest. Darüber hinaus kannst du Geschlecht, Sprachen oder Interessen bestimmen. Die Interessen werden anhand der Aktivitäten der Nutzer in dem sozialen Netzwerk, der „Gefällt mir"-Angaben und der besuchten Orte abgeleitet.

NINA SCHNITZENBAUMER
Social Media Expertin

Auf deinen Social Media-Profilen solltest du darauf achten, tiefes Vertrauen zu den Menschen aufzubauen, die deine Wunschkunden sind und dir folgen. Es geht in der heutigen Zeit nicht mehr vorrangig um die Menge der Follower, sondern um die Tiefe der Bindung zu ihnen.

Dein Vorteil: Direkter Kontakt zu deiner Zielgruppe und Vertrauen ihrerseits. Vertrauen ist heute die Basis für authentisches Online-Marketing. Du lernst sie zusätzlich kennen und erfährst, wie du ihnen am besten helfen kannst.

Social Media ist somit dazu da, im Kopf deines Kunden zu bleiben. Dass er an dich denkt und sich das Gefühl einer persönlichen Bindung einstellt.

Emotionales Social Media-Marketing bedeutet genau das – dich mit deinem Kunden zu verbinden und herauszufinden, was ihn wirklich beschäftigt, um daraufhin perfekt auf ihn eingehen zu können.

Vertrauen zur Zielgruppe aufbauen

EXPERTENTIPP

Für die Umsetzung empfehle ich dir regelmäßige Beiträge, Livestreams und Stories, die Mehrwert und Persönlichkeit für deinen Kunden schaffen. Überlege dir zum Beispiel, welche Fragen er sich stellt und beantworte diese in deinen Videos und Beiträgen.

Damit die richtigen Menschen deinen Account entdecken empfehle ich dir täglich eine halbe Stunde bei möglichen Kooperationspartnern zu kommentieren und auf ihren Seiten präsent zu sein. Denn dort halten sich deine Wunschkunden auf und werden so auf dich aufmerksam.

MEIN TIPP

Während du deine Zielgruppe einschränkst, findest du rechts im Werbeanzeigen-Manager eine Skala für deine Zielgruppe. Diese Skala zeigt dir deine geschätzte Reichweite an (also wie viele Menschen auf die Gruppe entfallen) und du kannst so mit einem Blick erkennen, ob deine Zielgruppe vielleicht zu spitz oder zu groß definiert ist.

Sind Kampagnenziel und Zielgruppe festgelegt, geht's darum, einzustellen, wie lange deine Kampagne laufen soll und wie viel Geld sie kosten darf. Das kannst du entweder über ein Tagesbudget oder über ein Laufzeitbudget bestimmen. Ist das Budget für den Tag ausgeschöpft, ist der Rest des Tages Sendepause. Bei einem Laufzeitbudget wird die Anzeige nur über eine gewisse Dauer ausgespielt. Du legst das Start- und das Enddatum fest und das Budget, das in dieser Zeit verteilt ausgegeben werden darf. Die Kosten der Facebook-Werbeanzeigen variieren, weswegen du vorher das Budget bestimmst, anstatt wie bei einer klassischen Anzeige vorher einen festen Preis genannt zu bekommen. Je nachdem wie viele andere Unternehmen deine Zielgruppe ansprechen wollen und wie relevant deine Werbung ist, steigt der Preis für die Anzeige und dein Budget wird stärker belastet.

Zu guter Letzt gilt es, Bilder oder Videos auszuwählen, die deine Kampagne unterstützen sollen und Texte sowie Links einzufügen. Zusätzlich kannst du einstellen, wo und auf welchem Endgerät deine Anzeige ausgespielt werden soll. Ich empfehle dir, zu testen, ob Videos oder Bilder besser laufen, sowie verschiedene Texte auszuprobieren. Bei Facebook-Werbung geht am Anfang viel über Probieren.

> **MEIN TIPP**
>
> Wie gesagt, kannst du bei Facebook und Instagram gleichzeitig dieselben Beiträge oder auch Anzeigen posten. Probiere das aus und schaue, ob deine Werbeanzeigen bei Facebook oder Instagram besser laufen, und setze dann auf dieses Netzwerk, um nicht unnötig Geld zu verpulvern.

Ja, du kannst noch eine Millionen andere Dinge einstellen und ganz ehrlich, am Anfang wird die Werbung vielleicht nicht funktionieren. Aber wenn du kontinuierlich alles auswertest und optimierst, ist Facebook ein hervorragender Kanal, um neue Kunden zu finden.

ii. YouTube

Es gab mal Zeiten, da habe ich mich einfach vor die Kamera gestellt und rund dreißig Minuten über die ersten Schritte zur Existenzgründung gequatscht. Alles ziemlich spartanisch auf YouTube hochgeladen und gewartet, was passiert. Puh, ich frage mich bis heute noch, wer sich die Videos angeguckt hat. Es müssen allerdings doch verdammt viele gewesen sein. Denn am Ende des Jahres hatte mein Video mehr als 10.000 Views. 10.000 potenzielle Kunden also, die über YouTube mit mir in Kontakt gekommen sind. Daraus hat sich auch der ein oder andere Auftrag ergeben und das für eine halbe Stunde Arbeit. Guter

Return on Investment. Leider ist das ein paar Jahre her und heute müssen wir ein wenig mehr Kohle in den Kessel werfen.

Wichtig bei YouTube ist – ähnlich wie bei der Suchmaschinenoptimierung – in eine Nische reinzuspringen. Eine Nische zu finden, ist natürlich nicht immer einfach. Glaub mir, der Aufwand lohnt sich aber.

Videos werden immer wichtiger. In Zukunft werden Suchergebnisse noch mehr über Videos ausgewiesen und gute Videos sowie ein ordentlich gepflegter Kanal können dir zu einer Pole-Position verhelfen. Das heißt, YouTube-Videos unterstützen dich nicht nur dabei, dein Unternehmen, deine Produkte und deine Expertise auf vielfältige Weise zu präsentieren, sondern auch ein besseres Google-Ranking zu erreichen – ein doppelter Nutzen. Videos werden nämlich transkribiert und, wenn der gesprochene Inhalt thematisch passt, als relevant eingestuft. Dafür musst du beim Dreh des Videos natürlich darauf achten, das entsprechende Keyword auch zu nennen und deutlich zu sprechen. Schau dir in dem Kontext mal Tubebuddy an. Das nutze ich für mein YouTube-Marketing auch. (Wie immer in der Toolliste.) Damit hast du die Möglichkeit, auch herauszufinden, wie leicht oder schwer es ist, bei einem bestimmten Keyword ein gutes Ranking zu erzielen.

YOUTUBE

In der Marketing Kickbox bekommst du 60 Minuten Youtube Tipps und Tricks von Andreas Schweizer und mir. Und unter Anderem Antworten auf die Fragen „Wie finde ich die richtigen Themen" und „Wie ranken meine Videos besser".

Umfangreiches Video zu diesem Thema in der Marketing Kickbox:
www.marketing-kickbox.de

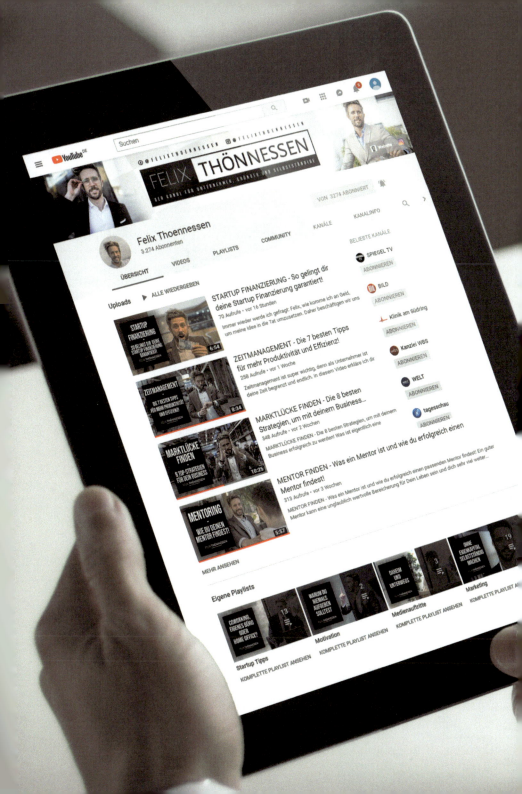

Mach dir Gedanken, wie du YouTube einsetzen willst, welchen Vorteil du daraus ziehen kannst und ob du die Kapazitäten hast, um regelmäßig hochwertigen Content zu produzieren. Bei manchen Unternehmern passt YouTube nicht zum Produkt oder zur Strategie – da gibt es sinnvollere Kanäle.

> **Setz lieber auf die Social-Media-Kanäle, die dich wirklich weiterbringen, als alle anzugehen nur um dabei zu sein. .**

Wie gesagt, ist bei YouTube die Qualität wirklich wichtig. So ein spartanisches Video wie meines damals funktioniert heute nur noch in den seltensten Fällen. Es muss nicht direkt der Videograph kommen und alles professionell schneiden, aber achte darauf, dass du deutlich zu erkennen bist, nichts verwackelt und du eine perfekte Tonqualität hast. Überlege dir vorher, was du sagen möchtest und bereite dir nicht nur ein kleines stichpunktartiges Skript vor, sondern besorge dir auch das entsprechende Equipment und die benötigte Deko. Stativ, Mikro und eine ordentliche Kamera mit Objektiv können leicht und kostengünstig besorgt werden. Wenn du die Sachen nicht hast und nicht direkt kaufen möchtest, findet sich bestimmt jemand, bei dem du die für die ersten Aufnahmen leihen kannst – sei es im Umkreis oder bei professionellen Verleihern. Drehst du draußen von unterwegs oder ganz abgefahrene Sachen unter Wasser, brauchst du dann logischerweise andere Aufnahmegeräte zum Beispiel einen Gimble zur Stabilisierung.

Bevor das erste Video aber überhaupt hochgeladen werden kann, brauchst du natürlich einen YouTube-Channel. Ähnlich wie bei Facebook hast du auch bei deinem YouTube-Channel Möglichkeiten, diesen anzupassen und zu

MARKETING KICKBOX

personalisieren. Viele nutzen das Titelbild, um direkt deutlich zu machen, worum es auf dem Channel geht und um anzuzeigen, wann neue Videos hochgeladen werden – vorausgesetzt, es gibt eine Regelmäßigkeit. Wenn der Kanal florieren soll, ist eine gewisse Regelmäßigkeit vonnöten, ansonsten kommen Zuschauer eher sporadisch und zufällig zu den einzelnen Videos, wenn sie explizit nach diesem Thema suchen. Darüber hinaus, kannst du deinen Channel durch einen sogenannten Trailer anpassen. Der Trailer ist ein Video, das auf der „Startseite" deines YouTube-Channels eingebunden ist und direkt startet, sobald man die Seite aufruft. Nutze das, um besonders auf deine Inhalte und Videos aufmerksam zu machen – stelle dich vor. Was macht du und worum geht's in deinem Channel?

MEIN TIPP

Sobald es möglich ist, solltest du eine benutzerdefinierte URL nutzen. Also wie bei mir beispielsweise: www.youtube.com/FelixThönnessen. So ist es auch einfacher für dich, auf deinen Kanal aufmerksam zu machen. (So wie ich, alter Fuchs, das gerade mache.)

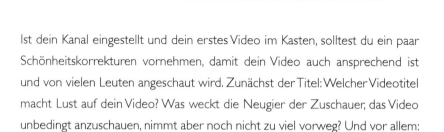

Ist dein Kanal eingestellt und dein erstes Video im Kasten, solltest du ein paar Schönheitskorrekturen vornehmen, damit dein Video auch ansprechend ist und von vielen Leuten angeschaut wird. Zunächst der Titel: Welcher Videotitel macht Lust auf dein Video? Was weckt die Neugier der Zuschauer, das Video unbedingt anzuschauen, nimmt aber noch nicht zu viel vorweg? Und vor allem: Welches Keyword ist für die YouTube-Suchenden relevant?

Ergänze deinen Titel durch eine entsprechende Beschreibung deines Videos, die trotzdem nicht zu viel vorwegnimmt – die Leute sollen sich schließlich dein Video anschauen und nicht in der Beschreibung alles nachlesen können. Schau dir an, wie andere in deiner Branche die Beschreibungstexte handhaben. Was aber auf keinen Fall in der Videobeschreibung fehlen darf, sind Links. Sowohl zu anderen Videos, die den Zuschauer interessieren könnten, zu deiner Website, zu dem Produkt, wenn eines vorgestellt wird, und zu deinen anderen Social-Media-Auftritten. Der Einstieg des Videos ist ebenso wichtig. Hier entscheidet es sich, ob jemand das Video interessant findet und weiter anschaut oder auf ein anderes klickt. Daher muss der Einstieg das Interesse wecken, ohne zu viel zu verraten. Das ist auch für YouTube selbst extrem wichtig, da die Besucher ja lange auf der Plattform bleiben sollten.

> Der Inhalt und die Qualität ist das eine. Die Optimierung für den YouTube-Algorithmus ist das andere.

Ein weiterer Punkt, der bei YouTube besonders wichtig ist, sind die sogenannten Thumbnails. Das sind die Vorschaubilder für deine Videos. Ist das Vorschaubild ansprechend gestaltet und weckt es das Interesse deines Zuschauers, klickt er es mit einer viel höheren Wahrscheinlichkeit an. Und es sieht einfach schöner aus, wenn jedes Video im Channel ein Thumbnail im einheitlichen Stil hat. Meiner Meinung nach gehört in ein gute Vorschaubild auf jeden Fall der Videotitel. So sieht man nochmal zusätzlich, worum es in dem Video geht. Thumbnails wirken anziehend und interessant, wenn ein Gesicht darauf zu sehen ist. Am besten kein stoischer Ausdruck, sondern ein emotionaler. Dazu intensive Farben, damit sich das Thumbnail optisch von den anderen Thumbnails der anderen YouTuber abhebt.

Hast du nun einige Videos auf deinen Kanal hochgeladen, macht es natürlich Sinn, diese zu nutzen, um auf die jeweils anderen aufmerksam zu machen. Dafür kannst du sowohl einen Abspann als auch Playlists verwenden. Bei einem Abspann kannst du am Ende deines Videos ein anderes Video verlinken oder die Leute dazu animieren, deinen Kanal zu abonnieren. Dafür musst du bei den Bearbeitungseinstellungen deines entsprechendes Videos die Option „Abspann" auswählen und die Verlinkungen entsprechend einsetzen.

Eine Playlist ist heutzutage glaube ich selbsterklärend. Bei YouTube-Playlists empfehle ich dir aber, Playlists zu erstellen, die thematische ähnliche Videos zusammen abspielen. So ist der Nutzer einmal im Thema drin und beleuchtet es dann anschließend aus mehreren Perspektiven.

iii. Instagram

Warum nutzen Menschen Instagram? Doch nicht, weil die Funktionen so toll sind. Nein, weil ich die Möglichkeit habe, mich selbst darzustellen, Aufmerksamkeit zu bekommen und so mein Selbstwertgefühl zu stärken. Und nein, das ist keineswegs böse gemeint. Jeder von uns hat ureigene Triebe. Welche sind die deiner Kunden? Kenne und appelliere an sie.

Dennoch ist Instagram ein ausgezeichneter Weg, um Online-Marketing zu betreiben. Ich würde sogar behaupten, aktuell ist er sogar der beliebteste.

III. Ab geht die Post | D. Social Media - einfacher geht's nicht

Während nur noch wenige Leute Facebook richtig aktiv nutzen, sieht es bei Instagram ganz anders aus.

Da Instagram quasi von Bildern und Videos lebt, sind hier natürlich Motive gefragt, die Emotionen wecken. Welche Bilderwelt passt zu deinem Unternehmen? Welche visuellen Inhalte möchtest du präsentieren? Was für Ziele verfolgst du mit Instagram? Inszenierst du deine Produkte? Wenn ja, wie? Mache dir dazu Gedanken, bevor du fröhlich lospostest. Besonders bei Instagram ist es wichtig, eine gewisse Kontinuität zu haben. Deine Bilder sollten einen Wiedererkennungswert haben. Viele nutzen dazu ein einheitliches Farbschema oder verwenden immer denselben Filter. Das sieht übrigens auch super aus, wenn man dann das gesamte Instagram-Profil anschaut.

Apropos Instagram-Profil: Wenn jemand auf dein Profil geht, entscheidet er innerhalb von wenigen Sekunden, ob er dein Profil interessant findet oder nicht und dir vielleicht folgt. Das liegt nicht nur an der Gestaltung deines Feeds (also wie das Gesamtbild deiner Beiträge gestaltet ist), sondern auch an der sogenannten Bio. Eine gute Profilbeschreibung kann enorm zu deiner Instagram-Performance beitragen. Diese sollte ausgefallen und kurz sein sowie zu dem Ziel, das du mit Instagram verfolgst, passen. Es ist nie verkehrt, in seine Bio zu schreiben, wer man ist und was man macht bzw. den Followern bietet. Runde das Ganze noch mit einem kleinen Call-to-Action wie „Klicke hier für mein neustes Video" ab und mache somit auf den „Link in Bio" aufmerksam.

MARKETING KICKBOX

> **MEIN TIPP**
>
> Du hast mehr als nur einen Link, den du gerne in die Bio packen würdest? Für den Fall kann das Tool Linktree Abhilfe schaffen. Linktree erstellt dir eine Linksammlung mit allen Links, auf die du verweisen möchtest. Anstatt also zu überlegen, welchen Link du am besten in deine Bio packst, einfach alle übersichtlich sammeln lassen und den Linktree-Link in deine Bio einfügen.

Da Instagram über visuelle Inhalte funktioniert, solltest du auf jeden Fall passende Hashtags verwenden. Die Hashtags können sowohl zu deinem Unternehmen und deiner Branche passen, aber auch zum Thema des Bildes bzw. der Bildbeschreibung. Durch den Einsatz von Hashtags kannst du Nutzern, die dir noch nicht folgen, über die „Entdecken"-Seite vorgeschlagen werden, wenn sie mit ähnlichen Inhalten wie deinen interagiert haben.

> **MEIN TIPP**
>
> Verwende in deiner Insta-Story doch mal das Abstimmungstool, um deine eigene kleine Marktforschung zu betreiben. Das gibt dir wertvolle Insights über deine Follower und darüber, was sie wollen. (Für den Algorithmus ist Interaktion immer wertvoll.)

Während die Bilder, die du in deinen Instagram-Feed hochlädst, eher für die Ewigkeit gedacht sind, solltest du deine Insta-Story für kurzlebige Inhalte verwenden. Und mit kurzlebig meine ich 24 Stunden kurz, denn nur so lange sind die Storys für deine Follower abrufbar – außer du packst sie in die sogenannten Highlights. Ich liebe Instagram-Storys und die meisten Instagram-User da draußen übrigens auch. Viele von denen schauen sich den Feed gar nicht mehr so genau an, sondern interessieren sich mehr für die Storys. Das liegt nämlich daran, dass die Storys kurzlebiger, aktueller, näher und weniger inszeniert sind. Sie machen das Unternehmen nahbarer, beispielsweise mit coolen Blicken hinter die Kulissen und Live-Berichterstattungen von Events. Achte bei deiner Insta-Story aber trotzdem darauf, einen professionellen Eindruck zu hinterlassen. So wie du deine normalen Beiträge vorher planen solltest, musst auch vorher über die Story nachgedacht werden. Was möchtest du mit deiner Story mitteilen? Bearbeite deine Story-Inhalte vorher und denke daran, bei so vielen Storys wie möglich „Untertitel" zu schreiben. Viele Nutzer schauen sich die Inhalte ohne Ton an und die sollen schließlich auch wissen, worum es geht.

INSTAGRAM

Instagram ist in aller Munde – In der Marketing Kickbox findest du ein umfangreiches Video (Laufzeit über 1 Stunde) zum Thema Instagram. Du bekommst meine besten Tipps und ich zeige dir, worauf es ankommt und was du alles beachten solltest.

Umfangreiches Video zu diesem Thema in der Marketing Kickbox:
www.marketing-kickbox.de

MARCEL MOHR
Geschäftsführer, ereos digital GmbH

EXPERTENTIPP

Immer mehr User nutzen bei Instagram die Funktion von Storys. Hierdurch kommen bei jedem einzelnen User unzählige Stories an. Wenn man nun möchte, dass möglichst viele User die Story sehen, muss man sich den Instagram-Algorithmus zunutze machen. Die Reihenfolge der Storys, wie sie einem angezeigt werden, basiert nämlich auf der errechneten Relevanz. Hierzu zählen beispielsweise, ob man mit dem Story-Ersteller interagiert, dieser zu den „Engen Freunden" zählt, sowie die Interaktion mit der Story. Hast du also eine Story, mit der viel interagiert wird, wird diese höher bewertet als andere. Du kannst diese Interaktionen dadurch gut erreichen, dass du die Umfragefunktion nutzt oder Fragen an deine Community stellst, auf welche sie dir antwortet. Alternativ kannst du deine User auch auffordern, dass sie Benachrichtigungen für deine Story aktivieren. So bekommen sie immer eine Push-Notification, wenn du eine neue Story teilst.

„
Instagram-Reichweite von Storys steigern

Um deine Insta-Story professionell zu gestalten, gibt es inzwischen zahlreiche Apps. Für die Videobearbeitung im Hochformat empfehle ich dir App InShot, das ist ein richtiges kleines Filmstudio, mit dem du Videos in allen möglichen Variationen bearbeiten kannst. Du kannst manche Sequenzen in Slow Motion abspielen lassen, Texte draufsetzen und vieles mehr. Um meine Inhalte mit einem coolen Rahmen zu versehen, benutze ich gerne auch Unfold, Canva oder Over. Möchtest du ein kurzes Tutorial in deiner Story posten, kannst du mit Life Laps ein Stop-Motion-Video kreieren. Ich glaube alleine die Anzahl an Apps, die man zur Erstellung seiner Insta-Story heranziehen kann, zeigen, wie wichtig die Storys und ihre professionelle Gestaltung sind. Vergiss aber nicht, dass Instagram selbst in der Story-Funktion viele tolle Optionen hat, wie beispielsweise Musik oder GIFs.

MEIN TIPP

Nutze die Stories, um sogenannte Reposts zu machen. Teile also in deiner Story Inhalte, auf denen du verlinkt worden bist. Das sorgt nicht nur für eine tolle Kundenbindung, sondern animiert andere Follower dazu, dich ebenfalls in relevanten Posts oder Storys zu verlinken und du erhältst somit User Generated Content.

Das Thema Influencer-Marketing ist besonders auf Instagram von großer Bedeutung. Unter Influencer versteht man Personen, die sich eine große Anhängerschaft aufgebaut haben bzw. viele Follower auf den sozialen Plattformen haben. Sie genießen in ihrem Gebiet einen gewissen Expertenstatus und werden oft als Meinungsmacher gesehen. Aufgrund ihrer hohen Reichweite werden

MARKETING KICKBOX

Influencer auch immer mehr von Unternehmen als Kommunikationsmittel eingesetzt. Unternehmen zielen bei einer Zusammenarbeit mit Influencern darauf ab, die Reichweite und das Vertrauen, das die Community den Influencern entgegenbringt, auf das Unternehmen zu übertragen und ihre Wertigkeit und Glaubwürdigkeit zu steigern.

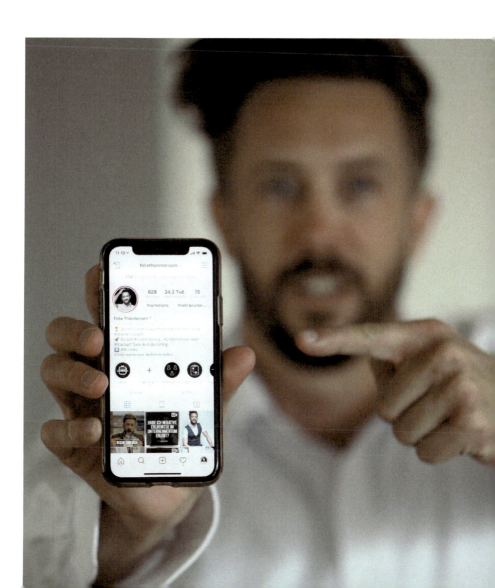

SVEN SCHWALD
Instagram-Marketing-Experte

Dieser Hack kommt von niemand Geringerem als Gary Vee. Er benutzt ihn schon länger und hat durch ihn eine unglaubliche Engagement-Rate innerhalb der ersten Minute nach dem Posten erzielen können. Die ersten Minuten entscheiden, ob dein Bild in Instagram erfolgreich wird oder nicht. Doch wie sieht diese Strategie konkret aus?

Unter allen Followern, die beim 60 Seconds Club mitmachen, werden täglich Geschenke verlost. Die Geschenke stellt er vorher auf einer Landingpage vor. Zu gewinnen gibt es zum Beispiel einen Skype Call mit ihm persönlich, Sneakers, Bücher oder direkt Geld. Damit haben seine Follower einen großen Anreiz, so schnell wie möglich seine Beiträge zu liken und zu kommentieren. Denn: Ein Geschenk bekommt nur jemand, der innerhalb der ersten 60 Sekunden einen Like und einen Kommentar abgibt. Damit die Follower das nicht verpassen, schalten Sie die

„ Mit dem 60 Seconds Club Hack in kürzester Zeit zu hohen Engagement-Raten

EXPERTENTIPP

Post-Notification an und werden umgehend benachrichtigt, wenn Gary ein Foto hochlädt. Allein das beschert schon eine größere Reichweite.

Um diese Strategie umzusetzen, solltest du dir gute Geschenke für deine Follower überlegen.

Mein Tipp an dich:
Erstelle ein kleines Freebie, das du als Geschenk anbieten kannst. Zum Beispiel eine kurze PDF, ein Lightroom Preset oder einen Song. Erstell es dir entweder selbst oder suche dir dafür einen Freelancer. Achte darauf, dass dein Geschenk einen Nutzen hat, damit es deine Follower wirklich zur Interaktion anspornt. Es muss zu deiner Nische passen und etwas Besonderes sein. Du brauchst also keine teuren Gadgets wie das neue iPhone XS oder ein MacBook dafür kaufen.

Um den Algorithmus ein wenig auszutricksen, ist der 60 Seconds Club die beste Methode. Wenn du noch nicht so viele Follower wie Gary Vee mit 5,3 Millionen hast, kannst du den 60 Seconds Club etwas abändern. Erhöhe die Zeit, in der die Follower etwas gewinnen können. Beispielsweise 10 Minuten oder 30 Minuten. Gerade bei wenigen Followern steigt die Chance, dass viele mitmachen. Zudem kannst du weitere Regeln einbauen, die sich zugunsten deiner Reichweite auswirken, wie das Teilen deines Beitrags in ihrer Story. Bitte verwechsle das nicht mit den Giveaways-Wachstum-Campaigns, die im Internet immer wieder angepriesen werden. Teile deinen 60 Seconds Club in deiner Story, markiere ihn als Highlight und verfasse einen Post dazu. So bekommt jeder mit, dass du diesen Club gegründet hast und jeder kann mitmachen. Vergiss nicht zu erwähnen, wie es genau funktioniert, und was sie davon haben da mitzumachen.

Wenn du dich für eine Zusammenarbeit mit Influencern auf Instagram entscheidest, beachte folgende Punkte:

Viele fancy Fans

Wenn du nach dem richtigen Influencer suchst, fällt der erste Blick natürlich auf die Zahl der Abonnenten, Fans oder Follower. Je mehr, desto besser – doch Obacht. Im Social Web zählt vor allem auch die Engagement-Rate, also der Anteil der Fans, die auch wirklich auf Postings reagieren – sich etwas anschauen, teilen oder kommentieren. Bloße Masse bringt hier in Zeiten von Fake-Followern und gekauften Anhängerschaften nichts. (Nutze hier mal HypeAuditor. Das Tool zeigt dir genau die Qualität des jeweiligen Profils.)

Hübsch, aber daneben

Du findest sicher schnell eine Menge Fashion-, Fitness- oder Food-Blogger – die drei großen Fs. Aber passen die auch wirklich zu deinem Produkt? Ist es nicht besser, den kleinen Heimwerkerkönig oder die Backprinzessin zu nehmen? Such' dir Influencer, deren Zielgruppe mit deiner „matcht".

Money on my mind

„Boah, ich schick dem einfach mein Produkt und schon berichtet der." Diesen Traum muss ich dir leider zerschlagen. Influencer wissen, was sie wert sind, und machen eigentlich selten etwas umsonst und solange du keine Autos verkaufst, auch nichts für ein Gratisprodukt. Aber: Vielleicht kriegst du es ja hin, dem Ganzen etwas Persönliches zu geben und so den Influencer deiner Wahl auf deine Seite zu ziehen.

Warum nicht der eigene König sein?

Je nachdem was du anbietest, macht es Sinn auch selber zum Social-Media-Star zu mutieren. Die anderen kamen schließlich auch irgendwo her, oder? Such dir eine Nische und gestalte deine Botschaft so spitz, dass du wirklich wahrgenommen werden kannst.

> **MEIN TIPP**
>
> Um geeignete Influencer für dich zu finden, ist es zudem ratsam, einen Blick auf Tools zu werfen, die Influencer analysieren, beispielsweise HypeAuditor oder Influencer DB. So kannst du dir ein Bild darüber machen, wie aktiv ihre Community ist, wie das Wachstum ist (ist das vielleicht an einer Stelle überproportional hoch? = gekaufte Follower) und vieles mehr. Denn leider hat nicht jeder Influencer seine vielen Follower durch organisches Wachstum gewonnen und es wäre ärgerlich, wenn du auf das falsche Pferd setzt.

iv. LinkedIn/Xing

Insbesondere wenn deine Zielgruppe andere Unternehmen sind und du im B2B-Bereich tätig bist, solltest du den Plattformen LinkedIn und Xing besondere Aufmerksamkeit schenken. Natürlich sind Kunden aus dem B2B-Bereich auch bei den anderen Plattformen registriert, aber hier erreichst du die potenziellen Kunden im Business-Alltag. Bei LinkedIn und Xing hast du durch den

III. Ab geht die Post | D. Social Media – einfacher geht's nicht

inhaltlichen Schwerpunkt auf Geschäftskontakte sowieso schon eine Verbindung zur Arbeitswelt geschaffen.

Beide Plattformen bieten hervorragende Möglichkeiten zum Austausch, aber insbesondere auch für Personal Branding und zum Netzwerken. Da auf den jeweiligen Portalen teilweise andere Leute angemeldet sind, kann es durchaus Sinn ergeben, beide zu nutzen. Xing ist insbesondere in der DACH-Region stark und im KMU-Bereich vertreten, während LinkedIn internationaler unterwegs ist. Ich nutze beide aktiv.

Um die Potenziale, die LinkedIn und Xing mit sich bringen, komplett ausnutzen zu können, solltest du dein Profil vollständig ausfüllen. Vor allem für die Informationen bezüglich deiner Kenntnisse und Fähigkeiten solltest du dir Zeit nehmen und diese gewissenhaft eintragen. Diese Angaben werden nämlich bei der Suche berücksichtigt und du kannst so schneller und von mehr Leuten gefunden werden. Da sich die Angaben bei LinkedIn und Xing größtenteils überschneiden, lohnt es sich gleich doppelt, einmal die Zeit in die Profilpflege zu investieren.

Mache dir im Zuge der Profilpflege auch Gedanken über dein Profilbild. Es ist das Erste, was die Leute in den Netzwerken von dir sehen. Was sagt dein Bild aus? Welchen Eindruck vermittelt es? Der erste Eindruck zählt.

MARKETING KICKBOX

> **MEIN TIPP**
>
> Bei beiden Kanälen kann man übrigens auch ein Unternehmensprofil anlegen. Dann hat man über sein persönliches Profil hinaus noch einen zweiten Link und vergrößert seine Auffindbarkeit. Gerade für Unternehmer ist das interessant, da sie automatisch mit ihrem Unternehmen verbunden werden.

Sowohl bei LinkedIn als auch bei Xing kannst du eine sogenannte Profilbeschreibung einfügen. Das ist quasi eine Zusammenfassung von dem, wer du bist und was du (außergewöhnlich gut) machst. Viele schreiben an dieser Stelle noch hinein, was sie suchen oder was sie bieten können. Die Profilbeschreibung ist nach dem Foto das Erste, was Besucher auf deinem Profil entdecken. Sie wird auch denen angezeigt, die noch nicht mit dir vernetzt sind. Auch hier solltest du Keywords für dich benutzen, um gut gefunden zu werden und dein Netzwerk erweitern zu können.

Denn darum geht's ja bei LinkedIn und Xing: das Netzwerk. Damit meine ich sowohl das bestehende pflegen, als auch neue Kontakte generieren.

> Such bei LinkedIn und Xing nach relevanten Kontakten und versuche mit Mehrwert zu interagieren, ohne zu nerven.

FLORIAN ILGEN

Mentalist & Keynote Speaker

Facebook hat es getan und Instagram fängt bereits damit an… Reichweite lautet das Zauberwort. Was bei Facebook schon längst jeder gemerkt hat, steht langsam auch bei Instagram auf der Tagesordnung. Es wird am Reichweitehahn gedreht. Leider in die falsche Richtung.

Ganz anders verhält sich im Gegensatz dazu auf dem Businessnetzwerk LinkedIn. Tatsächlich ist es so, dass LinkedIn zurzeit Reichweite „verschenkt", um Menschen zu incentiveren, die guten Content verfassen, damit Leute mehr Zeit auf dem Netzwerk verbringen. Gut zu wissen! Bei LinkedIn tut sich ohnehin gerade sehr viel. Im Headquarter München stellte man in nur einem Jahr massiv neue Mitarbeiter an. Übrigens ein sehr schmuckes HQ hier in Minga! In meinen Augen bietet LinkedIn extrem gute Möglichkeiten, um ein smartes Businessnetzwerk aufzubauen und zahlende Kunden zu generieren.

„
Mit Linkedin zielgruppengerecht durchstarten

EXPERTENTIPP

Aus diesem Grund ziehen wir die Sache etwas strategischer auf. Wir benutzen seit vier Monaten LinkedIn Salesnavigator. Damit kannst Du zielgerichtet Listen von Personen erstellen und diese dann adden, anschreiben und verwalten (Tags vergeben). Wir suchten alle Geschäftsführer, Assistentinnen der GF und ähnliche Positionen in DACH, und los ging's. Alle ohne Text (ganz wichtig) geaddet. 100 am Tag. Quote im Schnitt 70 nehmen an! Das ist stark. Darum bin ich auch von 1.900 auf jetzt über 8.000 Kontakte (Nicht Follower! Denn die kann man leider ebenfalls bei LinkedIn kaufen) gewachsen. Die meisten sind Geschäftsführer und damit für uns extrem wichtig, da sie mich als Mentalist oder Keynote Speaker für Events anfragen und buchen.

Im zweiten Schritt bespielen wir die neue Gefolgschaft mit Content, um mich als Experten zu positionieren und als Marke zu etablieren sowie in Erinnerung zu rufen. Schließlich soll die buchende Person mich genau dann auf der Platte haben, wenn ein Event ansteht. Das geht nur über konstante Präsenz in dem Medium.

Bisher kamen bereits einige Aufträge über LinkedIn, die wir vor unserer Taktik noch nicht hatten. Die Tatsache, dass das blaue Netzwerk recht großzügig mit Reichweite ist, führt dazu, dass zusätzlich organisch immer mehr Kontaktanfragen und Follower hereinkommen und damit meine Artikel und Posts mehr Impressions und Engagement erhalten. Unser Fokus steht damit fest. LinkedIn ist mehr als spannend für die Zukunft. Viel Spaß beim Online-„Netzwerken"!

III. Ab geht die Post | D. Social Media - einfacher geht's nicht

Du kannst beispielsweise Ansprechpartner für den Vertrieb von bestimmten Unternehmen herausfinden und mit ihnen ins Gespräch kommen, indem du auf besonders relevante Informationen hinweist.

Wie auch bei jedem anderen sozialen Netzwerk gilt es, den Followern (in diesem Fall den Kontakten) Mehrwert zu bieten. Interessanter Input bringt dein Netzwerk nicht nur weiter, sondern regt zum Austausch an und erleichtert es, den Kontakt aufrechtzuerhalten. Nutze die Möglichkeit, Sachen zu posten. Bei LinkedIn kannst du beispielsweise Texte und Videos, aber auch Links und Artikel veröffentlichen.

LINKEDIN UND CONTENTPLANUNG

In der Marketing Kickbox zeige ich dir in einem umfangreichen Video, wie du LinkedIn am besten nutzen kannst. Außerdem gebe ich dir Einblick hinter die Kulissen und zeige dir, mit welcher Strategie ich meine Inhalte unter Anderem für Social Media plane.

Umfangreiches Video zu diesem Thema in der Marketing Kickbox:
www.marketing-kickbox.de

E. ONLINE-MARKETING I – DEIN AUFTRITT

Hallo Lieblingsthema. Online-Marketing ist eine Rakete und bietet dir eine Menge Möglichkeiten, auf dich und deine Leistungen aufmerksam zu machen. Kern der ganzen Sache ist natürlich deine Website und ein entsprechendes E-Mail-Marketing. Genau darum geht es hier.

i. Deine Website

Deine Website ist das Herzstück deines Online-Marketings – hier kommen alle Online-Aktivitäten zusammen. Daher ist es wichtig, deine Website so zu gestalten, dass sie die Besucher anspricht, eine Beziehung zu ihnen aufbaut und sie dann zur Kauf- oder Kontaktaufnahme animiert.

> **MEIN TIPP**
>
> Nutze Google Analytics, um genaue Infos über das Surfverhalten deiner Besucher zu erhalten. Mit Google Analytics kannst du detailliert einsehen, woher die Leute kommen, durch welchen Link sie auf deine Seite gekommen sind oder wie lange sie auf deiner Seite surfen – also, was sie wirklich interessiert. Du siehst – damit kannst du eine Menge herausfinden und entsprechend auswerten, um eine höhere Conversion-Rate zu erreichen. An dieser Stelle aber auch der dringende Hinweis, dass du aufgrund von Datenschutzbestimmungen für die Verwendung von Google Analytics und somit für das Tracking durch Cookies das Einverständnis der Websitenutzer einholen musst. (Ja, es gibt da so eine DSGVO.)

JASMIN HUBER

Grafikdesignerin, Inhaberin von meisterzeichen.

Diese Zahl ist erschreckend: Über 30% aller Unternehmen in Deutschland (stand 2019) haben keine eigene Website. Mindestens genau so schlimm: viele Unternehmenswebsites sind sehr veraltet. Nicht nur technisch und gestalterisch, sondern auch inhaltlich.

Es genügt nicht, eine Website einmal zu erstellen, um dann die nächsten 20 Jahre Ruhe zu haben. Ganz im Gegenteil: Die Technik muss immer wieder auf den neusten Stand gebracht werden. Denk doch mal an die Umstellung des Google Algorithmus auf Mobile-friendly. Bei solchen und anderen Neuerungen muss auch deine Website mithalten können.

Neben der Code-Qualität sollte eine Website natürlich auch gut aussehen und nicht so, als wäre sie in den 90ern erstellt worden.

Noch viel wichtiger ist aber die Aktualität der Inhalte. Wie oft sehe ich „News"-Einträge, die sogar mehrere Jahre alt sind. Das ist nicht nur unglaubwürdig, sondern auch ziemlich peinlich.

„
Kümmere dich um deine Website

EXPERTENTIPP

Also kümmere dich bitte um deine Website. Schaffe Mehrwert für deine potenziellen und bestehenden Kunden, indem du deine Produkte und Dienstleistungen ansprechend präsentierst, relevante Inhalte (z. B. auf einem Blog) veröffentlichst, die Fotos regelmäßig erneuerst und auch deine Texte aktuell hältst.

Die Website ist dein Aushängeschild im Web und sehr wichtig für dein Unternehmensimage. Außerdem ist eine Website (im Vergleich zu anderen Werbemaßnahmen) sehr kostengünstig. Du bezahlst einmalig die Erstellung und monatlich einen geringen Betrag für Domain und Hosting. Danach arbeitet deine Website für dich, 24/7, an Wochenenden, Feiertagen und im Urlaub.

Meine Tipps für dich:
1. Dein Unternehmen braucht eine eigene Website auf der
2. Aktueller und relevanter Content zu finden ist.
3. Social Media Profile sind eine Ergänzung, aber kein Ersatz für deine eigene Unternehmenswebsite

Also investiere ein wenig Zeit und Geld, damit deine Kunden sich über deine Produkte und dein Unternehmen online informieren können.

Zunächst einmal ein paar grundlegende Dinge: Vermeide auf alle Fälle Rechtschreib- und Grammatikfehler, um deine Kompetenz nicht zu schwächen. Am besten lässt du vor dem Live-Gang deiner Website eine weitere Person nochmal alles genau gegenlesen, um so zu verhindern, dass sich vielleicht doch der ein oder andere Fehler eingeschlichen hat. Hat eine Website Rechtschreib- oder Grammatikfehler kann sich das schlecht auf deine Conversion auswirken, da deine Seite weniger professionell wirkt. Und die Kunden wollen nun mal Profis. (Das klingt wie ein Standardtipp? Dann frage ich mich, warum so viele Seiten Fehler haben.)

Das geht auch mit der Gestaltung deiner Website einher. Ein kostenloses Baukastensystem ist vielleicht für den Anfang noch sinnvoll, um sich an die gesamte Thematik heranzutasten. Man kann viele Dinge ausprobieren und die meisten Systeme sind sehr intuitiv zu bedienen und sehen dabei auch noch super aus. In vielen Fällen bist du mit solchen Lösungen aber schnell am Ende. Wenn du an dem Punkt angelangt bist, dass deine Website mehr bieten muss, rate ich dir einen Profi zurate zu ziehen. Spare nicht am falschen Ende. Ein Großteil der heutigen Seiten sind mit Wordpress realisiert (meine übrigens auch) und so schwer ist das nicht – ich bin schließlich auch kein Programmierer.

WEBSITE UND WORDPRESS PLUGINS

In der Marketing Kickbox findest du ein umfangreiches Video (Laufzeit über 1 Stunde), in dem wir uns eine Website ganz genau anschauen und einen Blick auf die wichtigsten WordPress Plugins werfen.

Umfangreiches Video zu diesem Thema in der Marketing Kickbox:
www.marketing-kickbox.de

MARKETING KICKBOX

> **MEIN TIPP**
>
> Viele Unternehmer stehen vor der Frage, welche Endung sie bei der Domain wählen sollen. Ich finde es sinnvoll, wenn du dir die wichtigsten Endungen sicherst. Achte auch auf unterschiedliche Schreibweisen. felixthoennessen oder felixthönnessen – die Leute sollen ja nicht im Nirvana landen, oder? Mit mehreren Endungen kannst du sicher stellen, dass du alle interessierten Kunden abfängst. Mit Bindestrich, mal ohne oder mit Umlauten oder ohne – sichere dich hier ab. Der Fernsehsender RTL hat beispielsweise für sein Videoportal RTL-Now zusätzlich die Domain RTL-Nau gesichert (bisschen lustig, oder?) Solltest du mit mehreren Domains arbeiten, achte aber darauf, dass diese alle auf die Hauptdomain weiterleiten. Damit sorgst du nicht nur für Einheitlichkeit, sondern auch für ein besseres Google-Ranking.

Nun geht's ans Inhaltliche: Die Startseite ist das erste, was der Besucher deiner Website zu sehen bekommt. (Sofern du ihn nicht auf eine Landingpage schickst.) Die Startseite entscheidet darüber, ob deine Seite und somit dein Unternehmen für den Besucher relevant ist und ob er bleibt oder wieder geht. Von daher solltest du darauf achten, dass sie nicht nur toll aussieht, sondern gleich klar macht, was du tust. Dazu zählen die angebotenen Leistungen und welche Lösung du für welches Kundenproblem anbieten kannst. Wer bist du? Was hat der Besucher davon, wenn er auf deiner Website bleibt? Was hat der Besucher von dir als Unternehmen? Hat der Besucher das Gefühl, dass er gut aufgehoben ist sowie Lösungen für sein Problem erhält (das Problem, das ihn überhaupt auf deine Seite geführt hat), bleibt er auch. Jetzt denkst du dir vielleicht: „Felix, wie lang soll denn dann die Seite bitte sein?" Berechtigte Frage, es geht nicht darum die Seite vollzuknallen, sondern den Appetit anzuregen.

> **Die Startseite ist quasi der Appetizer.**

Außerdem sollte sich dein Besucher auf der Website intuitiv zurechtfinden. Gestalte deine Navigation so, dass die Inhalte sinnvoll getrennt sind und der Besucher schnell das findet, was er sucht. Welche Unterseiten machen Sinn? Wirf mal einen Blick auf die Websites deiner Konkurrenz.

FELIX BEILHARZ
Der Online-Experte

EXPERTENTIPP

Ich erlebe immer wieder, dass gerade im Online-Marketing die falschen Fragen gestellt werden. Das hindert Unternehmen am Wachstum und verhindert Reichweite und Umsatz. Stelle stattdessen die richtigen Fragen. Dazu gehören zum Beispiel:

- Liefert deine Website soviel Mehrwert, dass ich sie unbedingt mit meinen Freunden teilen müsste, wenn ich die Zielperson wäre? Falls nein, was fehlt? Was kannst du ergänzen, um den Mehrwert geradezu absurd hochzuschrauben, sodass der Besucher gar nicht anders KANN, als sie weiterzuempfehlen?
- Ist dein Marketing so außergewöhnlich, dass du unweigerlich im Kopf des Kunden hängen bleibst? Stichst du aus der Masse der Marktschreier heraus? Bist du so unverwechselbar, dass der Kunde sofort an dich denken würde (nachdem er einmal von dir gehört hat), wenn er an dein Thema denkt?

> **„ Stell die richtigen Fragen**

EXPERTENTIPP

- Bist du so aufgestellt, dass dein Unternehmen immer noch wächst, selbst wenn ein Kommunikationskanal wegfällt? Hängt dein ganzer Erfolg vom Google-Ranking/der Facebook-Reichweite etc. ab? Hast du einen gesunden Kanalmix, über den du Traffic und Umsatz generierst?
- Bewirkt deine Außenkommunikation, dass du als Meinungsführer in deinem Thema wahrgenommen wirst? Investierst du genug in Content, Expertenpositionierung und Selbstvermarktung, um dich zu einem wirklich relevanten Botschafter in deinem Thema zu entwickeln?
- Baust du genug eigene Ressourcen auf? Arbeitest du mit dem, was du gerade tust, darauf hin, dass sich deine E-Mail-Liste füllt, dein WhatsApp-Verteiler wächst, dein Download-Archiv größer wird, dein CRM voller wird und deine Pressekontakte steigen? Verlässt du dich unnötig stark auf Drittkanäle, die nicht deiner Kontrolle unterliegen? Und schließlich:
- Führt das, was du jetzt gerade tust, dazu, dass du deine Persona glücklich machst, deine Marketingziele erreichst und ein Business erfolgreich wird?

Diese Fragen bringen dich voran – und zwar langfristig, weit über jeden gerade angesagten Social-Media-Hype, jedes aktuelle Google-Update und jeden gerade aufstrebenden Marktbegleiter hinaus.

Stell sicher, dass du ein ausgeglichenes Verhältnis von Texten und Bildern auf deiner Website hast. Zu viel Text wirkt im ersten Moment wenig einladend und schreckt deine Besucher ab. Bei deinen Texten solltest du darauf achten, dass sie in kurzen Sätzen formuliert sind und keine Fremdwörter vorhanden sind, die vielleicht nicht jeder direkt versteht. Bei Bildern achte darauf, dass du auch die entsprechende Rechte an ihnen hast. Urheberrechtsverletzungen sind das Letzte, was dein Unternehmen gebrauchen kann. Ich liebe die Möglichkeiten, die wir heutzutage haben. Mit Tools wie Unsplash kannst du dir einfach lizenzfreie Bilder besorgen und deine Seite aufhübschen. Aber: Es geht nichts über hochwertige eigene Bilder – Stichwort: Authentizität.

Nutz deine Unternehmenswebsite, um News zu verkünden und Mehrwerte zu transportieren. So bleibst du für deine Besucher relevant und bietest Google zudem immer wieder neuen Content, um dich im Google-Ranking besser positionieren zu können. Der News-Bereich oder Blog sollte dafür allerdings regelmäßig gepflegt werden. Wenn du nicht jede Woche echte Neuigkeiten zu verkünden hast, rate ich dir zu einem Blog, damit du kontinuierlich Inhalte veröffentlichen kannst. Ein Blog ist ein super Tool, um deinen Besuchern, aber auch deiner Community aus den sozialen Netzwerken zahlreiche Tipps und Mehrwert mitzugeben. Wirf mal einen Blick in meinen Blog, da bekommst du eine Menge Tipps (www.felixthoennessen.de/blog). So bleibst du deinen Lesern als Experte in Erinnerung und wirst dementsprechend bei der Kaufentscheidung berücksichtigt. Er hilft dir aber nicht nur bei der Kundengewinnung, sondern auch bei der Kundenbindung. Die Leser kommen wieder, wenn sie bei dir gute Inhalte finden.

> Ja, das alles ist Arbeit. Aber niemand hat gesagt, dass es leicht werden wird.

Stell dafür aber sicher, dass du qualitativ hochwertige Inhalte postest, die deine Leser wirklich weiterbringen. Es geht darum, deinen Lesern neues Wissen oder interessante Hintergründe zu erörtern und nicht eine Dauerwerbesendung für dich zu schaffen. Denn dann liest nämlich keiner deinen Blog und er verfehlt sein Ziel komplett. Ein Blog hilft dir dabei, deine Kunden gezielt anzusprechen und abzuholen. Zudem sorgt er dafür, dass sie regelmäßig zurück auf deine Website kommen. Übrigens muss auch gar nicht jede Woche ein neuer Beitrag erscheinen. Entscheide dich für einen Rhythmus, den du einhalten kannst und bei dem du sicherstellen kannst, dass deine Posts eine hohe Qualität und inhaltlichen Mehrwert für deine Leser haben.

> Poste lieber weniger, dafür aber hochwertiger.

Dein Blog sollte sich in erster Linie mit den Themen beschäftigen, die zu deinem Unternehmen und der Branche passen. Dadurch positionierst du dich nicht nur als Experte, sondern verhinderst auch Verzerrungen oder Unstimmigkeiten in deinem Image. Ich meine ein Bäcker würde auf seinem Blog ja auch keine Anleitung zum Austausch von Autoteilen anbieten, oder? Das passt einfach nicht zur Positionierung und ist nicht authentisch. Begrenze dich immer auf deine Branche.

MARKETING KICKBOX

> **MEIN TIPP**
>
> Ich kenne das von meinem Blog: Mal sprudelt man vor lauter Ideen, die man in Beiträge umsetzen könnte und manchmal herrscht richtige Flaute. Sammle alle Einfälle, die dir zwischendurch einfallen und die du als Blogpost veröffentlichen möchtest. Mit dieser Ideensammlung, hast du immer ein Thema für deinen nächsten Beitrag parat und kannst zudem deine Beiträge besser vorbereiten und planen. In Hinblick auf die geplanten Beiträge rate ich dir zudem, einen Redaktionsplan anzulegen. So weißt du immer, welcher Post als nächstes ansteht und was dafür noch getan werden muss. Ich nutze für meine Planung das Tool Trello.

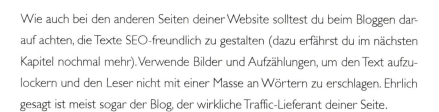

Wie auch bei den anderen Seiten deiner Website solltest du beim Bloggen darauf achten, die Texte SEO-freundlich zu gestalten (dazu erfährst du im nächsten Kapitel nochmal mehr). Verwende Bilder und Aufzählungen, um den Text aufzulockern und den Leser nicht mit einer Masse an Wörtern zu erschlagen. Ehrlich gesagt ist meist sogar der Blog, der wirkliche Traffic-Lieferant deiner Seite.

Die Sache mit dem Vertrauen

Stell dir mal vor du triffst auf der Straße einem zwielichtigen Herrn, der ganz und gar nicht vertrauenserweckend wirkt und dir einen Apfel zum Kauf anbietet. Würdest du ihm den Apfel abkaufen? Wohl eher nicht, oder? Da läuft man ja Gefahr, vergiftet zu werden. Dann lieber bei einem freundlichen Händler, der auch als „Obsthändler des Jahres" ausgezeichnet worden ist. (Ja, ein simples Beispiel, aber eines, das es genau trifft.)

THOMAS KLUSSMANN

erfolgreicher Unternehmer

Jedes Online-Business braucht Besucher auf der eigenen Website. Da ist es auch erst einmal egal, ob du einen Blog, einen E-Commerce-Shop oder eine Verkaufsseite betreibst. Doch einfach nur Besucher zu haben, reicht nicht. Wir wollen wiederkehrende Besucher und treue Stammkunden aufbauen. Doch die digitale Welt ist voller Ablenkungen. Jeden Tag gibt es etwas Neues. Immer zerrt etwas Anderes an unserer Aufmerksamkeit. Deshalb müssen wir uns etwas einfallen lassen,

um unseren Websitebesuchern im Gedächtnis zu bleiben. Genau dafür sind Browser-Push-Nachrichten eine der besten Möglichkeiten.

Browser-Push-Nachrichten sind kleine Textnachrichten, die man im Browser bei zum Beispiel Safari, Chrome oder Firefox bekommt. Sie enthalten einen Link, der auf die Website des Versenders führt. Das Tolle ist, du kannst einem Nutzer selbst dann Nachrichten schicken, wenn er deine Website

Browser-Push-Nachrichten Ein echt cooler Marketingkanal

nicht geöffnet hat. Es reicht, wenn er sich lediglich im Browser befindet. Erhält er dann eine Nachricht von dir, ist die Chance hoch, dass er auch darauf reagiert.

Um diesen Marketingkanal für dich zu nutzen, muss der Besucher allerdings erst seine Erlaubnis geben: Kommt also ein Interessent das erste Mal auf deine Website, öffnet sich ein kleines Feld mit der Frage, ob du ihm Nachrichten schicken darfst . Wer das erlaubt, dem können wir ab jetzt Nachrichten senden, sobald sein Browser geöffnet ist.

Diese Art der Kommunikation funktioniert sehr gut. Die Öffnungs- und Klickraten sind im Verhältnis zu anderen Marketingtools hoch. Die Kundenbindung steigt. Die Austragungsrate ist gering. Wie du siehst, gibt es also jede Menge Vorteile.

Wenn du anfangen willst, dir eine Abonnentenliste aufzubauen, um Besucher, die einmal auf deiner Website waren, immer wieder dorthin zurückzuführen, dann brauchst du ein gutes Tool. Gerade für Anfänger empfehle ich hier gerne OneSignal (www.onesignal.com). Dieses Tool ist in der Basisversion sogar kostenlos. Du kannst eine Browser-Push-Nachricht dort in unter einer Minute vorbereiten. Du brauchst nur eine kurze Textnachricht, einen Link, bestenfalls mit einem Bild kombiniert, einfügen und das ist auch schon alles.

Für E-Mail-Marketing-Liebhaber wie mich besteht die Möglichkeit, dabei Splittests durchzuführen, ein weiterer großer Vorteil. A/B-Tests sind also kein Problem. Ich habe in meinem Unternehmen sehr gute Erfahrungen mit diesem Marketingkanal gemacht. Wir konnten für unser Projekt (www.gruender.de) in 12 Monaten 13.000 kaufbereite Kunden erreichen und hatten nach 18 Monaten eine Abonnentenliste mit 28.200 Kontakten aufgebaut. Dabei sind die Öffnungs- und Klickraten sogar besser als beim E-Mail-Marketing.

Mein Tipp für dich: Nutze Browser-Push-Nachrichten, denn es lohnt sich.

Insbesondere als Unternehmer oder Gründer mit einem neuen Unternehmen gilt es, mithilfe der eigenen Seite Vertrauen aufzubauen, denn Websitebesucher müssen deinem Unternehmen erstmal vertrauen, bevor sie etwas kaufen oder sich für einen Newsletter anmelden und somit ihre persönlichen Daten verraten. Nutze wie auch der Obsthändler Siegel, Zertifikate, Auszeichnungen oder Kundenmeinungen, um das Vertrauen der Besucher zu gewinnen. Die solltest du alle deutlich auf deiner Seite präsentieren. Bei einem Online-Shop ist es zudem ratsam, Zahlungsmethoden anzubieten, die die Kunden bereits kennen und vertrauensvoll nutzen. Wenn sie nur Vorkasse zur Auswahl haben, werden viele abgeschreckt sein, dein Produkt nicht kaufen und somit deine Conversion schmälern. (Ich habe dafür eine komplett eigene Unterseite erstellt: www.felixthoennessen.de/referenzen.)

Wenn du einen Online-Shop betreibst, solltest du zudem von jedem Artikel mehrere hochauflösende Produktfotos bereitstellen. So können sich die Besucher deiner Website ein Bild von dem Produkt machen. Je mehr Details sie erkennen können und je mehr Informationen sie über das Produkt haben, desto eher landet das Produkt im Warenkorb. Ausführliche Informationen solltest du darüber hinaus mithilfe einer genauen Beschreibung des Produkts geben, die auch genaue Maße etc. bereitstellt. Nutze zudem die Beschreibung, um die Vorteile deines Produkts besonders hervorzuheben. Diese Informationen musst du aber übersichtlich darstellen, damit du den Besucher nicht erschlägst. (Ein kleiner Spagat manchmal.)

Hast du schon mal darüber nachgedacht, deinen Kunden die Möglichkeit zu geben, das gekaufte Produkt entsprechend auf deiner Website zu bewerten? Du kennst das von anderen großen Online-Shops wie Amazon: Die Kundenrezensionen sind elementar für die Kaufentscheidung. Hat ein Produkt durchweg positive Bewertungen, wird es eher gekauft, ohne dass viel Bedenkzeit vergangen ist. Bewertungen wecken zusätzliches Vertrauen und wirken sich somit positiv auf deine Conversion-Rate aus. Schlechte Rezensionen können hingegen den Kauf verzögern oder gar davon abhalten. Besonders wenn Deutsche schlechte Noten vergeben, weil etwa das Wetter im Urlaub nicht gut war, denkt man lieber zweimal darüber nach, ob Rezensionen sinnvoll sind.

MEIN TIPP

Referenz ist nicht gleich Referenz. Such nach Möglichkeiten, deine Referenzen so authentisch wie möglich zu machen. Vielleicht können Kunden sogar kleine Videos von der Nutzung deines Produkts erstellen oder auf ihre positiven Erfahrungen hinweisen. Nichts ist authentischer als ein Video.

Kommen wir zum nächsten Punkt: den Kontaktmöglichkeiten. Deine Website kann noch so gut sein und noch so viele inhaltliche Themen abdecken, früher oder später wird dich jemand kontaktieren wollen. (Wäre auch ärgerlich wenn nicht.) Im besten Fall natürlich, um dein Produkt zu kaufen oder deine Dienstleistung zu buchen. Stelle dafür nicht nur ein Kontaktformular zur Verfügung, das möglichst wenige Felder hat, um den Leuten das Ausfüllen und die Kontaktaufnahme zu erleichtern. (Name, E-Mail-Adresse und Nachricht reichen in der Regel aus.) Du solltest eigentlich auf jeder Seite die einfache Möglichkeit einbinden, mit dir in Kontakt zu treten. Ob das dann per Chat, durch einen sogenannten Leadmagneten, oder mit einem Formular auf der Seite geschieht – Möglichkeiten hast du genug.

Eine Website kann dir enorme Vorteile einbringen, aber auch schnell zu einem Albtraum werden, wenn Anwaltsschreiben mit Abmahnungen in deinen Briefkasten trudeln. (Ein positiver Einstieg, Felix.) Achte bei deiner Website also auf jeden Fall darauf, rechtlich auf der sicheren Seite zu sein. Dazu gehört beispielsweise, dass du deine Texte auf der Website selbst verfasst oder bei Zitaten die Quelle angibst. Genauso ist es mit Fotos. Stelle sicher, dass du entweder die entsprechenden Rechte an den Bildern hast, die du auf deiner Website verwendest, oder lizenzfreie Bilder einsetzt. Aber auch ein Impressum gehört zur rechtlichen Grundausstattung einer jeden Website. Auf eRecht24 findest du einen kostenlosen Impressum-Generator. Betreibst du auf deiner Website allerdings einen Online-Shop rate ich dir einen Anwalt aufzusuchen, um nicht nur ein einwandfreies Impressum zu erhalten, sondern auch lückenlose AGBs. (Wirf einen Blick in die Tooltipps am Ende.)

> **MEIN TIPP**
>
> Sei dir darüber bewusst, dass eine gute Unternehmenswebsite niemals fertig ist. Wirklich niemals. Es gibt immer wieder etwas, was du aktualisieren und anpassen musst. Ruhe dich nicht auf deinen Ergebnissen aus.

Ich habe dir bereits einige Tipps genannt, um das Beste aus deiner Website herauszuholen und um deine Conversion zu steigern. In manchen Fällen oder bei bestimmten Produkten, die du besonders bewerben möchtest, ist zusätzlich eine Landingpage die perfekte Wahl für dich. Denn eine Landingpage hat als primäres Ziel die Steigerung der Conversion-Rate und/oder die Generierung von Leads.

Dabei ist eine Landingpage eine spezielle Seite, die meist auf das ausgewählte spezifische Thema oder Produkt zugeschnitten ist und nachdrücklich zu einer bestimmten Handlung auffordert. Je nachdem womit sich deine Landingpage beschäftigt, kann das die Kontaktaufnahme mit dir sein, der Kauf des Produkts oder die Registrierung für deinen Newsletter.

> Bei einer Landingpage richtest du den Inhalt darauf aus, die Fragen oder Bedürfnisse, die deine Besucher haben, zu adressieren und eine Lösung dafür zu bieten, die die Besucher kaufen, herunterladen oder anfragen können.

VLADIMIR KUSNEZOW

Online-Marketing-Experte

Leads zu generieren ist essenziell für dein Business. Doch oftmals wird nur darauf geachtet, günstige und nicht hochwertige Leads zu generieren. Dies sorgt dafür, dass man zahlreiche unqualifizierte Leads einsammelt und diesen mit Vorgesprächen zu viel Zeit widmet, ehe man weiß, dass sie nicht für dein Produkt oder deine Dienstleistung geeignet sind. Dabei kann man Leads bereits bei der Generierung so segmentieren, dass man heiße, kalte und unqualifizierte Leads direkt herausfiltern kann.

Und das lässt sich mit einem einfachen Tool wie zum Beispiel „SurveySlam" umsetzen. Hier kannst du deinen Besuchern Fragen stellen, Quizze und Videos anzeigen, ehe sie ihre Daten bei dir hinterlassen und den Antworten jeweilige Tags setzen, sodass deine Automationen dahinter sofort deine Leads qualifizieren!

Automatisches Segmentieren bei der Leadgenerierung

Ganz ohne Vorgespräch oder andere Zeitaufwendungen. Dadurch sparst du nicht nur selbst viel Zeit, sondern kannst automatisiert passende Direktantworten versenden, deine Leads den idealen Verkaufsleuten zuweisen und deine Leads sogar basierend auf Antworten zu den passenden Sales Pages weiterleiten. Das wird deine Segmentierung in Zukunft massiv erleichtern.

Den Call-to-Action solltest du auf alle Fälle auffällig präsentieren – also die Aufforderung, etwas zu tun. Ist deine Landingpage etwas länger, kannst du den Button zum Kauf, zum Download, oder das Kontaktformular oder was auch immer, öfter einbinden. Beispielsweise am Anfang und am Ende der jeweiligen Seite.

Um den Fokus auf das eine spezielle Produkt zu lenken, sind Landingpages oft in einem simpleren Layout gestaltet als die normale Website. Das kannst du beispielsweise an der Landingpage zu meinem Private-Mentoring-Programm erkennen (www.felixthoennessen.de/mentoring):

Die Landingpage geht nur auf meine Tätigkeit als Mentor ein, während du auf meiner normalen Website auch zu all meinen anderen Themen Informationen erhältst. Bei einer guten Landingpage solltest du vor allem nennen, worum es geht und was dein Produkt oder dein Unternehmen Besonderes macht, um das Problem des Kunden zu lösen. Gib Informationen zu deiner Expertise und präsentiere den Nutzen deiner Leistung. Hier bietet es sich beispielsweise auch an, mit Auflistungen zu arbeiten, um einen schnellen Überblick zu erhalten.

Vergiss nicht, hochwertige Bilder einzufügen, um eine Landingpage dynamischer zu gestalten. Wenn du Kundenstimmen oder Bewertungen hast, umso besser. Auch die solltest du auf deiner Landingpage präsentieren, um die Besucher noch mehr von deinem Produkt zu überzeugen und um der Handlungsaufforderung mehr Gewicht und gleichzeitig Vertrauenswürdigkeit zu verleihen.

Ich könnte noch tagelang mit dir über deine Seite reden, aber das soll ja kein Lexikon werden – also weiter.

ii. E-Mail-Marketing

Und schon wieder flattert einer dieser unzähligen Newsletter in mein Postfach. Habe ich den überhaupt bestellt? Was wollen die von mir? Wieso kann ich den ganzen Spam nicht einfach verbannen? Den liest doch eh keiner.

Und dreimal darfst du raten, weshalb trotzdem so viel Wert auf E-Mail-Marketing gelegt wird. Genau, weil es das kostengünstigste und einfachste Direktmailing ist, das zurzeit existiert. Und glaub mir, die Öffnungs- und Klickraten sind je nach Aufmachung und Adressgenerierung immer noch gut. Was brauchst du dafür? Klar, E-Mail-Adressen. Dazu solltest du auf deiner Website, auf der ja jetzt ordentlich Traffic ist, ein gutes Plätzchen finden, um für deinen Newsletter oder ein anderes Freebie zu werben, also etwas Kostenloses, das du im Tausch mit der E-Mail-Adresse anbietest. Stelle das Feld ruhig oben auf die Seite und hebe es hervor.

Natürlich brauchst du auch ein Tool, mit dem du die E-Mail-Adressen bestmöglich verwalten kannst und E-Mails einfach rausschicken kannst. Ich nutze dafür Klick-Tipp (www.felixthoennessen.de/klick-tipp).

Klar, du brauchst einen guten Betreff, wertvollen Content und eine nette Aufmachung. Was am besten funktioniert, werden dir die analytischen Daten sagen, die diese Tools immer ausspucken. Hochgradig interessant und zugleich lehrreich für dein Business.

Aber schön der Reihe nach. Erstmal musst du ja dafür sorgen, dass sich möglichst viele interessierte Leute für deinen Newsletter eintragen. Leider reicht es oftmals nicht mehr aus, einfach nur eine Registrierungsoption auf die Website zu packen. Um zahlreiche E-Mail-Adressen für dein E-Mail-Marketing zu sammeln, musst du dir was Kreatives einfallen lassen. Was reizt deine Interessenten so sehr, dass sie sich gerne für deinen Newsletter oder ähnliches anmelden? Man spricht dabei von einem sogenannten Leadmagneten. Das kann zum Beispiel der Download eines E-Books oder der Link zu einem Video oder Webinar sein. (Kleiner Zusatztipp am Rande: Nutze doch automatisierte Webinare. Ein tolles Tool dafür findest du hier: www.felixthoennessen.de/webinaris.)

Egal, was für ein Freebie du nun anbietest, wichtig ist dabei, dass es qualitativ wirklich hochwertig ist und Mehrwert bietet sowie entsprechend beworben wird. Nur so wollen die Leute es unbedingt haben und sind bereit, sich anzumelden. Ist E-Mail-Marketing eine besonders wichtige oder gar die einzige

Komponente in deinem Online-Marketing, solltest du darüber nachdenken, ob du für die Registrierung oder das Anmelden nicht direkt eine eigene Landingpage anlegst. Das kann durchaus sehr sinnvoll sein.

Damit dein E-Mail-Marketing so richtig durchstarten kann, solltest du bereits eine automatisierte Willkommens-E-Mail vorbereitet haben, bevor sich deine Newsletter-Empfänger registrieren. Schließlich haben die Leute sich für deine E-Mail eingetragen, um das Freebie zu erhalten und das möchten sie in der Regel sofort erhalten. Vergeht außerdem zwischen der Registrierung und deiner ersten E-Mail zu viel Zeit, haben dich die Empfänger vielleicht wieder vergessen oder sind im schlimmsten Fall dir gegenüber negativ eingestellt. Die Willkommens-E-Mail sollte aber nicht nur das beworbene Freebie beinhalten, sondern wie gesagt die Abonnenten auch willkommen heißen. Nutze diese E-Mail zudem, um den Nutzen nochmal aufzuführen, und lasse die Leser wissen, was sie in deinen E-Mails erwarten können. Baue zudem noch einen Call-to-Action ein, beispielsweise um die Leser auf deine Website zu leiten, oder frage sie in einer zweiten E-Mail, wie ihnen das Freebie gefallen hat.

> **MEIN TIPP**
>
> Bei meinen E-Mails ist ziemlich simpel, wer da als Absender steht: Felix Thönnessen. Bei einem Unternehmen solltest du aber auch auf einen persönlichen Absender setzen und auf eine E-Mail-Adresse wie „no-reply" oder ähnliches verzichten. Das kannst du beispielsweise machen, indem du einen netten Vornamen und den Namen deines Unternehmens als Absender angibst: „Julia von Ritter Sport" klingt doch viel persönlicher, oder?

Nach der Willkommens-E-Mail folgen logischerweise weitere E-Mails. Um dort sicherzugehen, dass die Empfänger sie auch öffnen und lesen, ist die Betreffzeile die entscheidende Komponente. Sie muss auf jeden Fall Aufmerksamkeit generieren, ohne zu reißerisch zu wirken. E-Mails, in deren Betreff Wörter wie „kostenlos" oder „gratis" stehen sowie Ausrufezeichen verwendet werden, kommen nicht so gut an. Auch solltest du nicht alles in Großbuchstaben schreiben. Diese Sachen finden nicht nur die Nutzer doof, sondern im schlimmsten Fall auch ihr Spam-Filter und du landest direkt im Spam-Ordner. Das ist nicht nur für dich ärgerlich, sondern kann auch langfristig mit einem schlechten Google-Ranking enden, denn deine E-Mail-Domain ist ja auch die Domain deiner Website.

Bei den E-Mails selbst ist vor allem wichtig, dass sie mit Content gefüllt sind. Biete deinen Lesern stetig Mehrwert: sei es durch Tipps, Anleitungen, Infos oder Videos. Nur, wenn deine Nachrichten relevant sind, melden sie sich nicht von dem Newsletter ab und er kann seine entsprechende Wirkung entfalten. Ab und an kannst du mit deinem Newsletter auch auf ein besonderes Angebot aufmerksam machen. Achte aber darauf, dass die werbenden E-Mails höchstens 20 % ausmachen. Vielleicht nennst du das Ganze auch gar nicht erst Newsletter.

Benutzt du personalisierte E-Mails, baust du eine stärkere Kundenbindung auf. Aber hier ist der Grat sehr schmal zwischen personalisiert und Stalker, der alle Daten ausspäht. Die Anrede mit dem Vornamen ist dabei meiner Meinung nach ein guter Weg, um nicht zu aufdringlich rüberzukommen, aber trotzdem den Empfänger direkt anzusprechen. Der E-Mail-Marketing-Anbieter bietet einen Platzhalter, in den automatisch der Vorname eingefügt wird, sofern der Empfänger diesen bei seiner Registrierung angegeben hat bzw. angeben musste.

> **MEIN TIPP**
>
> Bei Klick-Tipp sowie den meisten Anbietern für E-Mail-Marketing kannst du das Layout einstellen, das für alle deine E-Mails verwendet wird. Quasi wie ein Rahmen, der sich um jeden deiner E-Mails legt. Diese Option solltest du auf jeden Fall nutzen. Nicht nur, damit sie einheitlich und entsprechend des Corporate Designs gestaltet sind, sondern auch um so zu verhindern, dass du wichtige Infos vergisst. Ein Newsletter ist eine hervorragende Möglichkeit, deine Website und deine Social-Media-Kanäle zu verlinken. Die Rechtsprechung verpflichtet dich außerdem, im Footer einer jeden Newsletter-E-Mail eine Möglichkeit zum Abbestellen einzubinden sowie ein kleines Impressum.

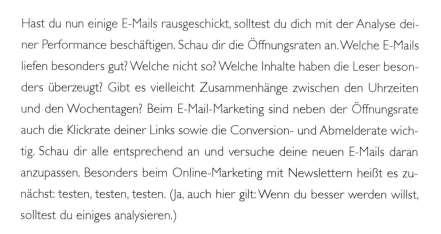

Hast du nun einige E-Mails rausgeschickt, solltest du dich mit der Analyse deiner Performance beschäftigen. Schau dir die Öffnungsraten an. Welche E-Mails liefen besonders gut? Welche nicht so? Welche Inhalte haben die Leser besonders überzeugt? Gibt es vielleicht Zusammenhänge zwischen den Uhrzeiten und den Wochentagen? Beim E-Mail-Marketing sind neben der Öffnungsrate auch die Klickrate deiner Links sowie die Conversion- und Abmelderate wichtig. Schau dir alle entsprechend an und versuche deine neuen E-Mails daran anzupassen. Besonders beim Online-Marketing mit Newslettern heißt es zunächst: testen, testen, testen. (Ja, auch hier gilt: Wenn du besser werden willst, solltest du einiges analysieren.)

DR. OLIVER POTT

Business-Experte

Wenn du Neukunden gewinnst, falle nicht gleich mit der Tür ins Haus und mache ihnen nicht sofort ein Angebot (es sei denn, dein Kunde kennt dich schon!).

7 Kontakte braucht ein Neukunde im Schnitt, bevor er kauft. Ich empfehle, deinen Verkaufsprozess („Sales Funnel") in zwei Prozesse aufzugliedern: Im ersten Teil wärmst du deine Interessenten mit Instagram auf, ohne zu verkaufen: Zeig ihm 4-5 mal dein Produkt, und wecke dabei vor allem Interesse.

Ein Kunde, der einem Instagram-Post schon Likes gegeben hat, ist deutlich kaufinteressierter. Wie „warm" dein Kunde schon ist, kannst du mit meinem Lieblingstool „Sprout Social" (www.sproutsocial.com) messen. Alternativ ist „Buffer" (www.buffer.com) eine gute Wahl. Das

> **Instagram wärmt deinen Kunden auf – aber im Newsletter kauft er**

EXPERTENTIPP

grundlegende Problem bei Instagram: Dein Interessent swipet schnell durch seinen Feed oder eine Story und schenkt dir allenfalls ein „Like" – für eine intensive Beschäftigung mit deinem Produkt ist die Instagram-Aufmerksamkeitspanne zu gering.

Und hier folgt Prozessteil 2: Bring deinen Instagram-Follower dazu, dass er sich in deine Newsletterliste einträgt. Wie? Gib ihm ein Freebie mit einem Link in deiner Bio (du kannst dir das in meinem Instagram-Profil oliver.pott mal anschauen!). Der Vorteil beim Newsletter: Öffnet dein Kunde deine E-Mail, beschäftigt er sich exklusiv zu 100 % mit deinem Angebot und wird nicht abgelenkt. Bei Instagram dagegen wartet ja direkt vor und hinter deinem Story- oder Feed-Beitrag schon das nächste Angebot. Daher sind Kaufraten im Newsletter-Marketing sehr viel höher.

Durch die Kombination beider Kanäle – Anwärmen mit Instagram, Verkaufen über deinen Newsletter – steigerst du deine Umsätze messbar.

Bist du nun ein kleiner E-Mail-Marketing-Pro, können wir gemeinsam mit der nächsten Stufe loslegen. Beim E-Mail-Marketing hat es sich nämlich sehr bewährt, mit einem sogenannten Funnel zu arbeiten. Der Begriff heißt auf Deutsch „Trichter" und beschreibt einen Prozess, den Kunden durchlaufen, um zu einem zahlenden Kunden zu werden. Er beginnt mit dem ersten Kontakt mit deinem Unternehmen und endet dann in der Regel mit dem Kauf. (Wobei, eigentlich endet er idealerweise nie.) Das geht mit E-Mail-Marketing besonders gut, weil sich die Leute, die sich für deinen Newsletter oder dein Freebie registriert haben, bereits für dein Unternehmen und deine Produkte interessieren. Mit einer Newsletter-Registrierung haben sie dir persönliche Daten preisgegeben sowie die Erlaubnis, sie über diesen Wege zu kontaktieren. Beste Voraussetzungen, um diesen Lead zu einem Kunden zu konvertieren. Nutze die E-Mails, damit die Empfänger dich kennenlernen und mit dir vertraut sind.

Der Funnel ist eine Abfolge von E-Mails, die der Empfänger bekommt, wenn bestimmte Bedingungen erfüllt worden sind. Diese Bedingungen und die E-Mails hast du vorher vorbereitet. Meistens sind diese Bedingungen, dass eine gewisse Zeit vergangen sein muss, bevor die nächste E-Mail aus der Abfolge rausgeschickt wird, um die Leute nicht komplett zuzuspammen. Aber die Bedingung kann auch mit einer bestimmten Handlung zusammenhängen. Hat ein Empfänger beispielsweise eine E-Mail aus deinem Funnel geöffnet, aber nicht den Link angeklickt, kannst du ihn nach ein paar Tagen nochmal daran erinnern, den Link zu öffnen – automatisch.

NEWSLETTER

In der Marketing Kickbox findest du ein umfangreiches Video zum Thema Newsletter via E-Mail und WhatsApp.

Umfangreiches Video zu diesem Thema in der Marketing Kickbox:
www.marketing-kickbox.de

Vermeide die 5 größten Fehler von Gründern

 Felix Thönnessen 26. März
an mich

Hey Jasmin,
in den letzten Tagen hast du schon von mir einiges Know-how im Bereich Ideenfindung erhalten und mit dem StartUP Package das ultimative Paket für deine Gründung.

Kennst du eigentlich meinen YouTube Kanal schon? Nein? Dann wird es **jetzt** aber Zeit!
Ich habe für dich schon einige Videos dort hochgeladen, die dir bei deiner Gründung helfen werden.

Meine Videoempfehlung für dich: Die 5 größten Startup Fehler

PASCAL FEYH

E-Commerce-Unternehmer, Führender Online-Marketing-Coach und Gründer von Mehr Geschäft

Eine uralte und bekannte Vertriebsregel lautet ja: Es ist sechsmal teurer, einen Neukunden zu gewinnen, als einen Bestandskunden zum Wiederkauf zu bewegen. Wenn man diesen Satz einmal verstanden hat, dann wird auch das Zitat eines der bekanntesten Marketinggenies aus den USA, Steh Godin, umso klarer: „The best buyer is the buyer."

Was ich damit also sagen will, ist ganz einfach: Im Vertrieb kannst du deinen gesamten Verkaufsprozess auch Funnel nennen. Ob nun online oder offline, du kannst deinen Funnel in mehrere Bereiche unterteilen. Nämlich den Anfang deines Funnels (AFU), die Mitte deines Funnels (MIFU) und das Ende deines Funnels (EFU). Gerade am Anfang deines Funnels (AFU) ist die wichtigste Regel, so viele Käufer wie nur möglich zu generieren. Das bedeutet: Der Fokus sollte hier nicht auf viel Umsatz liegen, sondern auf vielen Käufern. Oft erlebe ich es aber, dass genau das Gegenteil getan wird. Da werden alle Marketingmaßnahmen

> **Erst viele Kunden, dann viel Umsatz**

EXPERTENTIPP

darauf ausgerichtet, viel Umsatz zu generieren. Warum sind viele Käufer besser? Ganz einfach: Wenn du am Anfang viele Käufer generierst, dann ist die Gruppe der Menschen, mit denen du dann Folgegeschäfte und Folgekäufe generieren kannst, um ein Vielfaches größer.

Und wie geht es, viele Käufer zu generieren? Auch ganz einfach: Ich empfehle ganz dringend, an den Anfang des Funnels ein Kennenlernprodukt zu platzieren (auch Tripwire genannt). Ein Kennenlernprodukt sollte preislich irgendwo zwischen 1 und 20 Euro platziert sein. Denn die gute Nachricht lautet: Ein Käufer ist ein Käufer und hat danach eine sechsmal höhere Wahrscheinlichkeit, Folgekäufe zu tätigen. Und noch viel besser: Es ist dabei wirklich vollkommen egal, wie viel Geld ein Käufer beim Erstkauf ausgegeben hat. Selbst wenn er nur 1 Euro für ein Kennenlernangebot gezahlt hat – die Person ist danach ein Käufer und die Folgekaufwahrscheinlichkeit ist sechsmal höher. In allen unseren Unternehmen installieren wir daher am Anfang des Funnels als erstes Kaufangebot ein Kennenlernprodukt, das preislich zwischen 1 und 20 Euro liegt. Und an dieser Stelle gibt es noch eine gute Nachricht: Diese Vorgehensweise funktioniert B2B genauso gut wie B2C. Und: Es funktioniert auch dann, wenn die Hauptangebote (ob Produkte oder Dienstleistungen) im hochpreisigen Segment platziert sind.

Die Hauptsache ist hierbei, den Status maximal vieler Personen zu ändern: und zwar von Interessent zu Käufer (hat Geld ausgegeben). Zum Schluss will ich dazu noch einen Impuls geben: Wir alle neigen dazu, sehr schnell den „Haken" zu suchen und zu identifizieren, warum eine Idee „bei uns aber genau nicht funktionieren kann".

In meinen Unternehmen haben wir daher einen Grundsatz: Wir denken nicht „das kann aber nicht gehen, weil …", sondern immer nur „interessant, WIE könnte das denn bei uns funktionieren?".

Funnels sind besonders im E-Mail-Marketing beliebt, weil sie sich dort einfach und kostengünstig einrichten lassen. Sobald die Einstellungen abgeschlossen sind, läuft das Ding voll automatisch. Hast du bereits einige E-Mails rausgeschickt und Erfahrungswerte, kannst du diese Erkenntnisse problemlos bei der Umsetzung deines Funnels einbringen, um so das maximale Potenzial rausholen zu können. Aber auch hier gilt es, regelmäßig in die Statistiken reinzuschauen und vielleicht die ein oder andere Stellschraube nachzuziehen und Dinge anhand neuer Insights zu optimieren.

Bevor du mit deinem Funnel loslegst, musst du dir darüber klar werden, was das Ziel deines Funnels ist. Möchtest du am Ende ein etwas hochpreisiges Produkt verkaufen oder sollen die Leute eine Dienstleistung bei dir buchen? Ist die Frage nach der Intention des Funnels geklärt, gilt es, die Reihenfolge der E-Mails sowie ihre zeitlichen Abstände festzulegen. Wie viele E-Mails soll dein Funnel haben? Wie möchtest du ihn aufbauen? Nur Content und ganz unten in der E-Mail der Hinweis auf dein Produkt? Oder erstmal drei bis vier E-Mails mit Content und am Ende eine Angebots-E-Mail? Wie wäre es deine E-Mails nach dem AIDA-Prinzip aufzubauen und jede E-Mail steht für einen der Bausteine Attention, Interest, Desire und Action? (Hier dann auch ein Call-to-Action – macht Sinn, oder?) Du kannst beispielsweise über deine E-Mails hinweg verteilt ein Problem darstellen, dass du aus allen Perspektiven beleuchtest, bist du dein Produkt präsentierst, das dieses Problem behebt. Egal für welche Methode du dich entscheidest, es ist elementar, immer mindestens drei Viertel deiner E-Mails mit Mehrwert zu befüttern, um zu verhindern, dass die Empfänger sich aus dem Verteiler austragen.

> **MEIN TIPP**
>
> Erfolgreiche Funnels schicken am Anfang in geringeren Abständen E-Mails raus, um eine intensive Bindung zwischen dem Absender und dem Empfänger aufzubauen und präsent zu sein. Wenn du die ersten fünf E-Mails mit wirklich gutem Inhalt befüllst, ist es auch durchaus legitim, eine E-Mail alle ein bis drei Tage rauszuschicken. Stell deinen Funnel so ein, dass am Anfang häufiger E-Mails mit viel Inhalt und Mehrwert verschickt werden und es im Laufe der Zeit weniger E-Mails werden. So erhält der Empfänger nicht durchweg E-Mails von dir, verliert dich aber nicht aus den Augen. Du positionierst dich dadurch direkt zu Beginn als Experte, lässt aber nach, bevor es nervig wird, und hast am Ende die perfekte Grundlage, um eine Conversion zu erzielen.

Zu guter Letzt möchte ich dich beim Thema E-Mail-Marketing darauf aufmerksam machen, dass deine „normale" E-Mail-Korrespondenz mit Lieferanten, Partnern und Kunden gewissermaßen auch E-Mail-Marketing ist. Auch mit diesen E-Mails präsentierst du dich nach außen. Daher ist es hier ebenso wichtig, einen einheitlichen und professionellen Eindruck zu hinterlassen. Signaturen helfen dir nicht nur, professionell aufzutreten, sondern liefern deinem Empfänger auch direkt alle relevanten Infos über dich auf einen Blick und sorgen für mehr Klicks – und Umsatz. Nutze von daher unbedingt Signaturen zum Aufbau deiner Marke und für erfolgreiches E-Mail-Marketing. Für Signaturen kann ich dir insbesondere das kostenlose Tool WiseStamp empfehlen. Probier es mal aus. (Auch das habe ich dir in die Toolbox gepackt.)

F. ONLINE-MARKETING II – GOOGLE

Ich liebe Marketing und noch mehr liebe ich Online-Marketing. Als ich vor gefühlt 100 Jahren Marketing studiert habe, hieß das Ganze noch Internet-Marketing und bestand daraus, eine Website zu haben. Wahnsinn, wie sich das verändert hat, oder?

Eine Website wirst du mittlerweile haben, zumindest wenn du durchstarten willst. Aber eine Website zu besitzen, ist ein bisschen wie Brot zu Hause zu haben, doch ohne Konfitüre, Wurst und Käse wird das nix. Genau darum soll es jetzt gehen, also welcher Aufschnitt zu dir passt. (Entschuldige bitte meinen Hang zu Metaphern und Vergleichen.)

Im Prinzip ist es doch recht einfach: Du willst etwas verkaufen. Welchen Beitrag kann also deine Online-Präsenz leisten, dieses Ziel zu erreichen? Entweder informierst du nur über deine Produkte und Dienstleistungen oder du verkaufst gleich etwas. Aber egal welches der beiden Ziele du erreichen willst, du brauchst eines: Traffic. Und ja, die Welt hat sich verändert.

Eine Website, die nur informiert, ist von gestern.

Ich finde den Google-Keyword-Planner als Start doch sehr hilfreich. Kennst du den? Simpel gesagt, findest du so die Begriffe, die zu deinem Angebot passen, und kannst dir gleich anzeigen lassen, wie gesucht die sind. Vielleicht findest du so Keywords, die zu deinen Produkten passen und bei denen die Konkurrenz noch überschaubar ist.

MARKETING KICKBOX

Eine tolle Website ist super, aber damit ist es nicht getan. Der Porsche muss auf die Straße – dafür musst du den aber auch füttern. Wo könntest du deine Seite verlinken, wo Presseberichte veröffentlichen, wer kann über dich berichten. Auch Google AdWords kann hier eine Möglichkeit sein. (Keine Sorge, ich gehe auf alles noch speziell ein.)

WORKSHEET „KEYWORD RECHERCHE"

Im Web gefunden werden: Nutze dieses Worksheet zusammen mit dem Google Keyword Planer. Analysiere mit dem Google-Tool die relevanten Keywords für deinen Bereich und trage sie in diese Übersicht ein. So hast du deine Keywords immer parat.

Alle Worksheets: www.marketing-kickbox.de

Für mich gibt es einige sehr relevante Keywords und dann ist es natürlich mein Ziel, dass Besucher zu genau diesen Begriffen den Weg auf meine Seite finden. Dadurch kommen keine Millionen Leute auf meine Seite, aber die, die kommen, suchen das, was ich habe, und das macht das Verkaufen letztendlich wesentlich einfacher. Aber gehen wir mal auf diese beiden Quellen genauer ein. Google ist in dem Fall König und kann dir auf zwei Wegen Traffic bescheren:

- organischer Traffic
- bezahlter Traffic

Genau diese beiden Fälle wollen wir uns jetzt anschauen:

i. Suchmaschinenoptimierung – SEO

Von SEO hat glaub ich inzwischen jeder was gehört, oder? Absolut wichtig, wenn es um das Verkaufen geht. Denn gutes SEO (Search Engine Optimization), also gute Suchmaschinenoptimierung, bringt die Leute, die sowieso schon auf der Suche oder in Kauflaune sind, auf deine Seite. Dafür ist es aber wichtig, dass du auch entsprechend gefunden wirst.

Im Gegensatz zu Google AdWords erscheinst du bei guter Suchmaschinenoptimierung mit deiner Website „kostenlos" in den Suchergebnissen. Okay – kostenlos ist jetzt etwas schöner formuliert, als es tatsächlich ist. Denn gutes SEO kostet Zeit und Arbeit. Das tut Google AdWords zwar auch – aber da musst du nochmal wirklich Geld in die Hand nehmen für die Platzierung deiner Werbeanzeigen und das ist der entscheidende Unterschied.

WORKSHEET „SUCHMASCHINENOPTIMIERUNG"

Einfache Suchmaschinenoptimierung: Basierend auf deiner Keyword Recherche von diesem Worksheet hilft dir dieses Worksheet dabei, Inhalte für deine Webseite oder deinen Blog SEO-optimiert zu verfassen.

Alle Worksheets: www.marketing-kickbox.de

Unternehmen, die ich nicht im Internet finde – eine Schande. Wie kann das sein? Es ist nicht schwer, gefunden zu werden. Alles, was du dafür brauchst, sind fleißige Finger. Such dir wie bereits erwähnt relevante Keywords, unter denen du gefunden werden willst. Viele Suchen bei Google sind lokaler Natur. Will heißen, die User suchen nach „Wäscherei Berlin-Charlottenburg" oder „Schreinerei Düsseldorf". Entsprechend solltest du den Inhalt und auch die Metadaten deiner Website dahingehend anpassen. (Infos folgen.)

Darüber hinaus brauchst du aber auch Relevanz. Die erhältst du durch eine Vielzahl an Dingen, am wichtigsten sind aber Links auf deiner Seite. Wie kriegst du die? Na ja, am einfachsten wäre es ja Links schlichtweg mit anderen Seiten zu tauschen, aber die einfachen Sachen sind nie gut. (Google mag das nicht.) Deswegen mach dir die Mühe und produziere guten Content, den du publizieren kannst. Auf Blogs, auf Presseportalen oder in sozialen Netzwerken. Das findet Google gut und platziert dich entsprechend weiter vorne.

SEO - SUCHMASCHINENOPTIMIERUNG

In der Marketing Kickbox findest du ein umfangreiches Video (Laufzeit über 1 Stunde) indem wir uns mit dem Thema SEO beschäftigen. Ich zeige dir, welche SEO-Kriterien wirklich wichtig sind, um bei Google besser zu ranken.

Umfangreiches Video zu diesem Thema in der Marketing Kickbox:
www.marketing-kickbox.de

DANIEL KNODEN
SEO- und Conversion-Liebhaber

Google und alle anderen Suchmaschinen verfolgen ein Ziel: Für den Suchenden die besten Suchergebnisse zu liefern. Matt Cutts, Ex-Googler, hat es mal am besten gesagt: „Happy users are loyal users." Abseits von Algorithmen hat Google vor Jahren das „Search Quality Evaluator"-Programm ins Leben gerufen. Das bedeutet, dass neben dem „Google-Algorithmus" auch Menschen die Qualität von Websites bewerten (alleine 2017 wurden 90.000 Websites händisch bewertet). Wichtiger Bestandteil der Bewertung ist ein Begriff, den Google „E-A-T" genannt hat. Das steht für „Expertise, Autorität und Trust". Aber was hat das mit dir zu tun?

Ein Beispiel:

Vor zwei Jahren habe ich auf meiner Website einen ausführlichen Blogbeitrag zu einem stark besetzten Keyword geschrieben. Seit zwei Jahren dümpelt der Beitrag irgendwo auf Seite drei bis vier zu meinem gewünschten Suchbegriff. Dann kam der Moment, seit dem die Rankings für diese und all meine

> **Marketing-Booster Suchmaschinenoptimierung oft erst im zweiten Schritt sinnvoll**

anderen Unterseiten von Tag zu Tag nach oben schnellen. Das war vor drei Monaten. Kurz zuvor habe ich mein erstes SEO-Buch „Ladezeit Extrem". veröffentlicht. Das Buch genießt glücklicherweise von Lesern, Experten und Zeitschriften gutes Feedback. Das äußert sich in allen möglichen Formen, wie zum Beispiel Zusprüchen unter Social-Media-Postings, Nennungen in Zeitschriften und Websites. Kurz: Mein „E-A-T" hat sich enorm verbessert.

Das spiegelt sich in den aktuellsten Ranking-Anstiegen für den gerade angesprochen Blogartikel wider. Den Artikel habe ich in den letzten zwei Jahren nicht geändert und auch sonst keine Mühen betrieben, um die Rankings zu beeinflussen. Es sind auch keine Backlinks (Links von externen Websites auf meine Website) auf diesen Artikel eingegangen. Heute steht der gleiche Blogartikel in den obersten TOP 10. Alleine das gestiegene E-A-T wird – sehr wahrscheinlich – für diesen Anstieg verantwortlich sein.

Was will ich dir damit sagen? Ich sehe oft, dass Gründer sich gerade am Anfang zu stark auf das Thema SEO stürzen und dann bitter auf den untersten Rängen verharren. Besser ist es, zuerst eine wirklich gute Reputation – abseits von Suchmaschinen – aufzubauen. Nämlich bei deinen Kunden. Im zweiten Schritt tragen deine SEO-Bemühungen dann auch wirklich Früchte.

Tipps für den Aufbau einer guten Reputation sind: Sei zu Gast in Podcasts, lasse dich von anderen Experten interviewen, sprecke auf Konferenzen, sammle Rezensionen auf einschlägigen Bewertungsportalen und arbeite an der Qualität deines Produkts (damit du deinen Kunden einen Grund gibst, positiv darüber zu reden). Habe im Hinterkopf: Google merkt, ob du dein E-A-T vortäuschst oder du ein wirklich hohes E-A-T-Level genießt. Wie Google & Co. das merken, darüber wird von vielen SEOs – mehr oder weniger sinnvoll – philosophiert. Wichtig zu wissen ist einfach: Google merkt es. Punkt.

Sagen wir mal, du bietest ein Online-Trainingsprogramm für Leute mit Knieproblemen an. Da ist es hilfreicher und erfolgsversprechender durch Content, in dem du zeigst, wie man Knieprobleme beheben kann, bei spezifischen Suchanfragen zu Sport mit Knieproblemen auf Platz 1 zu erscheinen als bei generellen Suchbegriffen wie „Trainingsplan". Bei der Fülle an Ergebnissen, die da kommen werden, findet dich doch keiner. Und wenn dich dann doch jemand findet, kauft er wahrscheinlich nicht dein Programm.

Setze lieber auf Keywords, die deine Nische stärken, zu deinem Produkt passen und noch nicht von anderen Anbietern überladen sind.

Bei speziellen Keywords wird deine Seite zwar nicht von Millionen Leuten angeklickt, aber die Besucher, die dann auf deiner Seite landen, haben gesucht, was du anbietest, und das erleichtert das Verkaufen enorm.

Also nochmal: Aller Anfang ist die Keyword-Recherche.

Struktur

Als ersten SEO-Tipp möchte ich dir mitgeben, dass nicht nur Google, sondern auch deine Besucher dir danken werden, wenn du dir Gedanken zur Seitenstruktur gemacht hast. Häufig kommt es vor, dass an einer ganzen Website „gebastelt" wird, ohne dass vorab ein grober Plan erstellt wurde, an welcher Stelle welche Inhalte auftauchen sollen. Bevor du also mit der Optimierung

MARKETING KICKBOX

deiner Website für ein besseres Google-Ranking loslegst, mache dir Gedanken zur Seitenstruktur.

Nimm dir ganz „oldschool" ein weißes Blatt Papier und überlege dir, wie die Menüstruktur aussehen soll, welche Kategorien soll es geben und welche Subkategorien möchtest du anlegen. Denke dabei immer daran, was dem Nutzer letztendlich den größten Mehrwert bietet. Im nächsten Schritt kannst du diese Struktur auch in deinen URLs verarbeiten.

Deine URLs sollten auf je ein wichtiges Keyword ausgelegt sein. Vermeide dabei überflüssige Wörter in den URLs – weniger ist hier deutlich mehr. Diese Struktur bietet dir langfristig einen Leitfaden für deine Website, deine Besucher finden sich gut zurecht und Google wird ein einfaches Durchsuchen deiner Website ermöglicht. Also eine Win-Win-Win-Situation.

> **Nutz die kostenlosen Google-Tools.**

Es gibt drei Dinge, die du unbedingt einrichten bzw. nutzen solltest.

- Google Search Console
- Google Analytics
- Keyword Planner

In der Search Console kannst du etwa eine Sitemap deiner Website einreichen und Google damit das Signal geben, deine Seite zu indexieren. Ebenfalls

385

erhältst du einen Einblick, über welche Suchwörter du gefunden wirst und welche Seiten dich verlinken.

Mithilfe von Google Analytics kannst du im Anschluss genau tracken, woher deine Besucher kommen, wie lange sie auf deiner Seite waren, wie viele Unterseiten sie besucht haben und vieles mehr. Diese Kenntnisse kannst du für Verbesserungen nutzen.

Der Keyword Planner ist ein super nützliches Tool für deine Keyword-Analyse. Auch wenn du keine bezahlte Werbung schalten möchtest, solltest du das Tool nutzen.

Mobile First

Bereits 2016 wurde die Mobilfähigkeit einer Website von Google offiziell als Rankingfaktor bestätigt. „Mobile First" wurde im November 2016 angekündigt und wird seit Anfang 2018 stetig weiter ausgerollt. In Deutschland werden die meisten Websites bereits mit dem Mobile First Index durchsucht. Es ist also allerhöchste Zeit diesem Punkt Beachtung zu schenken, falls dies noch nicht geschehen ist. Über die Google Search Console kannst du deine Seite testen. Google gibt dir Hinweise, welche Probleme es noch gibt und was du optimieren kannst. Simpel, oder?

Ladezeit/Pagespeed

Du kennst es sicherlich selbst auch – gerade wenn du mit dem Smartphone surfst, ist es besonders störend, wenn eine Ewigkeit vergeht, bis eine Seite geladen ist. Viele Menschen springen bei einer zu hohen Ladezeit direkt wieder ab und verlassen deine Seite, bevor sie überhaupt komplett geladen wurde. Ähnlich ergeht es den Suchmaschinen. Die Ladezeit ist ein offizieller

MARKETING KICKBOX

Rankingfaktor und sollte immer ganz oben mit auf deiner Liste stehen. Du kannst die Ladezeit deiner Website ganz einfach messen mit Tools wie Pingdom (www.pingdom.com – wirf einen Blick in die Toolliste.)

Zur Orientierung:
- 0–2 Sekunden Ladezeit ist optimal
- 2–3 Sekunden ist im ordentlichen Bereich
- 3–X Sekunden ist der Bereich, in dem Optimierungsmöglichkeiten gesucht werden sollten.

In den meisten Fällen sind die verwendeten Bilder die erste zu optimierende Anlaufstelle. Aber mit den richtigen Tools findest du mehr Stellen. Du kannst also zwei Fliegen mit einer Klappe schlagen. Eine bessere Ladezeit ist sowohl gut für Google als auch für deine Besucher.

Metadaten optimieren

Die Metadaten, also der Meta-Title und die Meta-Description, sind im Grunde so etwas, wie ein Klingelschild an deiner Tür. Hier gibst du dem Suchenden in den Google-Suchergebnissen (SERPs) kurz und knackig einen Überblick, was sie auf deiner Seite erwartet. Für Google gilt das Gleiche. Verwende dein Haupt-Keyword im Title und in der Description, dann weiß Google direkt, worum es geht.

Die Metadaten werden häufig unterschätzt, sie können aber ein enormes Hilfsmittel für gute Google-Rankings sein. Dein Haupt-Keyword solltest du dabei möglichst weit an den Anfang des Titles setzen. In der Description kannst du es ein weiteres Mal mit einfließen lassen. Teile dem Nutzer mit, worum es geht und was ihn erwarten wird.

Im optimalen Fall sorgst du hier für den Beginn eines roten Fadens, den du auf deiner Seite weiter fortführst. Für jede Unterseite solltest du individuelle Titles und Descriptions vergeben.

MEIN TIPP

Ein weiterer Vorteil eines guten Titles und einer guten Description ist die sogenannte CTR (Click through Rate – Klickrate.). Wenn der Titel und die Beschreibung interessant klingen, ist der Besucher auch geneigt, darauf zu klicken. Das beschert dir wiederum neue Besucher.

Überschriften

Das Erste, was der Seitenbesucher wahrnimmt, sind die Überschriften. Das ist ähnlich wie bei Zeitungen – du liest dir die Headline durch und wenn diese für dich interessant klingt, liest du weiter.

Die Headlines sind also extrem wichtig, wenn du möchtest, dass deine Besucher auch auf deiner Seite verweilen und nicht direkt wieder abspringen. Du hast hier somit die Chance, das Interesse deiner Besucher zu wecken. Auch für Google gibt es bei den Überschriften etwas zu beachten. Jede Überschrift kannst du mit einem H-Attribut versehen, das nach Ebenen aufgeteilt wird (H1 bis H6).

Die H1-Überschrift sollte auf jeder Unterseite nur ein einziges Mal vergeben werden. Die nächste Überschrift, die du verwendest, wird dann eine H2. Überschriften der gleichen Ebene können ebenfalls mit H2 markiert werden. In der Regel reicht es aus, die Überschriften bis zur H3-Ebene zu gliedern.

Die Überschriften geben dem Leser einen Überblick und Google findet im Idealfall in diesen Überschriften abermals die relevanten Keywords.

MEIN TIPP

Finde Keyword-Kombinationen zu deinen Suchbegriffen, die du dann in die jeweiligen Überschriften integrierst. Dein Haupt-Keyword ist „fettarmer Joghurt"? Dann wären Überschriften wie „Woraus besteht fettarmer Joghurt", „Woran erkenne ich guten fettarmen Joghurt" oder „Wo kann ich am besten fettarmen Joghurt kaufen?" sinnvoll.

Bilder optimieren

Auch Bildmaterialien zu optimieren, ist eine wichtige Aufgabe, wenn du im Ranking steigen willst. Sämtliche Bilder, die du verwendest, sollten natürlich hochwertig sein und zum Thema passen. Das bringt allein visuell für deine Besucher einen großen Mehrwert. Um auch in der Google-Bildersuche gefunden zu werden, kannst du die verwendeten Bilder ebenfalls optimieren.

Das sogenannte Alt-Attribut gibt eine Art Beschreibung des Bildes wieder. Dieses solltest du unbedingt für alle Bilder, die du verwendest, hinzufügen. Als letzten Baustein kannst du nun noch eine Bildunterschrift hinzufügen, die nochmals erklärt, was auf dem Bild zu sehen ist. Auch bei diesen Beschriftungen kannst du natürlich deine Keywords einfließen lassen. Das hilft beim Ranking in der Bildersuche und der gesamten Seite sowieso.

Im besten Fall ist dein Bild so mit deinem Keyword optimiert, dass es bei den relevantesten Bildern bei der Google-Suche erscheint und so Besucher auf deine Website holt. Hier ein ganz bescheidenes Beispiel für eine Suche nach Keynote Speaker. (Ja, rechts das bin ich.)

Eine **Keynote** (engl. für „Grundgedanke", „Grundsatz"; auch „**keynote address**", „**keynote speech**") bezeichnet einen herausragend präsentierten Vortrag eines meist prominenten Redners oder professionellen Grundsatzreferenten („**keynote speaker**").

Keynote – Wikipedia
https://de.wikipedia.org/wiki/Keynote

Content is King

Die Aussage „Content is King" hast du sicherlich schon einmal gehört, wenn du dich mit dem Thema SEO auseinandergesetzt hast. Im Google-Ranking sind immer die Seiten TOP-gelistet, die dem User den größten Mehrwert bieten. Schaffe also Inhalte für deine Besucher, die wirklich einen Mehrwert bieten.

Jeder Text sollte dabei natürlich einzigartig sein. Kopierte Texte sind dringend zu vermeiden. Die Textstruktur solltest du ebenfalls beachten. Zu große Textblöcke sind schwierig zu lesen. Lasse Icons, Aufzählungen, Nummerierungen, Bullet Points und so einfließen, um deine Inhalte aufzulockern und besser lesbar zu machen. (So wie ich das hier im Buch auch versuche.) Die Übersichtlichkeit solcher Auflistungen hat nicht nur für die aufmerksamen Leser Vorteile. Auch diejenigen, die einfach nur grob drüberlesen und durchscrollen bleiben automatisch daran hängen. Auch Grafiken und Tabellen lockern den Text auf und sorgen dafür, dass er angenehmer zu lesen ist. Hier ist es allerdings wichtig, dass du im Text nochmal auf diese eingehst und das Abgebildete erklärst. Das schätzen nicht nur deine Leser, sondern auch Google.

MEIN TIPP

Ich habe dir in die Toolliste noch einige Tools gepackt, die dir helfen, deine Inhalte grafisch noch besser zu transportieren.

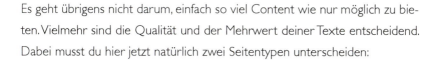

Es geht übrigens nicht darum, einfach so viel Content wie nur möglich zu bieten. Vielmehr sind die Qualität und der Mehrwert deiner Texte entscheidend. Dabei musst du hier jetzt natürlich zwei Seitentypen unterscheiden:

- klassische Seiten
- blog- bzw. inhaltsgetriebene Seiten

Eine Textlänge von minimal 1.000 Wörtern sollte für einen Blogbeitrag gegeben sein, um wirklich Mehrwert für deine Besucher schaffen zu können. Da solltest du dir auch bewusst die Zeit für nehmen, die ein guter SEO-Text braucht. Denn der Text ist die Basis für die Suchmaschinenoptimierung und trägt somit eine gigantische Verantwortung, wenn es darum geht, gute Rankings zu erreichen. Warum? Die Zeit, die ein Besucher auf deiner Website verbringt, ist für Google ein ganz entscheidender Rankingfaktor. Je länger der Gast auf der Party ist, desto besser.

Sorge für Inhalte, die Mehrwert schaffen, gut aufbereitet sind und zum Teilen anregen.

Empfehlungen sammeln
Hast du alle SEO-Tipps beherzigt, wird deine Seite im Google-Ranking steigen. Dennoch sind Empfehlungen von externen Websites so etwas wie ein Turbo-Boost für bessere Rankings. Denn wenn andere Menschen deine Website empfehlen und diese verlinken, ist das ein Zeichen dafür, dass du wirklich einen Mehrwert für deine Nutzer schaffst.

Kreiere einzigartige Inhalte, die würdig sind, verlinkt zu werden.

Dann kommen die Empfehlungen mit der Zeit von ganz alleine. Du siehst also – Qualität geht hier langfristig deutlich vor Quantität.

Wir haben keine Ahnung
Wenn du es schaffst, Besucher auf deine Seite zu locken, solltest du idealerweise wissen, was die da machen und wer sie überhaupt sind. Stell dir das wie ein Ladenlokal vor, dessen Besitzer du bist. Hier willst du doch auch wissen, wer rein kommt, woher derjenige kommt, was er sucht und was er sich im Regal so anschaut. Nur dann kannst du dein Regal optimieren, deine Öffnungszeiten ändern oder neue Lampen aufhängen. Genauso funktioniert Besuchertracking. Gängige Tools erfassen tausende Variablen und bereiten Sie dir auf. Du kannst dir anschauen, wo dein Besucher klickt oder in welchen Bereichen er sich am meisten aufhält. Das ist mühsam und aufwändig, aber es lohnt sich. Oft haben wir keine Ahnung davon, was jemand auf der eigenen Seite so alles macht. Nutz' diese Daten, um deine Seite fortlaufend zu optimieren.

Optimiere die Conversions bis zum Anschlag
Wenn du es schaffst, nette Besucher auf deine Seite zu locken, hat das Rennen erst begonnen. Wie bekommst du deinen persönlichen Besucher dazu, eine Bestellung auszulösen, seine Daten dazu lassen oder anderweitig mit dir Kontakt aufzunehmen? Vor zehn Jahren gab es dafür mal das Kontaktformular. Heute findest du weitaus mehr Möglichkeiten, um deinen Besucher auf eine Reise mitzunehmen, an deren Ende dann Daten, Kauf oder Kontakt stehen. Dafür musst du dich aber ordentlich ins Zeug legen und alles optimieren. Das kann deine Texte, deine Buttons, deine Farben oder die Ladezeit betreffen. Faktoren gibt es hier genug, aber umso mehr Daten du über deinen Besucher gesammelt hast, desto eher kannst du diese Ziele auch erreichen. Liste dir

deine Faktoren auf und überprüfe sie fortlaufend, teste verschiedene Versionen, um genau herauszufinden, worauf deine Besucher reagieren.

> Simpel gesagt: Die Optimierung deiner Website ist nie zu Ende und es sollten keine zwei Wochen vergehen, in denen du nicht etwas daran machst.

Loop Müller loop

In meiner kleinen Heimatstadt gab es früher ein Sankt-Martins-Lied das hieß „Loop Müller loop". Und dieses Lied passt perfekt zum Online-Marketing. Warum? Nun, aus zwei wichtigen Gründen. Zum einen geht es bei Sankt Martin darum, dass der Sankt Martin einen Teil seines Mantels verschenkt. Und genau der Sankt Martin bist du. Biete deinen Besuchern Mehrwerte. (Hatte ich das mit den Mehrwerten schon gesagt?) Dinge, die sie nur bei dir bekommen, denn dann sind sie auch bereit, dafür etwas zu geben. Zum anderen handelt das Lied davon, dass der Müller immer weiterlaufen muss. Auch das passt perfekt. Niemand kreiert eine Website, launcht sie und alles ist gut. Eine Online-Präsenz zu haben, ist ein Prozess – ein Prozess, der niemals endet. Neue Tools, neue Angebote, neue Informationen – es gibt immer etwas zu tun. Bleib' also wachsam und nimm dir regelmäßig Zeit für deine Website.

Hol dir doch deine Kunden zurück

Ja, auch im Internet gibt es sie, die Passanten, die mal eben den Laden betreten oder nur durch das Schaufenster blicken. Musstest du früher hoffen, dass der Satz „Ich komm später noch einmal wieder" nicht nur eine Ausrede ist, bietet dir das Internet heute die Möglichkeit, Anreize zu schaffen, um den unentschlossenen Konsumenten doch noch zum Kauf zu bewegen. Das Stichwort lautet Re-Targeting.

Konkret bedeutet dies: Konsumenten, die die eigene Seite einmal besucht haben, werden gezielt angesprochen und zurück auf die eigene Seite bewegt, damit sie ihren Einkauf fortsetzen oder ihre Daten hinterlassen. Möglich wird dies erst durch Cookies, die beim ersten Besuch der Internetseite erhoben werden. So erklärt sich sicherlich auch, wieso man beim Lesen der Nachrichten immer genau die Schuhe angezeigt bekommt, die man sich gestern noch angesehen hat.

Mit Linkbuilding dein Ranking verbessern
Linkbuilding spielt bei SEO eine große Rolle und wird heutzutage entweder falsch gemacht oder gar nicht betrieben, weil man nicht über die Information verfügt bzw. es unterschätzt. Ich habe ja oben schon angesprochen, dass das wichtig ist. Und weil es mir in den Fingern juckt, kriegst du noch ein wenig mehr Input. Ein sauberer Backlinkaufbau hat sehr großen Einfluss auf eine gute Platzierung. (Jetzt klinge ich wie ein Techie.)

Jetzt fragst du dich bestimmt, was überhaupt ein Backlink ist? Einen Backlink kannst du wie eine Empfehlung sehen. Seite A verweist mit einem Link auf Seite B, da sie über Informationen verfügt, die Seite A gut findet und seinen Besuchern zur Verfügung stellen möchte. Das stärkt das Vertrauen bei Google, da Google sieht, dass eine vertrauensvolle Seite eine andere empfiehlt. (Stell dir vor die Leute zeigen alle auf dich bei der Frage: „Wer ist der oder die Coolste im Raum?")

Beim Linkbuilding heißt es: Qualität statt Quantität. Die Qualität eines Links ist maßgeblich entscheidend für ein gutes Linkprofil. Wenn du Links von niedriger Qualität bekommst, ist das nicht nur schlecht für deine Platzierungen, sondern kann im schlimmsten Fall auch zu einer Abstrafung von Google führen. Bedeutet: Du fliegst aus dem Ranking. Durch das Penguin-Update, das erstmalig 2012 publik wurde, identifiziert Google Spammer, die viele Links mit niedriger Qualität setzen. Woran erkennt man aber die gute Qualität eines Links?

Es gibt Lösungen die Linkqualität einzuschätzen, ohne zu tief in die Materie zu tauchen. Mit Tools wie Majestics findet man den Spam Score, die Domain Authority, den Trust Flow und Citation Flow heraus. All das sind Indizien für die Qualität. (Ich weiß, eventuell sind das böhmische Dörfer für dich, aber so kompliziert ist das alles nicht.)

Schau dir doch mal ein Tool wie Majestics an. Dann bekommst du einen guten Überblick. Damit du weißt, was gut ist, werde ich die einzelnen Faktoren mal in Relation setzen:

- Der Spam Score sollte nicht mehr als 5 % betragen.
- Die DA, der TF und der CF sollten über 20 sein. Umso höher, desto besser.
- Der CF sollte maximal 10 Punkte größer sein als der TF.
- Aber auch die Themenrelevanz ist von großer Bedeutung. Dazu aber später mehr.

Wie bereits erwähnt liebt Google Natürlichkeit. Links müssen natürlich sein, daher ist die Natürlichkeit so ziemlich das Wichtigste. Falls du nicht weißt, wie viele Backlinks du pro Woche setzen sollst, solltest du lieber weniger als mehr setzen, da es natürlich ist. Wenn du zu viele Links setzt oder zu oft Links setzt, wirkt das Ganze unnatürlich.

Aber was ist überhaupt natürlich bei einem Backlinkaufbau? Das ist eine sehr gute Frage. Gute Backlinks setzen solltest du erst, wenn du Besucher auf deiner Seite hast, weil es sonst unnatürlich ist. Wieso sollte eine Seite Links haben, obwohl niemand auf dieser Seite war? Beginne also frühestens nach 14 Tagen, besser jedoch erst nach 30 Tagen, mit einer Backlinkstrategie. Vorher kannst du dir Besucher durch soziale Netzwerke ergattern, wenn du deine Seite zum Beispiel in Facebook-Gruppen teilst.

Suche dir also themenrelevante Gruppen auf Facebook und bringe deine Seite so unter, dass du Mehrwert lieferst und nicht spammst. Der Vorteil an einem Link in einem sozialen Netzwerk ist, dass er zwar wahrgenommen, aber nicht gewertet wird.

> in gutes Linkprofil muss facettenreich sein und besteht aus vielen verschiedenen Linkarten.

Das Thema ist sehr komplex und erfordert viele Informationen und Praxiserfahrung, aber wenn man Zeit investiert, kann man es sich für seine eigenen Zwecke gut aneignen. Es gibt also verschiedene Quellen an Links: direkte Links aus Blogs, Foren, Presseportalen, Kommentaren, Verzeichnissen, Gastartikeln oder Gästebüchern. Aus diesen Quellen kannst Du entweder einen Text- oder Bildlink bekommen und diese sind dann Do- oder Nofollow.

Wie du siehst ist das Ganze sehr komplex, da natürlich auch jede Linkquelle eine andere Relevanz hat. Ein direkter Link von Wikipedia ist zum Beispiel wesentlich einflussreicher, als ein Gästebucheintrag. Dann musst du noch auf das Verhältnis der Text- zu Bildlinks und das Verhältnis von Do- und Nofollow-Links beachten. Als Richtwert solltest du ca. 10 % Bildlinks und 60 bis 70 % Dofollow-Links in deinem Linkprofil haben. Zalando ist ein Paradebeispiel im SEO. Die Sichtbarkeit ist gigantisch und sie verfügen über 80 % Dofollow-Links.

Was du auch noch beachten solltest, sind die sogenannten Anchor-Texte. Nutze verschiedene Texte als Anchor, da auch hier eine einseitige Verwendung nicht natürlich ist.

Kommen wir zur Themenrelevanz. Im Grunde hat die Themenrelevanz viel mit der Qualität sowie der Natürlichkeit deiner Links zu tun. Bei einem natürlichen Linkaufbau haben die meisten Links nämlich eine hohe Themenrelevanz zu deiner Seite. Das Ganze ist auch sehr plausibel. Wenn man eine Website über eine Brauerei hat, verlinkt man zum Beispiel auch nicht auf einen Workshop zum Thema „Chinesisch lernen". Wie du siehst haben die Natürlichkeit und Themenrelevanz eine starke Verbindung.

Wenn du wirklich nachhaltig dein Ranking verbessern möchtest, solltest du deinen Backlinkaufbau langfristig planen und konstant bearbeiten. Nicht jede Nische ist gleich schwer und daher muss man auch nicht in jede Nische gleich viel Arbeit reinstecken. Ich empfehle zum Setzen von Backlinks immer ein wöchentliches Intervall. Setze jede Woche zwei bis fünf Links und führe das Prozedere mindestens sechs Monate durch. Je nach Ergebnis kann man dann schauen, ob man ab dann weniger Links in der Woche setzt. Nimm dir also

MARKETING KICKBOX

Zeit und stecke die Energie in dein Projekt. Anschließend wirst du mit einem guten Ranking belohnt. Es ist ein Marathon und kein Sprint. Merke dir das.

> **MEIN TIPP**
>
> Die meisten Neulinge in dem Bereich fragen sich immer, wie sie Linkquellen finden, dabei gibt es unzählige Möglichkeiten und man wird nie Schwierigkeiten haben, gute Links zu finden – wenn man weiß wie. Gib doch mal folgende Suchbegriffe bei Google ein, klicke auf Tools und wähle als Zeitraum „letztes Jahr" aus, da auch die Aktualität eine Rolle beim Linkaufbau spielt. Durchstöbere die Ergebnisse und finde die Goldnugget-Links, die deiner Seite verhelfen, nach ganz oben zu kommen.

- Keyword „powered by wordpress" (Zeigt einem jede Seite die auf WordPress basiert.)
- Keyword „powered by blogger" (Zeigt einem jede Seite die auf blogger basiert.)
- Keyword „leave a comment" (Zeigt einem jede Seite, die eine Kommentar-Funktion besitzt.)
- Keyword „blog" (Zeigt dir alle Blogs.)
- Keyword „gästebuch" (Zeigt dir verschiedene Gästebücher.)
- Keyword „powered by Vbulletin" (Zeigt dir alle Foren mit „Vbulletin".)
- Keyword „powered by SMF" (Zeigt dir alle Foren mit „SMF".)
- Keyword „powered by mybb" (Zeigt dir alle Foren mit „mybb".)

ii. AdWords

Ich hoffe du bist jetzt ein kleiner Suchmaschinenoptimierer. Wie versprochen, kriegst du aber auch noch Input zur zweiten möglichen Trafficquelle – zu Google AdWords.

Ein Klick für 5 Euro
Stell dir vor, du bewirbst deine Leistungen bei Google und zahlst für einen Klick auf deine Anzeige bei Google AdWords 5 Euro. Wie soll sich das jemals rentieren? Wenn du also 100 Besucher auf deine Website schleust, bekommt das kleine Unternehmen Google dafür 500 Euro. Ein wirklicher Schnapper, oder? Aber, stell dir nur kurz vor, deine Leistung oder dein Produkt hätten eine Marge, die diese 500 Euro massiv übersteigen, wäre dann der Preis nicht völlig gerechtfertigt? Um es simpel zu sagen, auch im Online-Marketing gilt die alte BWL-Regel: Das Angebot bestimmt die Nachfrage – oder besser andersrum. Je mehr fleißige Konkurrenten auf deine Keywords bieten, desto mehr zahlst auch du. Auch das ist nichts Neues, aber auch hier solltest du den Gesamtzusammenhang verstehen.

> Welche Marge hast du pro Produkt bzw. Leistung und wie viel Werbeausgaben musst oder besser darfst du dem gegenüberstellen damit sich das lohnt?

Das ist eine tolle Möglichkeit zu überprüfen, ob eine Werbemaßnahme rentabel ist oder nicht und eine der entscheidendsten Fragen im Online-Marketing.

Das ist bei Google AdWords nicht anders. Um die Vorteile, die Google AdWords bzw. Suchmaschinenwerbung (SEA) mit sich bringt, für dich nutzen zu können, müssen wir natürlich erstmal klären, was genau die Vorteile sind. Mit Google AdWords kannst du direkt in Google selbst Werbung für deine Produkte oder dein Unternehmen schalten. Deine Anzeige wird dann bei den Suchergebnissen angezeigt. Das kostet dich, wie gerade erwähnt, Geld. Je nachdem wie viele andere Leute bei demselben Suchbegriff Werbung schalten wollen und wie optimiert deine Anzeige ist, entsprechend mehr oder weniger pro Klick. Aber du hast so die Möglichkeit deine Zielgruppe genau dann anzusprechen, wenn sie nach deinem Produkt oder einem dazu passenden Keyword suchen, und auf dich aufmerksam machen. Vorausgesetzt deine AdWords-Anzeigen sind richtig aufgebaut. Mal simpel in Schritte gepackt:

Schritt 1: Die Keyword-Recherche
Hohe Kosten bei Google AdWords sind meistens das Resultat von falsch ausgewählten Keywords oder Anzeigen, die nicht spezifisch genug zur Erfüllung des Kundenbedürfnisses verfasst sind. Damit deine AdWords-Kampagne effizient und weitgehend kostengünstig ist, musst du dich auf jeden Fall ausführlich mit den Keywords auseinandersetzen, die du anvisieren und bespielen möchtest. (Also abermals: Welche Keywords sind wirklich relevant?) Die richtigen Keywords sind das A und O für deinen Erfolg mit Google AdWords. Mache eine ausführliche und gewissenhafte Keyword-Recherche, da sie das Fundament für deine weiteren Schritte darstellt.

Werden deine Suchbegriffe viel gegoogelt? Wie ist die Konkurrenz bei den einzelnen Suchbegriffen? Idealerweise weist dein Suchbegriff ein hohes Suchvolumen auf und hat wenig Konkurrenz. So wirst du viel gefunden und der einzelne Klick kostet dich weniger Geld. Das ist aber in den meisten Fällen nur Wunschdenken.

> Ich rate dir dann lieber Nischenbegriffe zu wählen und besser gezielt zu treffen, als mit einer Gießkanne umherzulaufen.

Versuche konkrete Suchbegriffe zu verwenden. Diese können übrigens auch aus zwei oder drei Begriffen bestehen. Sogenannte Long-Tail-Keywords sind meistens effektiver, da sie genauer die Suchanfrage der Nutzer erfüllen und sie daher eher auf die Anzeige klicken. Auch hier kannst du im Google Keyword Planner nachschauen, wie das einzelne Long-Tail-Keyword performt.

Ziehe aber auch Google Trends zurate. Das Tool habe ich dir ja bereits bei der Trendanalyse nahe gelegt, um zu schauen, wie sich der Trendverlauf von einzelnen Suchbegriffen entwickelt hat. Nutze Google Trends auch, um abzuschätzen, wie ein Keyword sich verändert und ob Suchanfragen eher steigen oder fallen.

KEYWORDS FINDEN

In der Marketing Kickbox findest du ein umfangreiches Video, in dem ich dir zeige, wie ich die richtigen Keywords finde und welche Tools ich dafür nutze.

Umfangreiches Video zu diesem Thema in der Marketing Kickbox:
www.marketing-kickbox.de

MEIN TIPP

So wie du Suchbegriffe in deine AdWords-Kampagne einbeziehen kannst, kannst du bestimmte Keywords auch ausschließen. Das heißt, wenn jemand diese Begriffe googelt, wird deine Anzeige nicht ausgespielt und du läufst nicht Gefahr für einen Klick zu zahlen, der dir nichts bringt. Überlege, bei welchen Suchanfragen du nicht erscheinen möchtest und schließe diese negativen Keywords aus.

Schritt 2: Die richtige Anzeige

Sind die geeigneten Keywords festgelegt, geht's nun ans Verfassen eines Anzeigentextes. Hier darf es ruhig etwas außergewöhnlich und kreativ zugehen, um die Aufmerksamkeit der Nutzer zu gewinnen. Nutze Symbole, Emojis oder Sonderzeichen, um im ersten Moment mit deiner Anzeige aufzufallen. Aber nicht nur die äußere Erscheinung deiner Anzeige sollte stimmen, sondern natürlich auch das Inhaltliche. Bevor Nutzer auf eine AdWords-Anzeige klicken, möchten sie das Gefühl haben, dass diese Anzeige sie genau anspricht und explizit das erfüllt, wonach sie gesucht haben. Das erreichst du, indem du Anzeigentexte formulierst, die die Suchbegriffe beinhalten. Das kannst du entweder manuell machen oder automatisch durch einen Platzhalter.

Bei einem Platzhalter setzt du ein bestimmtes Keyword in geschwungene Klammern. Hast du einen Buchhandel, könnte dein Platzhalter wie folgt aussehen: „{Keyword: Bücher} kaufen in Düsseldorf". Googelt nun jemand ein anderes Keyword, das du in deiner Kampagne verwendest, wird der Anzeigentext angepasst und statt „Bücher" steht nun in der Anzeige das Keyword, das bei der Suche verwendet worden ist: „Romane kaufen in Düsseldorf". So ist deine Anzeige zugeschnitten auf die Suchanfrage und relevanter für den Nutzer. Ergo: Es klicken mehr Leute drauf. (Hier findest du auch noch ein paar mehr Tipps online: www.marketing-kickbox.de.)

MEIN TIPP

Wenn du die Anzeige einstellst, kannst du neben dem Text noch zahlreiche weitere Optionen benutzen. So kannst du zum Beispiel auch bestimmte Länder und Regionen ein- oder ausschließen. Das macht nicht nur bei Ladenlokalen mit einer gewissen regionalen Bindung Sinn. In den seltensten Fällen kauft jemand aus dem ferneren Ausland etwas über deine AdWords-Anzeige. Überlege, aus welchen Ländern Kunden oder relevante Suchanfragen für dich kommen könnten, und schließe die restlichen aus.

Google hat viele Einstellungen schon automatisch voreingestellt, die man bequemerweise einfach übernehmen kann. Hinterfrage immer zumindest mal, ob die bereits ausgewählte Option wirklich die beste ist – insbesondere das automatische Gebots-Management. Da können schnell böse Überraschungen auf einen zukommen, die sich dann in der AdWords-Abrechnung bemerkbar machen. Probier ein bisschen mit den Geboten aus, um ein Gefühl dafür zu bekommen, welcher Cost-per-Click (CPC), also welcher Preis für einen Klick, zielführend ist.

MARKETING KICKBOX

Ich bin ein großer Freund davon, mehrere Anzeigen in einer Kampagne anzulegen und gegeneinander laufen zu lassen, um zu testen, welche besser funktioniert.

MEIN TIPP

Du musst nicht unbedingt auf Platz 1 der Suchergebnisse erscheinen. Manchmal kann es sogar durchaus besser sein, mit seiner Anzeige auf dem dritten oder vierten Platz zu landen. Bei einer etwas tieferen Position ist nicht nur der Preis für die Anzeige geringer, die Nutzer sind auch schon etwas mehr im Thema drin. Man sagt, dass besonders bei unbekannten oder komplexeren Themen die ersten Suchergebnisse für viele zunächst eine Orientierung darstellen und dazu genutzt werden, um sich zu informieren und das Angebot einzuschätzen. Nach ein paar Suchergebnissen steigt dann die Kaufbereitschaft.

Um die Performance deiner Anzeigen nachzuvollziehen und deine Kampagne dementsprechend anpassen zu können, ist es unabdingbar, dass du Google Analytics und Google AdWords Conversion Tracking nutzt. Mit diesen Tools erhältst du umfangreiche Einblicke, wie oft deine Anzeige angeklickt worden ist, deine Website besucht wurde und wie hoch deine Conversion ist. Alles extrem wichtig und hilfreich, um voranzukommen und um einschätzen zu können, wie effektiv deine AdWords-Aktivitäten sind. Google AdWords kann nur funktionieren, wenn du auch entsprechendes Controlling betreibst. Natürlich gibt es neben AdWords online noch eine Menge anderer Möglichkeiten Werbung zu schalten.

CHRIS BEN RATH

Chief Marketing Officer

Klingt paradox, oder? Mag sein und dennoch ist es so unglaublich genial.

Ziemlich wahrscheinlich gehörst auch du zu den Menschen, die zumindest ab und an einen Porno im Internet anschauen und dabei ist es ganz irrelevant, ob Männlein oder Weiblein. (Ja, auch Frauen konsumieren regelmäßig Pornos im Internet. Laut einer Statistik sind 30 % aller Pornokonsumenten Frauen.) Doch wer schaut eigentlich Pornos? Die Antwort ist ganz einfach: ALLE. Juristen, Ärzte, Steuerberater,

Lehrer, Unternehmer, Kfz-Mechaniker, Maler, Kaufleute und und und ...

Macht es da nicht auch total Sinn, diese Kanäle auch für seriöse Produkte zu nutzen? Nach den Nutzerzahlen verkehren auf dem weltgrößten Pornoarchiv „Pornhub" täglich ca. 100 Millionen Nutzer aus den unterschiedlichsten Ländern. Das Potenzial dahinter ist auch bei den großen Marken und Unternehmen bereits angekommen. So wirbt die Fashionbrand Diesel aktuell mit ihrer neuen

„
Pornomäßiges Marketing und warum es so genial ist

Unterwäschekollektion auf Pornhub und YouPorn.

In einem Interview sprach Renzo Rosso, Mitgründer von Diesel, von einem 31-prozentigen Wachstum. Ob der damit die Aufrufe des Onlineshops oder die letztendlichen Verkäufe meinte, ließ er allerdings offen. So oder so kann man aber von einer erfolgreichen Kampagne sprechen. Aber nicht nur für große Marken ist die Werbung auf derartigen Plattformen interessant. Der US-Lieferservice Eat24 gewinnt Neukunden am Fließband und das zum Schnäppchenpreis. Die geschalteten Anzeigen liefern dreimal mehr Reichweite als auf Facebook, Google und Twitter zusammen, kosteten allerdings gut 90 % weniger.

Pornhub, YouPorn, Xhamster und Co. bieten allerdings nicht die Möglichkeit, die Kampagnen direkt dort zu platzieren und zu verwalten. Trafficjunky (www.trafficjunky.com) ist das Unternehmen, das Porno-Advertising auf den oben genannten Kanälen möglich macht.

Die Beispiele haben gezeigt, dass auch seriöse Unternehmen das Potenzial dahinter nutzen. Zugegeben, wenn man vorhat, Pornoseiten für Marketingzwecke zu verwenden, sollte man eine gewisse Kreativität einfließen lassen. Von Vorteil ist dabei, dass es so gut wie keine Einschränkungen gibt und die Werberichtlinien genauso freizügig sind, wie die Seiten selbst.

Probier es einfach aus und mach dein Produkt, Unternehmen oder deine Marke doch mal „sexy". Ja, auch Steuern und Finanzen können ganz geil sein. Lass dich einfach von den zahlreichen Möglichkeiten inspirieren und vielleicht (oder eher sehr wahrscheinlich) schaust auch du mal auf einigen dieser Seiten vorbei und bevor du mit dem startest, wofür du diese Seiten eigentlich besuchst, schau dir mal das Advertising an – viel Spaß.

G. MARKETING CONTROLLING UND BUDGETIERUNG – ALLES IM GRIFF

Natürlich macht es Spaß sich coole, kreative und außergewöhnliche Marketingmaßnahmen auszudenken und umzusetzen. Aber wie fast leider alles, was Spaß macht, kostet der ganze Bums Geld. Und das wächst ja bekanntlich nicht auf Bäumen. Von daher ist es wichtig, dass du dir darüber im Klaren bist, wie deine Marketingaktivitäten laufen und wie es mit deinem Budget aussieht. Erzielen deine Maßnahmen effektive Erfolge? Ist dein ausgegebenes Geld somit eine Investition, die sich gelohnt hat? (Ich hoffe, ich stelle dir nicht zu viele Fragen.) Schauen wir uns an, was es da zu beachten gibt.

WORKSHEET „SWOT-ANALYSE"

Umwelt und Unternehmen analysieren: Weißt du genau, in welchen Bereichen du gut und in welchen du schlechter aufgestellt bist? Dem kannst du mit Hilfe einer SWOT-Analyse auf den Grund gehen. Kombiniere diese Erkenntnisse mit den externen Chancen und Risiken, um deine Stärken und Schwächen gezielt einsetzen zu können.

Alle Worksheets: www.marketing-kickbox.de

MARKETING KICKBOX

i. Controlling

Vor meiner ersten Controlling-Vorlesung in der Uni dachte ich immer, Controlling hieße ganz einfach „Kontrolle". Na ja, so ganz stimmt das nicht. Controlling ist alles von der Planung, über die Koordination bis hin zur Überprüfung der Ergebnisse. Im Marketing-Controlling bezieht sich das alles logischerweise auf die Marketingaktivitäten. Es geht darum, zu planen, welche Ziele du mit deinem Marketing erreichen möchtest, mit welchen finanziellen sowie zeitlichen Mitteln das umgesetzt wird und zum Schluss die Ziele damit abzugleichen, was letzten Endes dabei rumgekommen ist.

> **WORKSHEET „CONTROLLING"**
>
> Alles im Blick: Mit diesem Arbeitsblatt behältst du die Übersicht über all deine Marketingmaßnahmen sowie ihr definiertes Ziel, Zeitraum und Budget. Nach der Durchführung kannst du das Ergebnis nutzen, um den Erfolg der einzelnen Maßnahme auszuwerten.

Alle Worksheets: www.marketing-kickbox.de

Den Vergleich machst du anhand vorher definierter Kennzahlen. (Ich weiß, dass das trocken klingt.) Wähle dabei die Kennzahlen aus, die für dich und dein Marketingziel besonders wichtig sind. Indem du dich auf ausgewählte Kennzahlen konzentrierst, behältst du den Überblick und analysierst nicht alles. Ich würde dir raten jeweils zwei bis drei Kennzahlen aus den folgenden Kategorien auszuwählen: finanzbezogene Kennzahlen, kundenbezogene sowie prozessbezogene. Diese vergleichst du dann entweder mit Vergangenheitswerten oder orientierst dich an Zahlen aus der Branche.

Finanzbezogene Kennzahlen können beispielsweise die Höhe deines Umsatzes, die Anzahl der Käufe bzw. Aufträge, die Höhe des Deckungsbeitrags, dein Absatz eines bestimmten Produkts, Marktanteile und so weiter sein.

Bei den kundenbezogenen Kennzahlen empfehle ich dir, dich mit der Anzahl an Neukunden, der Anzahl deiner Gesamtkunden oder dem Verhältnis von Stammkunden zu Einmalkunden auseinanderzusetzen.

Auch die Anzahl der Kunden, die sich von deinem Unternehmen abgewendet haben, können dir hilfreiche Erkenntnisse bringen.

Wie profitabel bist du in den einzelnen Kundensegmenten?

MEIN TIPP

Wenn du dich mit den kundenbezogenen Kennzahlen auseinandersetzt, kann dir eine ABC-Analyse Überblick darüber verschaffen, welche Kunden für dich besonders relevant sind. Bei einer ABC-Analyse stufst du deine Kunden in drei Kategorien ein: A, B und C. Dabei sind in der Kategorie A die wichtigsten Kunden. Das sind die, die den meisten Umsatz für dein Unternehmen ausmachen. Hier solltest du dich bemühen, diese als Kunden zu behalten und die Kundenbeziehung zu pflegen.

> Meistens sind die Kunden, die zur Kategorie A gehören, von der Anzahl her die kleinste Gruppe. Aber auch die B-Kunden (also die nicht ganz Großen mit nicht ganz so großem Umsatz) sind wichtig. Versuche diese zu A-Kunden zu konvertieren. Die größte Gruppe sind die C-Kunden. Die machen aber jeweils nur einen geringen Teil deines Umsatzes aus.

Die prozessbezogenen Kennzahlen beziehen sich auf Dinge wie Beschwerden, Rücksendungen, Lieferzeiten und so weiter. Schaue hier, wo du an welcher Stellschraube drehen kannst. Denn auch diese Themen sollten zügig und effizient erledigt werden. Nicht nur, damit du es vom Tisch hast, sondern auch, um die Kundenbeziehung zu stärken.

Beim Marketing und insbesondere beim Branding spielen psychologische Faktoren eine enorme Rolle. Leider sind diese nur schwer messbar und lassen sich nur in den seltensten Fällen mit konkreten Kennzahlen ausweisen. Oft musst du da auf sehr aufwendige Marktforschungen zurückgreifen, um herauszufinden, wie das Image deiner Marke bei den Kunden ist. Wie ist deine Kundenbindung aufgebaut und welche Positionierung hast du bei ihnen eingenommen? Solltest du aber eine solche Überprüfung in Angriff nehmen, sei dir bitte darüber bewusst, dass Marketingaktivitäten und insbesondere Branding viele Monate, wenn nicht sogar Jahre brauchen, bis sie sich bei den Kunden bewusst entwickelt haben. Von daher ist es wenig sinnvoll direkt nach Markteinführung oder Kampagnenstart entsprechende Befragungen durchzuführen. Warte lieber etwas ab, bevor du das Thema angehst.

Wenn du dich mit Marketing-Controlling beschäftigst, bedeutet das nicht nur, dass du dich mit den einzelnen Werbemaßnahmen auseinandersetzt, die du eingesetzt hast, um dein Unternehmen bekannter zu machen. Diese Dinge sind nämlich nur kommunikative Aktivitäten. Oder wie es im Englischen so schön heißt: Promotion.

Im Marketing-Controlling wird alles ganzheitlich betrachtet. Ganzheitlich heißt dabei im Sinne der berühmten vier Ps im Marketing: Product, Price, Place und Promotion. Promotion sind wie gesagt die werbenden Aktivitäten. Product ist das beworbene Produkt selbst. Schau dir mal an, wie es darum gerade steht. Wie kommt das bei den Kunden an? Ist es auf dem absteigenden Ast – Stichwort: Trendanalyse? Super wichtig, um dir auch darüber im Klaren zu sein, ob du nicht vielleicht etwas bewirbst, was sowieso nicht mehr zu retten ist.

MEIN TIPP

Sieh dir in regelmäßigen Abständen an, wie deine Produkte bei der Zielgruppe ankommen. Hier kannst du schon rechtzeitig erkennen, welche Produkttypen auf längere Sicht aus dem Sortiment genommen werden sollten, um deine Kasse nicht zu fluten.

Zum Thema Price hatte ich dir schon einige Dinge genannt. Die Preisgestaltung bei Produkten geschieht nicht willkürlich. Hinterfrage aber regelmäßig, ob du mit der gewählten Preisstrategie auf das richtige Pferd setzt. Ist der Preis vielleicht doch ein wenig zu hoch angesetzt? Welches Feedback hast du von den Kunden erhalten? Macht eine Preisänderung vielleicht Sinn?

MARKETING KICKBOX

Und zu guter Letzt „Place". Über welche Distributionskanäle bietest du deine Produkte an? Kann man die Produkte nur online erwerben? Oder sowohl online als auch offline? Die Wahl der Vertriebskanäle wirkt sich ebenfalls auf deine Positionierung aus. Ich hab dir zwar gesagt, dass die Positionierung nur schwer zu messen ist, aber die vier Ps geben dir eine guten Anhaltspunkt darüber, wo du gerade stehst. Lange Zeit konnte man die Produkte von Tupperware beispielsweise nur über diese sogenannten Tupper-Partys kaufen. Seit einiger Zeit gibt es hier auch einen Online-Shop, weil sie im Marketing-Controlling erkannt haben, dass diese Vertriebsstrategie nicht mehr passt. Es gibt zu viele Substitutionsprodukte, die man auch online bestellen kann. Warum sollte ich dann abwarten, bis ich auf diese Party gehen kann, um mir dann da meine Brotdose zu bestellen? All diese Dinge solltest du im Auge behalten und regelmäßig überprüfen, um sicherzustellen, dass du dich auf dem richtigen Weg befindest.

Im Online-Marketing dienen dir hier vor allem Tools wie Google Analytics. Du kannst genau überprüfen, wie viel dich etwa ein Besucher deiner Website kostet. Das Gegenüberstellen von Kosten und Ertrag ist einer meiner absoluten Lieblingsfunktionen im Controlling.

Ich erfasse genau, wie viel mich eine Anfrage über welchen Kanal kostet. Dann kann ich simpel meine Budgets von A nach B und C schieben und den Output für mich noch weiter optimieren.

DENNIS ODERWALD

Digital Entrepreneur, YAY! Digital

Wenn ich gefragt werde, was nach meiner Meinung nach ein Unternehmen im Wachstum wirklich erfolgreich macht, dann ist meine Antwort immer: Technologie – oder besser gesagt: das Verständnis von und die Nähe zu Technologie.

Für mich ist Technologie und digitales Verständnis der Schlüssel für effiziente Prozesse, Automatisierung und einer smarten Arbeitsweise in einem Unternehmen. Technologische

Entscheidungen werden zu oft aus der reinen BWL-Lehre heraus getroffen. Nach dem Motto: Kostet Tool A weniger als Tool B? Das kann allerdings ein fataler Fehler sein und führt im schlimmsten Fall zu einem Mischmasch an Systemen und einer Infrastruktur, die nicht mehr beherrschbar ist oder dem Alltag im Weg steht.

Aus meiner Sicht sollte also jedes Unternehmen so schnell wie

„

Wenn Technologie zur Basis der Unternehmensstrategie wird

EXPERTENTIPP

möglich die Stelle eines Chief Technology Officer (CTO) schaffen, der technische Entscheidung trifft. Wenn das Unternehmen größer wird, macht auch immer ein Chief Digital Officer (CDO) Sinn, der Entscheidungen nicht nur technisch, sondern global für den gesamten Arbeitsprozess im Unternehmen bewerten kann. Damit schafft man sich Raum und Möglichkeiten für weiteres und gesundes Wachstum.

ii. Budgetierung

Geld ist ja leider endlich. Daher ist eine gute Budgetierung äußerst wichtig, dass du deines nicht unnötig ausgibst. Bei der Budgetierung legst du fest, wie viel Geld du für deine Marketingmaßnahmen ausgibst, um nicht die Kostenkontrolle zu verlieren. Außerdem kannst du mit einer ordentlichen Budgetierung leichter feststellen, wie viel die Akquirierung eines einzelnen Kunden gekostet hat.

MEIN TIPP

Besonders als Unternehmer sind die finanziellen Mittel leider knapp. Ich rate dir dennoch davon ab, beim Marketing zu sparen. Deine Kommunikation sorgt schließlich dafür, dass du bekannt wirst und wachsen kannst. Konzentriere dich dann lieber auf wenige Maßnahmen, aber mach die dann richtig.

Ich hoffe du hast dich an meine Worte vom Beginn des Buchs gehalten und deine Zielgruppenanalyse wirklich ordentlich gemacht. Denn diese bildet neben der Zieldefinierung das Fundament für deine Budgetierung. Nur wenn du genau weißt, wen du weshalb ansprechen möchtest, kannst du daraus ableiten, wo und wann du das am besten machst und so effektives Marketing mit kalkulierbaren Kosten betreiben.

Je nachdem welches Ziel du mit deinem Marketing verfolgst, unterscheiden sich auch die Auswahl sowie der Umfang von einzelnen Marketingmaßnahmen.

MARKETING KICKBOX

Wenn du eine persönlichere Kundenbindung aufbauen und eine erlebbare Welt rund um deine Marke schaffen willst, solltest du einige Events veranstalten. Bringst du aber ein neues Produkt auf den Markt, musst du wahrscheinlich überall präsent sein, aber insbesondere auf Social Media.

Überlege dir also genau, was du erreichen möchtest und welche Marketingtools dir da am besten weiterhelfen. Bestimme dann, wie viel du davon jeweils machen willst und wie viel das kostet. Wie viel kostet die Miete eines Plakats am Hauptbahnhof genau? Wie viele brauchst du davon? Wie viele Personen kannst du mit deiner Facebook-Anzeige erreichen und wie viel kostet sie? Steht vielleicht eine Neugestaltung deiner Website an? Mit welchen Kosten musst du da rechnen? Hole dir zu all deinen geplanten Vorhaben ganz genaue Zahlen ein, um möglichst detailliert planen und budgetieren zu können.

Vergiss aber nicht, dass auch für die Produktion der Werbemittel Kosten anfallen. Sei es der Druck von deinem Plakat und deiner Roll-ups, die Produktion deiner Werbegeschenke oder auch die Videoproduktion für YouTube.

PHILIP BECKMANN

Geschäftsführer marketer UX GmbH

Ein häufiger Fehler im Marketing, den viele Unternehmer machen ist: „Sie machen Marketing nur dann, wenn sie mehr Kunden brauchen".

Monate lang wird kein Euro in Marketing investiert. „Die Auftragslage ist gut ... wieso Marketing betreiben?" Bis sich die Auftragslage wendet und Kunden plötzlich knapp werden. Jetzt versuchen viele „auf Teufel komm raus" Marketing zu betreiben. Sie haben ein knappes Budget, keine Zeit (alles sollte am besten schon gestern online sein) und am schlimmsten: Sie haben keine Erfahrungswerte, welche Marketingmaßnahmen für ihr Unternehmen am effektivsten sind.

Da ist der Misserfolg der Marketingkampagne schon vorprogrammiert. Ich hab genau denselben Fehler am Anfang meiner Unternehmerkarriere gemacht. Wir haben nur in unser Wachstum investiert, wenn wir es nötig hatten. Bis ich Marketing nicht mehr als Ausgabe gesehen haben, sondern ...

„ "
Marketingbudget maximieren

EXPERTENTIPP

... als Werkzeug, das Wachstum unseres Unternehmens zu beschleunigen. Warum sollte man in Wachstum nur investieren, wenn es schlecht läuft?

Wir haben für uns beschlossen, jedes Quartal ein festes Budget in unser Wachstum (Marketing) zu investieren. Selbst wenn wir mehr als genügend Kunden haben, denn ich möchte unser Unternehmen nicht in die Lage bringen, zu wenig Kunden zu haben. Seit wir einen festen Betrag in Marketing investieren, sehen wir erstmals ein langfristiges konstantes Wachstum. Unser Marketingbudget liegt bei mindestens 10 % unseres Umsatzes. So wächst unser Budget mit uns. Für dich kann die Zahl eine andere sein. Wer aggressiveres Wachstum haben möchte, kann diese Zahl auf 20 % oder 30 % hochschrauben. Wichtig ist nur, dass es ein langfristig tragbarer Betrag ist.

Nachdem du die einzelnen Werbemaßnahmen durchgerechnet hast, gilt es nun, zu überlegen, welcher personelle Aufwand da auf dich zukommt. Wie viele Stunden Arbeit wirst du da jeweils mit haben? Ist es vielleicht besser, sich eine zweite, dritte oder sogar mehr Personen mit ins Boot zu holen? Was wird da an Manpower gebraucht und vor allem, wie viel kosten die Leute an Gehalt? Das betrifft nicht nur interne Leute, sondern auch externe. Freelancer, Agenturen und Kreative müssen auch alle mit ins Budget eingerechnet werden.

Somit hast du also verschiedene Kostentreiber. Kosten für

- die Produktion der Werbemittel
- die Platzierung (etwa bei Facebook oder Google AdWords)
- externe Dienstleister
- deine eigene Arbeitsleistung

Oft kalkulieren Unternehmer nur mit einem Teil dieser Punkte und sind nachher überrascht, wo das Geld hin ist.

Hast du all diese Faktoren durchgerechnet, kannst du dich darauf einstellen, in welche Richtung deine Reise geht. Rechne vorsichtshalber nochmal alle Punkte durch und kalkuliere zu guter Letzt einen kleine Puffer ein. So bist du bei der Planung auf der sicheren Seite und kommst in der Regel mit deinem Budget aus.

Die Planung solltest du nach meiner Meinung monatlich machen. Wenn du deinen Marketingplan erstellst, kannst du so jedem Monat die konkreten Kosten zuweisen und dein Budget im Blick halten.

H. MIT DER RICHTIGEN TAKTIK ZUM VERTRIEBS-PROFI

Weißt du, was der Hauptgrund ist, warum Unternehmer scheitern? (Die Überschrift sollte helfen.) Es ist nicht das falsche Produkt oder die fehlende Finanzierung. Nein, nach meiner subjektiven Erfahrung ist es die Vermarktung, der Vertrieb der eigenen Produkte. Wenn junge Unternehmer oft eines nicht können, ist das Vertrieb. Aber auch viele alteingesessene Unternehmer haben damit Schwierigkeiten. „Wir haben eine Facebook-Seite und machen Google AdWords." Ja, und jetzt? Dann kommen Kunden? Entschuldige meine harten Worte, aber wenn du wirklich erfolgreich sein willst, musst du Klinken putzen und da hat niemand Lust zu. Das ist ein bisschen wie damals Hausaufgaben machen. Erstmal räumt man das Zimmer auf und sortiert die Unterlagen, bevor man – wenn überhaupt – anfängt. Leider kannst du beim Vertrieb nicht abschreiben. Sei also ehrlich zu dir selbst: Kannst du das? Wenn nicht, dann hol' dir Hilfe und entwickle einen wirklichen Vertriebsplan.

VERTRIEB

In der Marketing Kickbox findest du ein umfangreiches Video (Laufzeit über 1 Stunde) zum Thema Vertrieb. Ich zeige dir meine besten Vertriebstipps und konkrete Aktionen, die du direkt anwenden kannst.

Umfangreiches Video zu diesem Thema in der Marketing Kickbox:
www.marketing-kickbox.de

MARC GALAL

Experte für Persönlichkeitsentwicklung und Verkaufspsychologie

Eine kleine Geste, ein einzelnes Wort, eine gewisse Körperhaltung oder Mimik – es gibt so vieles, was uns in einem Gespräch mit Kunden, Mitarbeitern oder Vorgesetzten bewusst und unbewusst beeinflusst. NLP, also Neuro Linguistic Programing, beschäftigt sich u. a. mit diesen kleinen Kommunikationsnuancen. Nutze die folgenden sieben NLP-Tricks für deinen Business-Erfolg:

#1: Jemand sucht Streit oder ist wütend? Stelle dich neben ihn anstatt direkt vor ihn.
So wirkst du auf ihn weniger bedrohlich oder gegnerisch und er beruhigt sich schneller.

#2: Du suchst Unterstützung? Beginne deinen Satz mit: „Ich brauche deine Hilfe."
Das direkte Ansprechen vergrößert deine Chance auf einen Gefallen, da es niemand mag, Schuldgefühle durch eine abgelehnte Hilfe zu

„ Nutze NLP für deinen Erfolg

EXPERTENTIPP

haben. Diese Wirkung wird auch „Benjamin-Franklin-Effekt" genannt.

#3: Du möchtest Zustimmung? Nicke, während du sprichst.
Dein Gegenüber wird aller Wahrscheinlichkeit ebenfalls nicken – und suggeriert sich damit unterbewusst, dass er dir zustimmt.

#4: Jemand mag dich nicht? Frage nach einem Stift.
Das ist ein sehr kleiner Gefallen, den niemand ausschlägt, der aber viel bewirkt. Dein Gegenüber wird sich sein Handeln unterbewusst rechtfertigen und dich anschließend lieber mögen.

#5: Du möchtest wissen, ob dein Gegenüber interessiert an deinem Projekt/Produkt etc. ist? Kratze dich am Ohr.
Kratze dich mitten im Gespräch am Ohr oder verschränke die Arme. Ist dein Gegenüber interessiert, wird er deine Bewegung unbewusst nachmachen.

#6: Du möchtest mehr wissen? Warte auf die volle Antwort.
Du stellst eine Frage, dein Gegenüber antwortet, doch da gibt es noch mehr, das er im letzten Moment wieder runterschluckt? Schau ihm weiter in die Augen und schweige einfach. Nach einer kurzen Zeit wird er dir auch den Rest erzählen.

#7: Etwas soll erledigt werden? Gib eine Wahl.
Du möchtest, dass jemand etwas erledigt, dieser ziert sich aber noch? Dann gib ihm eine Wahl zwischen zwei Aufgaben. So denkt er, dass er die Kontrolle hat und wird handeln.

III. Ab geht die Post | H. Mit der richtigen Taktik zum Vertriebsprofi

Vertrieb muss man lernen

Liebst du Kundengespräche und Vertrieb? Ja? Super. Leider geht es da den meisten anders. Jemand anders von den eigenen Leistungen zu überzeugen, ist nichts, was du in der Schule gelernt hast. Aber Vertrieb musst du lernen. Egal, wie selbstbewusst du bist. Es gibt so viele kleine Kniffe. Buch' dir am besten gleich ein Vertriebsseminar.

Das Problem beim Vertrieb ist meistens, dass wir viel zu viel reden und dann eher alles zerreden. Ich kann dir eins ganz ehrlich sagen, die wenigsten von uns sind gute Vertriebler. Wir haben es schlichtweg nicht mehr gelernt, Produkte verkaufen zu müssen. Das hat uns teilweise träge und zufrieden gemacht und hat uns die Energie genommen mit voller Motivation an ein Verkaufsgespräch ranzugehen.

ALESSANDRO PRINCIPE

High Price Closer & Experte für Hochpreisvertrieb

Verkaufen ist etwas Wunderschönes. Du hilfst Menschen dabei, die richtige Entscheidung zu treffen und somit einen besseren Zustand zu haben als vor dem Kauf. Sofern du hinter dem Produkt stehst, welches du verkaufst und hinter dir als Verkäufer mit dem Mindset, Menschen helfen zu wollen, stehst, dann musst du unbedingt Folgendes beachten. Um mehr Erfolg in deinen Verkaufsgesprächen zu haben, musst du aktiv zuhören.

Die meisten Verkäufer hören nur oberflächlich zu und interessieren sich nicht wirklich für ihr Gegenüber. So selbstverständlich es dir vorkommen mag, wirst du dich schon mal dabei erwischt haben, dass du nur oberflächlich zugehört hast und somit weniger relevante Informationen sammeln konntest. Um einen Menschen wirklich gut verstehen zu können und ihm dementsprechend dann ein Angebot auf dem Silbertablett liefern zu können, das er unbedingt kaufen möchte, musst du herausfinden, wo die aktuellen Herausforderungen sind. Du musst ein Problembewusstsein erwecken und einen

„
Du musst zuhören

EXPERTENTIPP

Wunschzustand visualisieren. Das machst du, indem du ganz simpel das hinterfragst, was dein Gesprächspartner dir da so erzählt, bevor du zu deiner nächsten Frage gehst. Das wirkt für dein Gegenüber nicht nur angenehm, sondern bringt dir die Informationen, die du benötigst, um den Wunsch des Gesprächspartners herauszubekommen und ihm genau diese Transformation „vom Problemzustand zum Wunschzustand" zu verkaufen.

Hör auf so viel über dich zu erzählen und interessiere dich mehr für dein Gegenüber. Das tust du, indem du mehr fragst als zu erzählen. Er wird dir mit simplen Fragen wie zum Beispiel „Welche Herausforderungen hast du denn genau?" oder „Wie sieht dein Idealzustand aus?" verraten, wo sein Problem liegt und was er sich wünscht. Gehe dann unbedingt kurz darauf ein. Das ist wichtig.

Genau diese Punkte kannst du dann in deine Produktpräsentation einbringen. Überlege doch mal, wann du dich in Gesprächen, in denen dir etwas verkauft wurde, wohlgefühlt hast. In den Gesprächen, wo jemand eine Frage nach der anderen gestellt hat, oder auf die Dinge, die du erzählt hast, kurz eingegangen ist und dir somit signalisiert hat, dass er deine Information notiert hat, um diese zu verwerten und dir somit gefühlt genau das verkauft hat, was du gesucht hast. In dem Moment, wo du das tust, wirst du wirklich das Gefühl wecken, Mehrwert bieten zu wollen und Probleme zu lösen. Somit wirst du ein problemlösendes Produkt bieten können, das dein Gegenüber lieben wird. Menschen hassen es, etwas verkauft zu bekommen, doch sie lieben es, zu kaufen.

Wenn du einem Kunden einen Preis nennst, fang nicht direkt an, den zu rechtfertigen, sondern gib dem Kunden die Möglichkeit darüber nachzudenken. Stille ist nicht zwangsläufig schlecht. Hier kannst du dir auch die ersten beiden Punkte meiner Liste zunutze mache. Stelle heraus, was dein Produkt für den Kunden bringt und warum er ohne es nicht mehr leben kann. Nach meiner Erfahrung gibt es drei Typen:

- Menschen, die Vertrieb nicht können
- Menschen, die Vertrieb nicht können, aber selbst denken, dass sie ihn können
- Menschen, die Vertrieb können

Nach meiner Erfahrung gehören die wenigsten in Gruppe Nummer 3. Am gefährlichsten sind die in Gruppe 2 – wie immer im Leben. Es gibt eine Menge guter Vertriebstrainer und Schulungen, wo du genau dieses Rüstzeug lernst und dich damit zu einem guten Vertriebler schulen lassen kannst. Oder du stellst gleich jemanden an, wenn du das nötige Kleingeld dafür hast. Nur eines: Wenn du es nicht kannst, dann sei ehrlich und lass es. Ich weiß, das klingt hart. Aber der Vertrieb ist die wichtigste Tätigkeit eines Unternehmens und sollte daher in die Hand von Experten gegeben werden.

MEIN TIPP

Die Kunden merken sofort den Unterschied, wenn du Spaß am Verkaufen hast. Wenn du deinen Kunden mit Begeisterung und Leidenschaft gegenüberstehst, bleibst du ihnen positiv in Erinnerung und kannst bessere Vertriebsergebnisse verbuchen. Kein schlechtes Ergebnis, oder?

Wie Speed-Dating dir bei der Kundengewinnung hilft

Warst du schon mal beim Speed-Dating? Also bei einem richtigen, wo man den Partner fürs Leben kennenlernen kann oder zumindest den fürs Wochenende? Ich glaube es passieren da ein paar lustige Dinge, nicht nur weil Menschen sehr verschieden sind, sondern auch weil es einfach verrückte Leute da draußen gibt. Wie viele Leute lernt man denn eigentlich an so einem Speed-Dating-Abend kennen?

Ich meine das kann sich doch keiner alles merken. Dann sitze ich also da und Monica, Theresa, Sarah und Anna kommen zu mir an den Tisch und ich sitze da ganz locker in meinem Ledersessel und gebe allen die Chance, mich von sich zu überzeugen. Ich muss natürlich nicht überzeugen, ist ja klar, aber jede der Teilnehmerinnen bekommt zehn Minuten Zeit zur persönlichen Vorstellung bei Felix Thönnessen. (Vielleicht nennt man das aber auch eher Casting.) Dann kann ich mir spätestens nach der dritten Person sicher nicht mehr alles merken und schmeiße Informationen durcheinander. (Ja, das hat eine Menge mit Kundengewinnung zu tun.)

Nein, mal ehrlich, wie funktioniert das wirklich? Man hat sicher nur ein paar Minuten Zeit, den anderen kennenzulernen, und ich muss wie in einem Pitch von mir und meinen Vorzügen (Stichwort: Mehrwert) überzeugen. Ich würde das ziemlich rational aufziehen und ein Konzept für meine Präsentation erstellen und dann super vorbereitet in den Kampf ziehen. Zunächst würde ich also eine Konkurrenzanalyse machen und mir die Mitbewerber im Raum genau anschauen und ein Benchmarking durchführen. Aber die Zielgruppe muss ich natürlich auch näher betrachten. Eigentlich fast wie bei einem Marketingkonzept, oder?

ALEKSANDER OSTOJIC

Der Closing-Experte

Leider verstehen die meisten Unternehmer nicht, wie wichtig das Prinzip der Dringlichkeit ist. Stattdessen akzeptieren sie die Einwände der Kunden, wenn sie meinen, dass sie es sich nochmal überlegen müssten. Sie denken: „Was ist denn dabei? Der Kunde kann das Angebot doch morgen in Anspruch nehmen." Nun, die Wahrheit ist, dass die meisten Kunden eben nicht mehr wiederkommen. Der Verlust im Umsatz ist gewaltig, und die meisten Verkäufer reden sich das schön.

Wenn der Kunde ohne eine Entscheidung den Laden verlässt oder aus dem Termin geht, warst du nicht gut genug, um ihn zu einer Entscheidung zu bewegen. Du musst in einem Verkaufsprozess und Verkaufsgespräch die Dringlichkeit in den Vordergrund rücken. Die Marketingindustrie hat das schon vor Jahren erkannt und nutzt das Prinzip der Dringlichkeit auf mehreren Ebenen. „Limitiert auf die ersten …" oder „Nur noch 3 Stück auf Lager" – diese und ähnliche Informationen an die

„

Ohne Dringlichkeit – kein Abschluss im Verkauf

EXPERTENTIPP

Kunden eignen sich oftmals gut, um den letzten notwendigen Impuls zu einem Kauf zu geben. Die Dringlichkeit eines Kaufs zu steigern, etwa mit Hinweisen auf eine begrenzte Anzahl des vom Kunden favorisierten Produkts oder die zeitliche Befristung eines Angebots, ist ganzjährig eine gute Strategie für Onlineshops.

Beispiele für Dringlichkeit im Verkauf:

- Limitiert auf die ersten 50 Interessenten!
- Zwei zum Preis von einem!
- Countdown:
  Nur noch bis zum …!

Mithilfe einer Bedarfsanalyse musst du herausfinden, was der Kunde wirklich möchte und wie du die Dringlichkeit aufbauen kannst. Denn vor allem in der Phase des Abschlusses wirst du ohne Dringlichkeit in der Regel scheitern. Wenn das Problem deines Kunden bekannt ist, kannst du eine passende Lösung suchen und ihm diese dann auch anbieten. Denn deine Aufgabe ist es, das Problem zu lösen. Die wohl größte Herausforderung für dich besteht darin, durch die Bedarfsanalyse das WARUM deines Kunden zu finden. Stelle Fragen wie:

1. Warum möchtest du eine …?
2. Was genau ist dir bei dem Produkt XY besonders wichtig?
3. Welche Probleme soll das Produkt XY denn für dich lösen?
4. Was könnte im schlimmsten Fall passieren, wenn du das Produkt XY nicht hättest?

Merk dir also: Finde das WARUM deines Kunden heraus. Löse mit deinem Produkt oder deiner Dienstleistung das Problem deines Kunden. Wiederhole die Probleme in deiner eigenen Sprache, vermittle den Wert deines Produkts und führe das Ganze zum Abschluss.

Also, man muss sich irgendwie interessant machen – also mehr bieten als nur Name, Hobbys und Informationen zum Wohnort. Ich würde wahrscheinlich eine Geschichte erzählen, die interessant ist – Stichwort: Storytelling.

Was das mit Vertrieb zu tun hat? Nun, wenn du deine Produkte vor Kunden vorstellen willst, solltest du dir genau diese Gedanken machen. Wer sitzt dir da gegenüber und wie kannst du diese Person überzeugen, deine Produkte zu kaufen? Auch solltest du dir überlegen, wer da noch im Markt fischt und wie du es schaffst, dich und deine Leistungen von den anderen abzuheben.

Zu guter Letzt solltest du eine Taktik entwickeln und das ist mehr als das Aneinanderreihen von Folien, sondern einen wirklicher Schlachtplan, wie du zu dem Ergebnis kommst, das du verfolgst. Speed-Dating ist also ein perfektes Äquivalent für deine Kundengewinnung.

i. Pitchen

In den letzten zwölf Jahren habe ich über 500 Pitches von Start-ups, Gründern und Unternehmern gesehen. Ich glaube vom Totalausfall bis zur Gänsehaut war alles dabei. Von der totalen Ektase bis zur vollen Ernüchterung – Pitchen ist die Königsdisziplin, seine eigene Idee zu präsentieren. Meine Erfahrung aus den vielen Jahren habe ich dir hier zusammengetragen. Nein, das ist nicht richtig. Ich habe genau aufgeschrieben, worauf es wirklich ankommt. Nimmst du dir das zu Herzen und arbeitest diese Liste wirklich ab, dann kommst du deinem Ziel ein großes Stück näher. Also, auf in den Kampf – der Schlachtplan steht. Wofür du das können musst? Nun, du willst doch in einem Gespräch den Gegenüber von dir und deinen Leistungen überzeugen, oder? Na dann, auf geht's.

Zeit ist endlich

Wenn du pitchst, egal vor wem, hast du meist eine begrenzte Menge an Zeit zur Verfügung. Mal drei Minuten, mal sieben oder auch mal dreißig Sekunden. Überlege dir also vorher genau, wie du diese Zeit nutzen willst. Dabei solltest du die Zeit nicht auf alle möglichen Themen gleichmäßig verteilen, sondern dir für Themen, die für deinen Zuhörer interessant sind, mehr Zeit nehmen. Willst du deinen Schwerpunkt auf die Vorteile deines Produkts oder doch die Zusammensetzung des Unternehmens legen? Die Entscheidung musst du vorher treffen und dann entsprechend handeln.

WORKSHEET „MINI-PITCH"

In 30 Sekunden zum Punkt kommen: In 30 Sekunden erzählen wer du bist und was du machst? Kein Problem mit dem Mini-Pitch. Dieses Worksheet hilft dir dabei, dich darauf vorzubereiten.

Alle Worksheets: www.marketing-kickbox.de

Wer sitzt da überhaupt

Die meisten Unternehmer pitchen gleich, egal wer ihnen gegenüber steht oder sitzt. Das ist ein großer Fehler. Stell dir vor, du würdest jede Person gleich ansprechen, keine gute Taktik. Mach dir vorher Gedanken, mit wem du sprichst, und informier dich genau über den jeweiligen Hintergrund der Person. Natürlich kannst du das bei 500 Menschen bei einer Veranstaltung nicht machen, aber bei einigen wenigen ausgewählten absolut. Spiel also vorher Detektiv – hinterher ist leider zu spät.

Und wer bist du eigentlich?

Die Menschen wissen gerne, wer vor ihnen steht. Dabei geht es aber nicht um Titel oder darum, wie viel du schon erreicht hast, sondern um die persönlichen Fakten, die man nicht im Internet findet. Keine Sorge, du musst keine Geheimnisse erzählen, aber lass es zu, dass dein Gegenüber dich kennenlernt und schaffe so Persönlichkeit. (Wenn du aber Geheimnisse erzählen willst, sprich wenigstens leise.)

Slides, Slides, Slides

Ich bin ja ein kleiner Grafikjunkie. Deswegen finde ich es auch so wichtig, Slides zu bauen, die wirklich etwas hermachen. Wenn du das nur so ein wenig kannst, dann lass es bitte jemand anders tun. Ich fange auch nicht an, Hemden zu schneidern, nur weil ich davon welche zuhause habe. (Natürlich gilt das nicht für eine klassische Veranstaltung, sondern dann, wenn du zu einem wirklichen Meeting geladen bist.)

Hier gilt der einfache Satz: „Das Auge isst mit." Folien, die mit Text überladen oder mit dem x-ten Stockbild gefüllt sind, kann ich persönlich nicht mehr sehen. Deine Folien sollen doch schließlich nicht von dem, was du sagst, ablenken, sondern deine Worte unterstützen. Wichtig: Die Slides begleiten deine Worte und nicht umgekehrt. Bitte dringend notieren.

MEIN TIPP

Nutze doch mal andere Tools, um Slides zu bauen, anstatt nur PowerPoint. Mit beautiful.ai oder Canva kannst du auch echt tolle Folien bauen, die richtig nach was aussehen. So machst du einen entsprechend professionellen Eindruck und vermittelst Kompetenz.

Märchenstunde

Mit der Überschrift meine ich nicht, dass du irgendwas Unwahres erzählen sollst. Vielmehr geht es darum, deinen Gesprächspartner mit auf eine Reise zu nehmen. Hiermit meine ich in erster Linie eine nachvollziehbare Geschichte. Eine Geschichte, die sich durch deine Präsentation zieht und der man gebannt folgt. Nur so sorgst du für dauerhafte Aufmerksamkeit. Ich bin mir bewusst, dass das nicht einfach ist. Aber die Arbeit lohnt sich. Ein großes Ganzes bleibt besser im Kopf als viele kleine Bruchstücke.

Call-to-Action

Nicht nur im Online-Marketing, sondern vor allem beim Pitchen ist der Call-to-Action ein wichtiger Punkt – gerade am Ende deiner Präsentation. (Also eine Aufforderung an den Leser, Besucher etwas Konkretes zu tun.) Das bedeutet konkret: Fordere deine Hörer am Ende zu einer konkreten Handlung auf. Was das sein kann? Natürlich in erster Linie der Kauf deines Produkts, aber du kannst dir selber auch Zwischenziele festlegen, wie etwa ein Anschlussgespräch.

Emotionalisiere

Mal ganz ehrlich, schaust du lieber einen guten Film an oder hörst du dir lieber Statistiken über einen Markt an? Natürlich musst du gewisse Informationen transportieren, was aber nicht bedeutet, dass du diese trocken und wie ein BWL-Student rüberbringen musst. Sorge während des Gesprächs für Emotionen beim Publikum – Möglichkeiten dazu gibt es genügend. Ob du nun deinen Gesprächspartner zum Lachen bringst, mit einem provokanten Statement beginnst oder die unbedingte Notwendigkeit deines Produkts bildhaft beschreibst – nutze Emotionen zur Überzeugung.

Auf den Punkt oder daneben

Versuch mal dein Produkt, dich und die Vorteile deines Vorhabens in 30 Sekunden zu beschreiben – ich nenne das den Mini-Pitch.

> Den Mini-Pitch sollte jeder Unternehmer perfekt beherrschen.

Dabei solltest du versuchen, auf den Punkt zu kommen und dich auf das Wesentliche zu konzentrieren. Manche sagen dazu auch Elevator Pitch, weil die genannten 30 Sekunden ungefähr der Dauer einer Aufzugsfahrt entsprechen und diese früher von amerikanischen Vertrieblern genutzt wurden, um ihre Produkte zu verkaufen.

Überlege dir genau, welches Wissen du als gegeben voraussetzen kannst und wo du mehr Informationen liefern musst. Sprich einfach vorher mit Menschen, die dein Produkt nicht kennen, um herauszufinden, wo du Hilfestellungen geben musst. Nichts ist schlimmer als ein Pitch, an dessen Ende niemand das Produkt versteht. Und glaub mir, das passiert häufiger als du denkst.

Damit du deinen vorbereiteten Mini-Pitch auch perfekt zur Geltung bringen kannst, ist es super wichtig, dass du ihn wirklich, wirklich drauf hast. Man muss dich nachts um drei Uhr wecken können und er sitzt trotzdem wie eine Eins.

MEIN TIPP

Wenige Sätze helfen dir nicht nur, auf den Punkt zu kommen. Es ist auch extrem hilfreich, wenn es um andere geht, die vielleicht von dir und deinem Produkt erzählen wollen. Wenn sie genau wissen, worum es geht, können sie das auch in deinem Sinne weitergeben. Du kannst das Ganze auch auf einen Satz runterbrechen und mit deiner Instagram-Bio testen. Aufgrund der Zeichenbegrenzung dort musst du auf den Punkt kommen und genau sagen können, wer du bist, was du machst und was du tust, um welches Problem zu lösen. Meiner:

Du suchst Kunden und willst dich als Unternehmer abheben? Nach über zehn Jahren weiß ich, worauf es ankommt, wenn du dein Business aus- oder aufbauen willst. Nenn mich Coach, Mentor oder Trainer, dein Erfolg ist meine Aufgabe. Ach, übrigens ich heiße Felix.

Wähle deine Worte weise

Du kennst doch den berühmten Satz:

> Es zählt nicht, was du sagst, sondern wie du es sagst.

Das zählt auch beim Pitchen. Dafür musst du vorher nicht in eine Sprachschule gehen, aber mach dir Gedanken, welche Passagen du besonders betonen willst und wie du dafür sorgst, dass deine Stimme und die Tonwahl dafür sorgen, dass jeder an deinen Lippen hängt. Auch das Einsetzen von Pausen kann beim Verarbeiten des Gesprochenen super helfen. Natürlich ist deine Zeit begrenzt, aber lieber die wichtigen Dinge richtig sagen, als alles falsch, oder?

Man sieht nur dich

Du stehst im Mittelpunkt des Geschehens. Und ja, das ist nervenaufreibend, aber eben auch eine wahnsinnige Chance. Neben dem, was ich dir schon gesagt habe, spielt auch dein ganzes Auftreten eine große Rolle. Dazu gehört etwa deine persönliche Mimik und Gestik. Ja, alles schon 100 Mal gehört. Aber ein Lächeln beim Pitchen oder die unterstützende Bewegung deiner Hände können Wunder bewirken. Überleg dir, an welchen Stellen solche Dinge Sinn machen und wo nicht. Wildes Rumzappeln mag ja schließlich auch niemand. Bei einem guten Pitch beantwortest du in erster Linie nicht „Was sage ich?", sondern „Wie präsentiere ich?". Die Körpersprache ist sehr wichtig und bildet den Rahmen für deinen Pitch, der Inhalt ist dann zweitranging. Kleidung hat einen großen Effekt auf die wahrgenommene Kompetenz. Kleider machen Leute.

Übung macht den ...

Jeder pitcht irgendwann das erste Mal. So wie ich irgendwann das erste Mal als Keynote Speaker auf der Bühne gestanden habe. Und es ist völlig normal, dass dann nicht alles direkt klappt. Warum lässt du dein erstes Mal dann nicht gleich zu Hause sein? Ich empfehle jedem, den eigenen Pitch oft, sehr oft, zu Hause oder vor Freunden zu trainieren. Du wirst merken, dass du jedes Mal besser wirst und wenn es dann um die Wurst geht, wirst du glänzen.

Feuer entfachen

Der nächste Punkt ist für mich persönlich der Wichtigste. Ich spüre sofort, ob jemand für seine Idee oder sein Produkt brennt. Das tut doch jeder? Wie kannst du dieses Feuer auf dein Gegenüber übertragen? Egal, ob mit Worten, Gesten oder bestimmten anderen Aktionen, versuche einen Flächenbrand zu erzeugen, sodass am Ende jeder über deinen Pitch und dein Vorhaben spricht.

STEFFEN KIRCHNER

Motivationsexperte & Erfolgstrainer

Die für mich wichtigste Marketingfrage ist immer: Was will mein Kunde wirklich? Was ist das „Produkt hinter dem Produkt"? Menschen suchen im Kern niemals nur Produkte oder Dienstleistungen, sondern vielmehr eine bestimmte Emotion. Unser tiefster Antrieb im Leben ist, unsere Gefühle zu optimieren. Daher frage ich mich: Welches der sechs emotionalen Grundbedürfnisse muss ich beim Gegenüber sofort ansprechen, damit er sich für mein Angebot öffnet? Diese sechs Hauptmotivationen sind:

1. Sicherheit,
2. Abwechslung,
3. Wachstum/Erfolg,
4. Bedeutsamkeit,
5. Verbundenheit/Liebe,
6. Mitwirkung.

Ein Beispiel dazu: Die ersten Jahre meiner Karriere als Vortragsredner hatte ich nur schleppende Umsätze mit wenig Steigerung. Ich war zwar bereits Topexperte für Themen wie mentale Stärke und Motivation, doch ich verstand meine Kunden nicht.

,,
Die zwei wichtigsten Fragen im Marketing

EXPERTENTIPP

Meine Kunden sind Entscheider in Unternehmen, die Vortragsredner für ihre Mitarbeiter- und Kundenveranstaltungen buchen. Ich dachte, ich müsste dem Entscheider erklären, wie man durch mein Know-how erfolgreicher und leistungsfähiger würde. Doch das war nicht sein Primärmotiv. Sein Grundbedürfnis war nicht der Wunsch nach mehr Erfolg, sondern vielmehr erstmal nach Sicherheit. Denn es gibt nichts Schlimmeres, als einen schlechten und langweiligen Redner für seine Veranstaltung zu buchen, der die Laune des Publikums trübt und obendrein noch viel Geld kostet. Als ich das verstand, stellte ich meine komplette Marketing- und Kommunikationsstrategie auf die Vermittlung von „Sicherheit" um. Wir gaben dem Kunden nun die sofortige Gewissheit, dass er mit einer Buchung eine Garantie auf eine einmalig gelungene Veranstaltung hat, an die sich die Zuhörer noch Jahre später mit Begeisterung erinnern werden, ganz egal, welche schweren Themen schon vor meinem Vortrag durchgekaut wurden. Dieses Nutzenversprechen war der Game Changer und erhöhte meinen Umsatz innerhalb von einem Jahr um über 200 %. Ich habe gelernt: Wenn du deinen Kunden auf emotionaler Ebene nicht verstehst und ihm somit auch nicht geben kannst, was er sucht, kann er andersherum auch dir nicht geben, was du suchst.

Die zwei wichtigsten Marketingfragen sind somit:

1. Was ist das „Produkt" hinter dem Produkt, das der Kunde in Wahrheit sucht?

2. Was kann ich meinem Kunden bieten, dass er nicht googeln kann (Menschen suchen in Wahrheit nicht nach Wissen oder Produkten, sondern nach Gefühlen und Erlebnissen. Sei nicht austauschbar und stell dich selbst nicht in Konkurrenz zu Maschinen. Biete etwas, was Maschinen/Roboter nicht können.)

ii. Verhandlung

Wie viele Gespräche führst du so pro Tag? Wie viele Gespräche laufen so ab, wie du es dir vorgenommen hast? Sicher nicht alle, vielleicht einige, aber eventuell auch nur ein paar. Woran liegt das eigentlich? Nun, vielleicht daran, wie du mit dem Gegenüber kommunizierst. Ich gebe dir hier mal meine Top 7 für eine gelungene Kommunikation in einer Verhandlungssituation:

1. Kommuniziere empfängergerecht.
Versuch deinen Gesprächspartner einzuschätzen. Möchte er Argumente oder Fakten hören oder ist dein Gegenüber eher mit emotionalen Inhalten zu überzeugen?

2. Konzentriere dich auf das Gespräch.
Sei ein aufmerksamer Zuhörer. Dein Gesprächspartner merkt, ob du ihm Aufmerksamkeit schenkst oder nicht. Ich liebe Leute, die parallel mit dem Handy spielen.

3. Stelle offene Fragen.
Offene Fragen laden dein Gegenüber ein, etwas über sich zu erzählen oder seine Meinung kundzutun. Das bietet Anknüpfungsmöglichkeiten für das weitere Gespräch – sollte doch in deinem Interesse sein, oder?

4. Formuliere kurz, klar und knackig.
Umhülle deine Kernbotschaften nicht mit Unwichtigem. Konzentriere dich auf die wesentliche Botschaft, die du vermitteln willst, die du natürlich kennen solltest.

5. Achte auf deine Körpersprache.
Eine aufrechte, deinem Gesprächspartner zugewandte Körperhaltung signalisiert Aufmerksamkeit. Bitte sitz nicht wie ein nasser Sack im Stuhl.

6. Behalte dein Ziel im Auge.
Das Ziel deines Gesprächs ist der Leitfaden und den solltest du nicht aus den Augen verlieren. Überprüfe regelmäßig, ob das Gespräch noch in die richtige Richtung läuft. Das Ziel solltest du vorher natürlich festlegen.

7. Unterbrich höflich.
Sollte dein Gesprächspartner keinen Raum zum Antworten lassen, weise ihn höflich darauf hin. Manche Menschen hören sich eben besonders gern zu.

Als kleiner Bonus:
„Unser Produkt kostet so viel, weil es wirklich toll ist." Fang gar nicht an, dich zu rechtfertigen, dass deine Leistung einen bestimmten Preis wert ist. Wenn du nicht davon überzeugt bist, dann sind es deine potenziellen Kunden auch nicht. Früher wurde alkoholfreies Bier vermarktet mit: „Schmeckt trotzdem". Obwohl kein Alkohol drin ist, schmeckt es also? Was für Unsinn. Bier ohne Alkohol ist gesünder, schmeckt teilweise wesentlich besser und hat andere 100 Vorteile gegenüber alkoholhaltigem Bier. Warum also die Vorteile nicht in den Vordergrund stellen, statt sich für die falschen Punkte zu entschuldigen? Genau in dem Moment, in dem du deinen Preis mitteilst, solltest du übrigens selbstbewusst wirken – Schwächen nutzt dein Kunde aus.

ALEXANDER ELLMER

Kommunikationsexperte

Je schlagfertiger wir sind, desto selbstbewusster wirken wir. Wenn wir auf Kritik oder einen Angriff keine Antwort wissen, wirkt das unsicher, eingeschüchtert und verängstigt. Selbstbewusste Kommunikation: Du bist durch nichts aus der Ruhe zu bringen, reagierst souverän und humorvoll, schlägst dein Gegenüber verbal k.o. oder ziehst ihn durch Charme und Witz auf deine Seite. Kritikfähigkeit gehört zur Schlagfertigkeit dazu. Mach dir jedoch bitte bewusst, dass man auch mal Situationen erlebt, in denen man nicht schlagfertig ist. Das passiert jedem – und ist absolut menschlich. Mit Schlagfertigkeit meint man die Fähigkeit, spontan und unter Umständen humorvoll auf eine Aussage zu reagieren. Sie ist die optimale Möglichkeit, ein Thema zu beenden oder auch ein neues Thema zu eröffnen. Große Könner des schlagfertigen Redens sind imstande, Argumente geschickt einzubauen. Insbesondere im Business, im Sales und auch in der Preisverhandlung können wir durch Schlagfertigkeit deutlich bessere Ergebnisse liefern.

So wirst du schlagfertig

EXPERTENTIPP

Das Beruhigende: Schlagfertigkeit kann man trainieren. Nimm zum Üben Menschen in deinem Umfeld, wie deine Arbeitskollegen, bekannte Unternehmer oder Freunde, mit denen du verschiedene Diskussionen erlebst. Oft erlebt man die Situation, dass man erst im Nachgang eine Idee hat, was man hätte sagen können. Sehr gut.

Tipp: Schreib dir das stets auf, denn so trainierst du dein Unterbewusstsein auf die Schlagfertigkeit.

Ich möchte dir mit diesem Marketingtipp meine bevorzugte Variante beibringen, wie ich Schlagfertigkeit an den Tag lege. Ich bediene mich hierbei der „Hinterfragentechnik", da sie Hand in Hand mit der Fähigkeit verläuft, professionell und souverän mit Kritik umzugehen. Bei der Zustimmungstaktik nimmst du den Angriff deines Gegenübers auf und zeigst deinen Standpunkt, indem du hinterfragst. Das Prinzip ist die vereinfachte Form des Kritikreagierens. Stimme zu, verteile ein Wort der persönlichen Anerkennung und hinterfrage die Aussage.

Beispiel der Situation: Du erstellst für deinen Kunden (m/w/d) ein Angebot und das ist ihm zu teuer – er/sie wird dann anmerken, dass ihm das Angebot nicht zusagt. Hierbei könntest du nun betroffen die Worte an dich nehmen – oder du konterst entspannt:

„Hey, ich freue mich sehr, dass du mir so offen sagst. Damit ich dich besser verstehen kann: Wie genau meinst du das?"

Mit dieser einfachen und universellen Frage können wir auf jede erdenkbare Situation reagieren – und unser Gesprächspartner muss den Ball annehmen. Er/Sie ist gezwungen, seine/ihre Aussage zu konkretisieren, sofern das möglich ist und es nicht nur eine haltlose Angriffswortspielerei war.

iii. Kundenkommunikation

Viele Unternehmer und Gründer stellen 100 Vorteile ihrer Produkte in den Vordergrund in der Hoffnung, dass einer dieser Vorteile zieht und der Kunde zugreift. Das ist leider die falsche Taktik, denn die Konsumenten schauen sich Produkte meist nur kurz an. Such also die Vorteile heraus, die für deine Kunden wirklich erheblich sind und kommuniziere diese immer und immer wieder. Dafür musst du diese sogenannten erheblichen Vorteile natürlich kennen. Vielleicht verbindet dein Kunde mit deinem Produkt etwas ganz anderes, als du denkst.

> Du solltest Kundenvorteile kommunizieren und keine Leistungsmerkmale.

Ein Stift mit ergonomischem Griff kaufe ich, weil ich ihn besser halten und damit sauberer schreiben kann, und nicht, weil der Griff ergonomisch ist, oder?

> Prahle, aber bitte richtig.

Wenn du erfolgreich bist, dann lass es die Welt wissen. Aber so, dass die Welt auch was davon hat. Auch hier musst du den Mehrwert für deine Kunden in den Vordergrund stellen. Wie das geht? Nun, wenn du einen großen Auftrag abgeschlossen oder einen weiteren Mitarbeiter eingestellt hast, verbinde das mit einem kurzfristigen Angebot für deine Zielgruppe. So bleibt dein Erfolg viel länger im Kopf hängen. Wenn du es noch ein bisschen persönlicher magst, kannst du das auch gleich mit deinem Geburtstag verbinden. Lade deine Kunden zu einer kostenlosen Testversion ein oder packe ein Goodie oben drauf. Das schafft Persönlichkeit und schafft langfristig Vertrauen in dich und deine Leistung.

> „Wat de buer nich kennt, dat frett he nich."

Das ist eines meiner Lieblingssprichwörter, weil es perfekt zu deinem Marketing passt. Du verlangst von potenziellen Kunden, deine Produkte zu kaufen, obwohl sie diese weder kennen noch jemals getestet haben. Würdest du das machen? Genau diese Kaufbarrieren musst du deinen Käufern nehmen und ihnen das Gefühl geben, eben kein Risiko einzugehen. Wie das geht?

Arbeite mit passenden Referenzen von anderen Kunden. Damit meine ich nicht einen Satz, dass du toll bist, sondern eine Geschichte, wie du oder deine Leistung helfen konnten. Such dir Siegel, die zu deiner Leistung passen, und lass dein Produkt von einer unabhängigen Stelle bewerten. So gibst du dem Kunden ein gutes Gefühl. Wenn das noch nicht reicht, biete eben eine Geld-zurück- oder Zufriedenheitsgarantie an. Die Möglichkeiten sind unendlich, nutze sie.

> Laufe den Kunden nicht hinterher.

III. Ab geht die Post | H. Mit der richtigen Taktik zum Vertriebsprofi

Wie oft bekomme ich Angebote per Telefon, E-Mail oder auf Empfehlung und wie selten nehme ich einen dieser Dienstleister in Anspruch? Aber seien wir mal ehrlich: Wer Ressourcen frei hat, wird von keinem Unternehmen oder keiner anderen Person zu dem Zeitpunkt gebucht und ist dann auch nicht so gut wie ein anderer – zumindest nicht so beliebt. Gib deinen potenziellen Kunden das Gefühl, dass du begehrt bist und auch andere deine Leistung in Anspruch nehmen wollen. Schau dir doch mal klassische Hotelbuchungsseiten an. „Heute schon dreimal gebucht", „Wird gerade von fünf anderen Personen angesehen", „sehr beliebt". All das gibt dir das Gefühl, dass andere dir eventuell deinen Dienstleister wegnehmen. Ganz simpel: Wenn ich im Laden stehe, ganz allein, habe ich dann das Gefühl die Klamotten wären hip?

MARTIN LIMBECK

unterstützt Unternehmen, ihre B2B-Vertriebsperformance zu steigern – Sales Results – nachhaltige Blended-Learning-Konzepte – Bestsellerautor

EXPERTENTIPP

Ein guter Verkäufer ist in Zeiten des Internets nicht weniger, sondern mehr wert als früher. Umso wichtiger ist es, dass du ein guter Verkäufer wirst und bleibst: Deine Kunden sind heute aufgeklärter und mündiger. Deshalb musst du sie noch besser durch den Verkaufsprozess führen, damit deine Kunden sich für dich, deine Angebote, deine Dienstleistungen entscheiden können. Im Verkauf fressen nicht die Großen die Kleinen. Sondern die Schnellen fressen die Langsamen. Und die Fleißigen die Faulen. Gerade wenn du meinst, schon vorab zu wissen, was dieser Kunde will, dann konzentriere dich besonders gut auf das Hinhören, denn in solchen Situationen driften deine Gedanken noch leichter weg vom Kunden hin zum Angebot. Das ist an dieser Stelle der Verkaufskiller Nr. 1. Je konkreter und genauer du deine Fragen stellst, desto klarer wird dein Bild von dem Kunden und seinem Bedürfnis. Sorge mithilfe des Storytellings dafür, dass im Kopfkino des Kunden eher seine eigenen Bilder auftauchen und keine von dir vor produzierten.

„" Verkaufen in digitalen Zeiten

Der Nichtkunde

Der Nichtkunde ist ein super hilfreicher Faktor, wenn es um deine Vertriebstaktik geht. Denn wenn du dich ausführlich mit deinem Nichtkunden auseinandergesetzt hast, bist du für jede Verhandlung perfekt vorbereitet. (Ich weiß, zunächst klingt das ein wenig seltsam: Der Nichtkunde.)

Es geht darum zu überlegen, wer dein Nichtkunde ist und warum der- oder diejenige NICHT deine Produkte kauft. Diese Überlegungen sind die Grundlage, um für jeden Ein- und Vorwand (den Unterschied klären wir gleich), den jemand dir, deinem Produkt oder deinem Unternehmen gegenüber aufbringen könnte, gewappnet zu sein und so souverän argumentieren zu können und letztlich Nichtkunden zu Kunden zu machen.

WORKSHEET „EINWANDBEHANDLUNG"

Nichtkunden überzeugen: Nichtkunden sind für mich die spannendsten Kunden. Man lernt durch sie sehr viel über seine eigenen Produkte und über Verhandlung. Mit Hilfe dieses Worksheets kannst du dich auf mögliche Einwände vorbereiten.

Alle Worksheets: www.marketing-kickbox.de

Zunächst einmal wird im Vertrieb zwischen Einwand und Vorwand unterschieden. Es gibt Einwände, die berechtigt sind und bei denen jemand dir eine konkrete Ursache dafür nennen kann, warum er dein Produkt nicht kauft. Dann gibt es wiederum aber auch Vorwände, die meistens vorgeschobenen Gründe sind, da hat es meistens andere Hintergründe, warum jemand dein Produkt nicht kauft.

Um auf die Ein- und Vorwände deines Nichtkundens vorbereitet zu sein, musst du dir im ersten Schritt zunächst darüber im Klaren sein, wer dein Nichtkunde überhaupt ist. Das ist so ähnlich wie bei einer Zielgruppenanalyse.

Wer genau sind deine Nichtkunden?

Frage dich, was die Gründe sind, weswegen die Nichtkunden deine Produkte nicht kaufen. Diese Gründe sammelst du als Erstes. Sprich mit Nichtkunden, Kunden und schau auch in deinen eigenen Kopf.

Als zweiten Schritt schaust du dir die Nichtkunden etwas genauer an. Welche Gemeinsamkeiten gibt es bei den Menschen, die deine Produkte nicht kaufen? Lassen sich hier Verbindungen erkennen?

Abschließend nimmst du dir die Argumente der Nichtkunden und suchst Lösungen, wie du diese widerlegen kannst. Welche Gegenargumente kannst du vorlegen, um den Begründungen den Wind aus den Segeln zu nehmen? Was kannst du tun, um denjenigen trotzdem zum Kauf anregen? Hier ist es allerdings wichtig, zu unterscheiden, was wirkliche Gründe sind und was Ausreden sowie nur Vorwände sind. Das ist der entscheidende Punkt. Wenn du hier gut arbeitest, kannst du zukünftige Nichtkunden gleich vermeiden.

Ein Nichtkunde bei einem Fitnessstudio könnte beispielsweise den Grund nennen, der Mitgliedsbeitrag in dem jeweiligen Studio sei höher als bei einem anderen Fitnessstudio. Wenn das für ihn wirklich der Grund ist, weswegen das Fitnessstudio für ihn nicht infrage kommt (wenn es also ein Einwand ist), ist es deine Aufgabe, dir Gedanken zu machen, wie du denjenigen denn davon überzeugen kannst, dass dein Studio trotzdem die richtige Wahl ist. Du könntest zum Beispiel damit argumentieren, dass das Preis-Leistungs-Verhältnis besser ist als bei der Konkurrenz und dass somit das Produkt im Endeffekt besser und für den Kunden viel geeigneter ist. Eine zweite Möglichkeit wäre, explizit darauf einzugehen, etwa dem Kunden eine besondere Art der Bezahlung, einen Testmonat oder ähnliches anzubieten. Erst wenn das alles nicht hilft, kannst du darüber nachdenken, einen Rabatt zu geben oder mit dem Konkurrenzpreis gleichzuziehen.

Bei mir war das beispielsweise so, dass alle gesagt haben, ich wäre doch viel zu jung, um Vorträge zu halten oder um Gründer zu coachen. Also habe ich überall auf die Website geschrieben, dass ich Ende 30 bin. Hier ist aber ein Zwischenschritt notwendig. In meinem Fall haben die potenziellen Kunden gedacht, ich sei jünger. Mein reales Alter wäre kein Hindernis gewesen, aber sie dachten ich wäre Ende 20.

> **Du musst also den Argumenten der Nichtkunden wirklich auf den Grund gehen, um diese zu widerlegen.**

Ein weiterer Einwand, mit dem ich konfrontiert worden bin, ist, dass die Leute gedacht haben, ich könnte nur etwas über Start-ups erzählen. Daraufhin bin ich hingegangen und hab einen Vortrag konzipiert, in dem ich darüber spreche, was man von Start-up lernen kann. Das ist also für Gründer und Unternehmer interessant: „Start-up-Boosting – was du von erfolgreichen Start-ups lernen kannst." Auch hier gilt: Setz dich intensiv mit Einwänden auseinander – oberflächlich wird das nicht klappen.

> **MEIN TIPP**
>
> Manchmal musst du ein bisschen bohren, um herauszufinden, warum deine Nichtkunden deine Produkte nicht kaufen. Oftmals liegt es gar nicht daran, dass der Kunde etwas falsch versteht, sondern dass du es vielleicht falsch erklärt hast. Ich halte zum Beispiel meine Vorträge größtenteils vor großen Unternehmen und kommuniziere das entsprechend. Das heißt aber nicht, dass ich nicht auch vor Privatpersonen oder bei kleineren Veranstaltungen spreche. In diesem Fall habe ich es falsch erklärt und dem Nichtkunden einen Einwand geboten – den ich aber dann auch aus dem Weg geräumt habe. Höre genau hin, um herauszufinden, was die Nichtkunden stört und passe dein Angebot oder dein Wording entsprechend an – Flexibilität siegt.

Es gibt Fälle, da ist es gar nicht so leicht, auf den Einwand des Nichtkunden einzugehen, weil die gewünschte Anpassung deines Produkts nicht umgesetzt werden kann. Das ist besonders beim Thema Preis der Fall. Der Nichtkunde kann deinen geforderten Preis als zu hoch empfinden und dennoch ist es nicht immer die beste Option, den Preis zu senken, um den Einwand zu beseitigen. Hier könntest du dir überlegen, welche Alternativen es gibt, um ihn doch vom

III. Ab geht die Post | H. Mit der richtigen Taktik zum Vertriebsprofi

Kauf zu überzeugen. Könntest du vielleicht eine Geld-zurück-Garantie anbieten? Oder ist dein Produkt so hochpreisig, dass eine Ratenzahlung Sinn macht? Kannst du den Preis als Investition darstellen und so deinen Nichtkunden für das Produkt gewinnen? Oder ist es eine erfolgsversprechende Taktik, den Preis in Relation zu einem deutlich teureren Produkt zu stellen? Lösungen gibt es eine Menge. Du kannst hier auch verschiedene Möglichkeiten testen, um die beste für dich herauszufinden.

Viele Menschen tun sich schwer, bestimmte Produkte zu kaufen, obwohl sie das Produkt durchaus haben wollen. Die Gründe dafür sind oft triftig und teilweise so stark, dass es gar nicht zum Kauf kommt – Einwände also, die sie zu Nichtkunden machen. Die Unternehmer müssen in solchen Fällen genau verstehen, warum der Kunde trotz Begeisterung nur zögerlich kauft und wo die wahren Kaufbarrieren liegen.

Der Online-Sex-Shop www.eis.de hat dieses Problem in meinen Augen sehr gut gelöst. Wer Sexspielzeug im Internet kauft, hat nämlich oft Angst, dass das Paket in falsche Hände gerät. Doch wer am Liefertag nun mal nicht zu Hause ist, muss damit rechnen, dass die Ware beim Nachbarn oder im Büro abgegeben wird – inklusive eindeutigem Absender. Tante Erna von nebenan wüsste dann direkt Bescheid, was im Schlafzimmer ihres Nachbarn getrieben wird, und auch im Büro würde sicherlich geschmunzelt. Viele Käufer zieren sich deshalb grundsätzlich, Sexspielzeug online zu kaufen und bestellen im Zweifel lieber nicht.

Eis hat dieses Problem erkannt und eine ziemlich smarte Lösung gefunden. Wer im Netz bestellt, kann während des Bestellprozesses eine alternative Absenderadresse auswählen, die weitaus weniger entlarvend und beschämend ist. Zur Auswahl stehen etwa Unternehmen wie Druckerzuberhör24 oder ein Handyladen, bei denen Postboten und Nachbarn alles andere vermuten als Sexspielzeug. Die unbeabsichtigten Empfänger erfahren dadurch also nichts vom brisanten Inhalt – und die Käufer sind schon während des Bestellprozesses wesentlich entspannter.

> Für Unternehmen ist es deshalb wichtig, sich nicht nur über die Merkmale ihrer Produkte Gedanken zu machen, sondern auch über mögliche Kaufbarrieren.

Die gesamte Customer-Journey muss von vorne bis hinten durchdacht werden. Denn das tollste Produkt nützt nichts, wenn Kunden sich schämen, es zu kaufen.

So mein lieber Leser, damit sind wir am Ende unserer Reise durch die wunderbare Welt des Marketings angekommen. Ich hoffe sehr, dass du mit meinen Tipps weiterkommst und bald auch bei dir die Kunden Schlange stehen – das würde mich sehr freuen.

Was hältst du davon, wenn wir die nächsten Schritte gemeinsam gehen. Mit meinem Online-Coaching und dem Videokurs helfe ich dir gleich beim Umsetzen. Also? Let's go:

Ich freu mich auf dich.

Dein Felix

33 TOOLS, DIE DEIN MARKETING BESCHLEUNIGEN

MARKETING KICKBOX

DESIGN

Canva | canva.com
Mit Canva wirst du ganz einfach zum Super-Grafiker. Hier kannst du Instagram- oder Facebook-Posts vorbereiten und dich an den vielen Vorlagen orientieren. Aber auch für Flyer, Plakate oder E-Books findest du hier eine Menge toller Designs. Gerade wenn es schnell gehen soll, ein tolles Tool.

Wisestamp | wisestamp.com
Wenn du eine E-Mail verschickst, packst du logischerweise alle Informationen in die Signatur. Genau dafür ist Wisestamp ein geniales Tool. Mit Wisestamp kannst du eine tolle Signatur gestalten. Hierfür werden dir verschiedene Templates zur Verfügung gestellt, mit denen du simpel deine eigene professionelle Signatur erstellen kannst.

Easel.ly | easel.ly
Informationen in tolle Grafiken einbauen, genau dafür ist easel.ly das richtige Tool. Wenn du zum Beispiel Infografiken für deinen Blog brauchst, kannst du die hier mithilfe der vielen Vorlagen einfach gestalten.

Beautiful.ai | beautiful.ai
Wenn man heute Präsentationen erstellen will, greift man meist auf PowerPoint oder Keynote zurück. Mit beautiful.ai hast du die Möglichkeit, sehr schnell hochwertig aussehende Präsentationen zu erstellen, etwa um dein Projekt vorzustellen. So wirst du schnell zum König der Präsentationen.

MARKETING KICKBOX

Unsplash | unsplash.com
Wie oft braucht man Bilder für Posts, Präsentationen oder die eigene Website. Unsplash ist eine Bilderdatenbank voller lizenzfreier Bilder, die du einfach verwenden kannst. Damit brauchst du dir keine Gedanken mehr über Urheberrechte zu machen, was diese Bilder angeht.

99Designs | felixthoennessen.de/99designs
Wenn du auf der Suche nach einem Grafiker oder einer Grafikerin bist, dann schau auf jeden Fall bei 99Designs vorbei. Hier hast du die Möglichkeit, eine Ausschreibung für dein nächstes Grafikprojekt zu machen. Zu überschaubaren Preisen kriegst du tolle Entwürfe – egal, ob für ein Logo, einen Flyer oder deine nächste Website.

ONLINE-MARKETING

Klick-tipp | felixthoennessen.de/klick-tipp
Klick-tipp ist eines meiner Lieblingstools, wenn es um E-Mail-Marketing geht. Klassische Newsletter-Programme haben oft das Problem, alles zur selben Zeit zu versenden. Bei Klick-tipp hast du die Möglichkeit, jedem angemeldeten User individuell nach einer bestimmten Reihenfolge Informationen zuzusenden. So kannst du dir einen effektiven Marketingfunnel aufbauen und deine Kunden bestmöglich erreichen.

Mouseflow | mouseflow.de
Wenn du wirklich wissen willst, wie sich deine Besucher auf deiner Website verhalten, ist Mouseflow genau das Richtige für dich. Du hast die Möglichkeit, genau zu tracken, wie sich der Besucher auf deiner Seite bewegt. So siehst du die Bereiche, die interessieren, und kannst perfekt alles optimieren.

Google Analytics | google.de/analytics
Google Analytics ist wohl „das" Tool zur Analyse der Websitebesucher. Die Möglichkeiten sind hier schier unendlich. Mit diesem Tool solltest du dich fortlaufend beschäftigen. Die Einbindung ist simpel und erfordert in der Regel keine großen Programmierkenntnisse. Nutze dieses Tool, um deine Seite fortlaufend besser zu machen.

MARKETING KICKBOX

Google Search Console | search.google.com/search-console
Ich liebe die Search Console. Hier hast du etwa die Möglichkeit, genau zu sehen, durch welche Suchbegriffe Personen auf deine Seite kommen, wenn der Besucher Google verwendet. Auch hast du die Möglichkeit, genau zu sehen, welche Seiten auf deine verlinken und ob irgendwas aus Sicht von Google nicht funktioniert.

Google My Business | google.com/intl/de_de/business/
Kennst du die Informationsboxen bei Google, die teilweise rechts angezeigt werden? Dort findest du die Adresse, die Bewertungen oder Bilder der gesuchten Namen oder Unternehmen. Das Tool solltest du definitiv nutzen und dich hier bestmöglich mit vollständigen Informationen präsentieren.

Google Trends | google.de/trends
Google Trends nutze ich, um darüber informiert zu sein, was in meinem Markt passiert. Google Trends zeigt dir in anschaulichen Diagrammen, wie das Suchvolumen nach bestimmten Begriffen im zeitlichen Verlauf aussieht. So bekommst du ein gutes Gefühl, ob ein Thema Trend ist oder eher auf dem absteigenden Ast.

Google Alerts | google.de/alerts
Die Alerts von Google dienen dir dazu, immer up to date über deine relevantesten Begriffe zu sein. Du kannst einen „Alarm" etwa für deinen Namen, den Firmennamen oder deine Branche anlegen und erhältst eine E-Mail, sobald der Begriff neu im Netz auftaucht. So bist du immer bestmöglich informiert.

Google Keyword Planner
ads.google.com/intl/de_de/home/tools/keyword-planner/
Du willst wissen, wie oft ein bestimmter Begriff bei Google gesucht wird? Kein Problem. Genau dafür gibt es den Google Keyword Planner. Du kannst beliebige Begriffe eingeben und siehst, wie oft der Begriff pro Monat in der festgelegten Region gesucht wird. Gerade für die Planung von Videos oder Blogbeiträgen und die Suchmaschinenoptimierung absolut unerlässlich.

Zapier | zapier.com
Zapier ist quasi wie Tinder und bringt zwei Dinge zusammen. Du willst etwa, dass deine Termine automatisch in eine Excel-Liste eingetragen werden oder deine Instagram-Posts in deiner Cloud landen? Genau so etwas kann Zapier – verknüpfe hier mit verschiedenen Regeln deine Dienste.

Digistore24 | felixthoennessen.de/digistore
Wenn du digitale Produkte verkaufen willst und keinen eigenen Shop willst oder hast, kann Digistore24 genau das Richtige sein. Digistore24 übernimmt für dich die gesamte Abwicklung wie Rechnungsstellung oder die Zahlungsabwicklung. So kannst du dich auf das Wichtigste konzentrieren – die Erstellung und Konzeption neuer Produkte.

Webinaris | felixthoennessen.de/webinaris
Hast du schon mal überlegt, ein Webinar anzubieten? Mit Webinaris kannst du automatisierte Live-Webinare aufsetzen, die immer zu einem bestimmten Datum starten. Du kannst die Webinare und das Design perfekt anpassen und findest eine Menge Schnittstellen zu anderen relevanten Tools.

E-Recht24 | erecht24.de

Mit E-Recht24 kannst du dir einfach rechtssichere Dokumente für deine Website erstellen und kannst so einer potenziellen Abmahnung vorbeugen.

SEO

Sistrix | sistrix.com
Wenn du dich wirklich intensiv mit SEO auseinandersetzen willst, dann empfehle ich dir Sistrix. Hier bekommst du gleiche eine ganze Menge Tools an die Hand, die dir helfen, deine Website für Google & Co. besser zu machen. Du kannst so deine Website auf die wichtigsten Faktoren analysieren und fortlaufend für mehr Sichtbarkeit sorgen.

Seorch | seorch.de
Seorch ist gerade zum Start in die Suchmaschinenoptimierung super. Du kannst deine Website und ein gewähltes Keyword eintragen und Seorch überprüft die wichtigsten Faktoren. So bekommst du eine perfekte Anleitung, wo du für die Optimierung noch Möglichkeiten hast.

Majestic | de.majestic.com
Backlinks sind für Google sind einer der wichtigsten Faktoren. Also solltest du die Anzahl und Qualität deiner Backlinks immer im Blick haben. Mit Majestic hast du einen Tool, das dir die Zahl deiner Backlinks, die verweisenden Texte oder die Qualität der Links anzeigt. Auch toll zur Analyse der Konkurrenz.

Pingdom | pingdom.com

Neben der Zahl der Backlinks wird die Geschwindigkeit einer Website immer wichtiger. Mit Pingdom ist die Überprüfung kein Problem. Du siehst hier auch ganz genau, welche Plugins oder Bilder deine Seite verlangsamen, und kannst so simpel und einfach Optimierungen durchführen und deine Seite beschleunigen.

Similarweb | similarweb.com

Um einen ersten Überblick über eine Seite und den Traffic zu bekommen, ist Similar Web klasse. Du siehst hier etwa, wo der Traffic einer Seite (deiner oder der eines Konkurrenten) herkommt. Auch werden dir potenzielle Konkurrenzseiten angezeigt, so bekommst du noch einen besseren Überblick.

Hypersuggest | felixthoennessen.de/hypersuggest

Oft sucht man nach neuen Keywords, um mehr Traffic auf die eigene Website zu bringen. Hier darf Hypersuggest nicht fehlen. Gib ein Keyword ein und lass dir alternative Vorschläge anzeigen. Auch wenn du nach Fragen suchst, die deine potenziellen Kunden etwa bei Google eingeben, ist das Tool absolut zu empfehlen.

VERTRIEB

Proven Expert | felixthoennessen.de/provenexpert
Ich liebe Proven Expert. Es gibt keine besseren Referenzen als die von Kunden. Mit Proven Expert hast du die Möglichkeit, Bewertungen deiner Kunden einzusammeln. Das Tolle: Du kannst bestehende Referenzquellen wie Google, Facebook oder Amazon einbinden und die Referenzen automatisch ins System übertragen lassen. Weiterhin stellt Proven Expert tolle Widgets für deine Website zur Verfügung. So überzeugt man heute Kunden.

Qwilr | qwilr.com
Um Angebote online zu erstellen, ist Qwilr meine erste Wahl. Du kannst die Angebote einfach erstellen und deinen Kunden so sicher mehr überzeugen als mit einem Word-Dokument. Der Kunde kann selber Bausteine hinzu- oder abwählen und der Preis ändert sich automatisch. Auch kannst du dir anzeigen lassen, wenn dein Kunde damit beginnt, sich dein Angebot anzuschauen.

Pipe Drive | felixthoennessen.de/pipedrive
Pipe Drive ist wohl der Klassiker bei der Verwaltung von Leads. Als CRM-Tool bietet dir Pipe Drive die Möglichkeit, alle Verkaufsschritte genau zu überwachen und alle Fortschritte perfekt im Blick zu behalten.

SOCIAL MEDIA/KOMMUNIKATION

Buffer | buffer.com
Hast du eine Menge Social-Media-Kanäle im Einsatz und willst das Posten abstimmen und verknüpfen? Dann ist Buffer das Richtige für dich. Du kannst deine Posts hier planen, du kannst dir verschiedene Analysen anschauen und alle Accounts an einem Platz verwalten.

Tube Buddy | felixthoennessen.de/tubebuddy
Gerade wenn du bei YouTube unterwegs bist, ist Tube Buddy der richtige Partner für dich. Mit der Erweiterung kannst du dein YouTube-Marketing auf das nächste Level bringen. Ich nutze das Tool täglich, um meinen Kanal nach vorne zu bringen. Du findest neue relevante Themen, siehst die Stärke der Konkurrenz oder bekommst Analysen zu deinen Wettbewerbern. Wenn du auf YouTube unterwegs bist, dann ist Tube Buddy für dich Pflicht.

Messengerpeople | felixthoennessen.de/messengerpeople
Für meinen WhatsApp-Newsletter nutze ich Messengerpeople. So habe ich die Möglichkeit, auf einer einfachen Plattform mit meinen Kunden via WhatsApp zu kommunizieren. Du kannst simpel Newsletter anlegen und den Kunden Bilder, Videos etc. zusenden – ganz genau wie bei WhatsApp. Die Anmeldung für deine Kunden ist einfach und du bekommst neue Leads ohne viel Arbeit. (Teste meinen Service: felixthoennessen.de/business-news)

Zoom | zoom.us

Für die Kommunikation mit meinen Coaching-Klienten, egal ob Gruppen- oder Einzelcoaching, nutze ich Zoom. Hier kannst du per Videocall simpel Beratungen durchführen. Das Beste: Du kannst die ganze Session aufzeichnen lassen und kannst auch mit mehreren Teilnehmern gleichzeitig loslegen – einfach klasse.

Linktree | linktr.ee

Mit Linktree erstellst du ganz simpel eine einfache Seite, auf die du alle deine Links packen kannst. Diese Seite kannst du etwa für dein Instagram-Profil nutzen und so mehrere Links hinter einen einzigen packen.

HypeAuditor | hypeauditor.com

Welches Social-Media-Profil ist wie gut und wie viele Fans sind wirklich echt? Genau die Dinge kannst du mit HypeAuditor herausfinden. So bekommst du perfekte Informationen über andere Konten oder auch relevante Influencer.

MARKETING KICKBOX

18 WORKSHEETS, DIE DIR BEI DER UMSETZUNG HELFEN

MARKETING KICKBOX

33 Tools, die dein Marketing beschleunigen

Marktanalyse / Kenne deinen Markt
Mit diesem Worksheet kannst du ganz einfach eine Marktanalyse nach Porters Five Forces anfertigen.

Konkurrenzanalyse / Kenne deine Wettbewerber
Den Wettbewerb voll im Blick! Dieses Arbeitsblatt hilft dir dabei, genau auszumachen wie deine Konkurrenten aufgestellt sind.

Zielgruppendefinition B2B / Gezielt B2B-Kunden ansprechen
Deine anvisierte Zielgruppe sind Privatkunden und Endverbraucher? Dann kannst du mithilfe dieses Worksheets eine Zielgruppenanalyse machen, um gezielt deine Kunden ansprechen zu können!

Zielgruppendefinition B2C / Gezielt B2C-Kunden ansprechen
Deine Kunden sind andere Unternehmen? Dann hilft dir dieses Arbeitsblatt dabei, deine B2C-Zielgruppe einzugrenzen.

Persona / Dein idealer Kunde
Deine Zielgruppe kannst du auch anhand einer Persona analysieren. Mit diesem Worksheet wird es dir leichter fallen, dich in deinen idealen Kunden hineinzuversetzen.

Positionierung / Deinen Platz im Markt
Genau wissen wo du stehst! Nutze dieses Worksheet um deine Konkurrenz, deinen USP und deine Position im Markt auszumachen.

MARKETING KICKBOX

Copy Strategie / Stelle deine Einzigartigkeit heraus
Eine erfolgreiche Copy Strategie baut auf einer Value Präposition, einem Consumer Benefit, einem Reason Why und der Tonalität. Dieses Worksheet hilft dir dabei, deine Copy Strategie festzulegen.

Kommunikationskonzept / Dein Marketing vorbereiten und planen
Ein Kommunikationskonzept hält fest, wie du deine Kommunikation strategisch gestaltest.

Positionierung / Die 4Ps für deinen Erfolg
Mit den sogenannten 4Ps nach Mc-Carthys Marketing-Mix kannst du all deine Marketing-Entscheidungen übersichtlich abbilden.

Marketingaktionsplan / Deine Kampagnen im Blick
Der Marketingaktionsplan ist eine Jahresübersicht, in der du deine geplanten Marketingkampagnen eingetragen kannst. So kannst du auf einen Blick erkennen, was wann ansteht.

Pressearbeit / Gezielt Aufmerksamkeit erhalten
Du willst die Aufmerksamkeit der Presse für dich gewinnen? Mit dieser Checkliste weißt du genau, worauf es ankommt, damit einer Berichterstattung nichts mehr im Wege steht.

Event-Organisation / Veranstaltungen mit Erfolg planen
Diese Checkliste hilft dir dabei, erfolgreich Veranstaltungen zu organisieren und zielführend als Marketingmaßnahme einzusetzen.

Keyword Recherche / Im Web gefunden werden
Nutze dieses Worksheet zusammen mit dem Google Keyword Planer. Analysiere mit dem Google-Tool die relevanten Keywords für deinen Bereich und trage sie in diese Übersicht ein. So hast du deine Keywords immer parat.

Suchmaschinenoptimierung / Einfache Suchmaschinenoptimierung
Basierend auf deiner Keyword Recherche von diesem Worksheet hilft dir dieses Worksheet dabei, Inhalte für deine Webseite oder deinen Blog SEO-optimiert zu verfassen.

SWOT-Analyse / Umwelt und Unternehmen analysieren
Weißt du genau, in welchen Bereichen du gut und in welchen du schlechter aufgestellt bist? Dem kannst du mit Hilfe einer SWOT-Analyse auf den Grund gehen. Kombiniere diese Erkenntnisse mit den externen Chancen und Risiken, um deine Stärken und Schwächen gezielt einsetzen zu können.

Controlling / Alles im Blick
Mit diesem Arbeitsblatt behältst du die Übersicht über all deine Marketingmaßnahmen sowie ihr definiertes Ziel, Zeitraum und Budget. Nach der Durchführung kannst du das Ergebnis nutzen, um den Erfolg der einzelnen Maßnahme auszuwerten.

Mini-Pitch / In 30 Sekunden zum Punkt kommen
In 30 Sekunden erzählen wer du bist und was du machst? Kein Problem mit dem Mini-Pitch. Dieses Worksheet hilft dir dabei, dich darauf vorzubereiten.

MARKETING KICKBOX

Einwandbehandlung / Nichtkunden überzeugen

Nichtkunden sind für mich die spannendsten Kunden. Man lernt durch sie sehr viel über seine eigenen Produkte und über Verhandlung. Mit Hilfe dieses Worksheets kannst du dich auf mögliche Einwände vorbereiten.

Alle Worksheets:

www.marketing-kickbox.de

ÜBER 50 EXPERTEN AUF EINEN BLICK

MARKETING KICKBOX

DIE EXPERTEN AUF EINEN BLICK
(in alphabetischer Reihenfolge)

Matthias Auman / www.aumann-gruen.de
Speaker, Coach, Autor und Unternehmer

Julien Backhaus / www.julienbackhaus.de
Medienunternehmer und Verleger

Tobias Beck / www.tobias-beck.com
Internationaler Speaker, Bestsellerautor

Philip Beckmann / www.marketer-ux.com
Geschäftsführer marketer UX GmbH

Felix Beilharz / www.felixbeilharz.de
Der Online-Experte

Chris Ben Rath / www.ereos.de
Chief Marketing Officer

Dan Berlin / www.dan-berlin.de
Der Transformations-Magier

Ricardo Biron / www.ricardobiron.de
Der Heldenmacher

Alexander Braden / www.kreativzirkel.de
Geschäftsführer Kreativzirkel, Digitalagentur

Alica Büchel / www.alica-buechel.com
Authentic Coach

Constantin Christiani / www.constantinchristiani.de
Coach und Speaker für Storytelling im Business

Alexander Ellmer / www.der-kommunikationskrieger.de
Kommunikationsexperte

Lea Ernst / www.lea-ernst.com
Powerfrau, CEO Tobias Beck University

Pascal Feyh / www.mehr-geschaeft.com
E-Commerce-Unternehmer, Führender Online-Marketing-Coach und Gründer von Mehr Geschäft

Marc Galal / www.marcgalal.com
Experte für Persönlichkeitsentwicklung und Verkaufspsychologie

Oliver Geisselhart / www.kopferfolg.de
„Deutschlands Gedächtnis- und Mentaltrainer Nr. 1" (ZDF)

Nick Geringer / www.nickgeringer.de
Social-Media-Experte

Die Experten auf einen Blick

Robert Gladitz / www.awesomepeople.family
Coach für authentische Experten-Businesses

Manuel Gonzalez / www.manuelgonzalez.de
Coaching Business-Experte

Rayk Hahne / www.raykhahne.de
Profisportler und Unternehmensberater

Tomas Herzberger / www.tomasherzberger.net
Coach, Speaker, Autor

Jasmin Huber / www.meisterzeichen.de
Grafikdesignerin, Inhaberin von meisterzeichen.

Dr. Florian Ilgen / www.florianilgen.de
Mentalist & Keynote Speaker

Kerim Kakmaci / www.kerimkakmaci.de
Keynote Speaker & Experte für Mut

Steffen Kirchner / www.steffenkirchner.de
Motivationsexperte & Erfolgstrainer

Thomas Klußmann / www.thomasklussmann.de
Erfolgreicher Unternehmer

Daniel Knoden / www.daniel-knoden.de
SEO- und Conversion-Liebhaber

Vladimir Kusnezow / www.lovemarketing.de
Online-Marketing-Experte

Stefan Lemcke / www.ankerkraut.de
CEO von Ankerkraut

Martin Limbeck / www.martinlimbeck.de
unterstützt Unternehmen, ihre B2B-Vertriebsperformance zu steigern – Sales Results – nachhaltige Blended-Learnings-Konzepte – Bestsellerautor

Johannes Link / www.johannes-link.com
Facebook-Marketing-Experte

Jörg Löhr / www.joerg-loehr.com
Persönlichkeitstrainer

Marcel Mohr / www.ereos.de
Geschäftsführer, ereos digital GmbH

Natalie Müller / www.unbaendige-texte.de
Werbetexterin

Arian Ney / www.avonemedia.com
Lieblingsunternehmer/Jungunternehmertalent

Die Experten auf einen Blick

Dennis Oderwald / www.yay-digital.de
Digital Entrepreneur, YAY! Digital

Aleksander Ostojic / www.ao-salestraining.de
Der Closing-Experte

Dr. Oliver Pott / www.founder.de
Business-Experte

Alessandro Principe / www.alessandro-principe.de
High Price Closer & Experte für Hochpreisvertrieb

Max Schmietendorf / www.maxschmietendorf.de
Der Warum-Finder

Nina Schnitzenbaumer / www.ninaschnitzenbaumer.com
Social Media Expertin

Yvonne Schönau / www.yvonneschoenau.com
Emotional Leadership Trainer & Speaker

Julia Schümann / www.fotoagentur-wolf.de
Cheffotografin und Teilhaberin der Fotoagentur Wolf

Sven Schwald / www.svenschwald.com
Instagram-Marketing-Experte

Andreas Schweizer / www.schweizersolutions.com
Experte für die digitale Transformation im Mittelstand

Lorenzo Scibetta / www.lorenzo-scibetta.de
Mentor & Speaker für Emotional Public Speaking

Teresa Thönnessen / www.goldkind-agentur.de
Inhaberin Goldkind Ideenagentur und kleine Schwester von Felix

Marko Tomicic / www.buddiesmedia.com
Geschäftsführer der AFM Media GmbH

Kynam Truong / www.avonemedia.com
KYNG & Co-Founder von AVONEMEDIA

Veronica Wirth / www.veronicawirth.de
Expertin für positive Ausstrahlung

Sebastian Wolf / www.sebastianwolf.rocks
Personal Branding

ÜBER
FELIX

ÜBER FELIX

Natürlich sollte an der Stelle auch noch stehen, dass ich wirklich Ahnung von den Themen habe, über die ich hier schreibe und wer dieser Felix ist.

Also, Felix Thönnessen hat International Marketing in den Niederlanden studiert und dann zunächst in einer strategischen Marketingberatung gearbeitet. Das ist aber auch schon viele Jahre her. Danach habe ich mich doch recht früh selbstständig gemacht und berate jetzt seit über zwölf Jahren Unternehmer und Gründer. Meistens geht es dabei um mein Lieblingsthema Marketing.

> „Felix, wir brauchen mehr Kunden."

Das ist ein Satz, den ich schon oft gehört habe. Marketing ist aber natürlich viel mehr als nur Kommunikation und Anzeigenschaltung.

Viele Jahre durfte ich die Teilnehmer der Gründershow „Die Höhle der Löwen" auf die Sendung vorbereiten und habe zwei Bücher zum Thema Gründen geschrieben – ich mag also zu schreiben.

Am liebsten stehe ich auf Bühnen und nehme als Keynote Speaker mein Publikum mit auf eine kleine Reise und erzähle vor allem zu Themen wie Marketing, Unternehmertum und Digitalisierung.

Dieses Buch hilft dir, dein Unternehmen besser aufzustellen, mehr Kunden zu gewinnen und letztlich erfolgreich zu sein.

Mit meinem Online-Programm und den Live-Gruppen-Coachings helfe ich dir gleich bei der Umsetzung.

www.marketing-kickbox.de

MARKETING KICKBOX
SO WIRST DU ZUM KUNDENCHAMPION

Seien wir doch mal ehrlich: Fast alle Unternehmer, Gründer und Selbstständige haben das gleiche Problem: Kunden finden. Die Gründe dafür sind vielseitig, aber meistens liegt es an einem dieser Punkte:

- falsche Positionierung
- fehlende Marketingstrategie
- unzureichende Markt- und Kundenkenntnisse

Genau darum habe ich die Marketing Kickbox entwickelt. In meinem Programm zeige ich dir genau, worauf es ankommt.

- Wie gewinnst du Kunden?
- Wie wirst du im Markt wahrgenommen?
- Welche Marketingkanäle sind die richtigen für dich?

Dafür stelle ich dir Folgendes zur Verfügung:
- ✓ viele, viele Videos mit hochwertigem Content
- ✓ Live-Gruppen-Coachings
- ✓ Tools und Werkzeuge
- ✓ eine geschlossene Mastermind-Gruppe

Lass uns doch dein Business auf die nächste Stufe bringen:

www.marketing-kickbox.de

Bleib motiviert!

Dein Felix

ABER LASSEN WIR DOCH ANDERE SPRECHEN

Ich habe einige meiner Coaching-Teilnehmer nach ihrer Meinung gefragt. Und das sagen sie über die Marketing Kickbox:

SASCHA LANGE
- Personal Trainer -

Mit der Marketing Kickbox wird jeder mehr Kunden bekommen und den Umsatz steigern! Ich habe es tatsächlich geschafft meinen Umsatz innerhal nur eines Monats zu verzehnfachen! Natürlich passiert das nicht von allei Man muss schon selbst was dafür tur Aber Felix gibt einem hier den Blueprint, mit dem es wirklich funktionier

JASMIN HUBER
- Grafikdesignerin -

Felix gibt nicht nur sein unfassbar geniales Wissen weiter, er gibt uns in den Coachings auch reale Einblicke, wie Marketing wirklich funktioniert.

In unserer Mastermind-Gruppe tauschen wir uns regelmäßig aus und das Feedback der anderen Teilnehmer ist auch super wertvoll.

SINA KNOELL
- Coach für positives Denken -

Ich bin eigentlich skeptisch bei den vielen Coaches, aber die Skepsis war absolut unberechtigt. Felix hat mich mit seinem Wissen total nach vorne gebracht. Wirklich toll, was ich in der kurzen Zeit alles optimieren konnte. Einfach nur glücklich.

DENNIS SCHWAB
- Online Coach -

Felix schafft genau die Mischung aus Spaß und fokussiertem Arbeiten. Ich freue mich auf jeden Termin mit ihm, denn jedes Mentoring mit ihm bringt mich immer wieder einen Schritt näher an mein Ziel. Sein Know How und seinen wertvollen Support weiß ich sehr zu schätzen.

CHRISTOPHER METHLER
- Microsoft Office Trainer -

Nachdem ich Felix live erlebt habe, war mir klar: Er kann mich und mein Business nach vorne bringen. Dank seines umfangreichen Know-hows und seiner bodenständigen Art bekam ich nicht nur Input sondern ich einen richtigen Motivationsschub.

ADRIAN SCHEJBAL
- Finanzcoach -

Ich bin eigentlich skeptisch bei den vielen Coaches, aber die Skepsis war absolut unberechtigt. Felix hat mich mit seinem Wissen total nach vorne gebracht. Wirklich toll, was ich in der kurzen Zeit alles optimieren konnte. Einfach nur glücklich.

ANDREAS SCHWEIZER
- Digital Experte -

Wow, das hat mich wirklich ein wenig um-gehauen. Felix ist nicht nur ein sympathischer Typ, sondern man merkt im einfach an, wie er brennt und sein Know.How ist unfassbar Absolute Empfehlung.

STEFFI ISER
- Sisers Stretching -

Oft sieht man vor lauter Bäumen den Wald nicht mehr ... Doch dann kam Felix! Der kreative Austausch und das Coaching mit Felix bringt mich auf viele neue Ideen und motiviert sehr zum Umsetzen. Ich fühle mich gut aufgehoben mit all meinen Themen und bekome auf jede Frage und jedes Aber eine super Antwort mit der ich auch etwas anfangen kann! Ich konnte dadurch schon einige flexy Ideen umsetzen und freue mich auf die Zukunft! Danke Felix.

JOHANNES WUNDER
- Coach und Sportwissenschaftler -

Ich bin begeistert von der Vielfalt und der Tiefe des Coachings. Die Learnings sind anschaulich aufgebaut und es bleibt noch viel Platz, um persönliche Anliegen zu klären.

INA SCHÖNE
- Datenschutzspezialistin -

elix inspiriert und motiviert mit viel Witz und viel Charme. Plakativ bringt er mich auf den richtigen Weg.

BILDQUELLEN

Cover

© tiero – stock.adobe.com
© Droidworker – stock.adobe.com
© robert – stock.adobe.com

Fotos

© Fotoagentur Wolf, Bergisch Gladbach / www.fotoagentur-wolf.de
© Kevin k28photography / www.instagram.com/k28photography
© Laura Kirst / www.laurakirst.de
© Avone Media / www.avonemedia.com

Illustration

© djangonaut, Pavo Ivkovic / www.djangonaut.de

Icons

© Trophy free icon from www.flaticon.com
© Freepik free icon from www.flaticon.com

Stockbilder

© Kar Tr – stock.adobe.com
© macrovector – stock.adobe.com
© den-belitsky – stock.adobe.com
© Sergey_T – stock.adobe.com
© Sylvie Bouchard – stock.adobe.com
© BortN66 – stock.adobe.com
© Sergey Nivens – stock.adobe.com
© master1305 – stock.adobe.com
© kues1 – stock.adobe.com
© alphaspirit – stock.adobe.com
© luismolinero – stock.adobe.com
© delDrago – stock.adobe.com
© oneinchpunch – stock.adobe.com
© LinaTruman – stock.adobe.com
© bonezboyz – stock.adobe.com
© Vladimir Ovchinnikov – stock.adobe.com
© Yakobchuk Olena – stock.adobe.com
© deagreez – stock.adobe.com
© pavel1964 – stock.adobe.com
© luismolinero – stock.adobe.com
© blacksalmon – stock.adobe.com
© Vividz Foto – stock.adobe.com
© weedezign – stock.adobe.com
© khosrork – stock.adobe.com
© georgejmclittle – stock.adobe.com
© Sergio – stock.adobe.com
© Henry Ascroft on Unsplash

PLATZ FÜR DEINE NOTIZEN

PLATZ FÜR DEINE NOTIZEN

PLATZ FÜR DEINE NOTIZEN